フランス語の応用力を
しっかり育てる！

解いて力がつく
久松式ドリル
中級編

久松健一

仏検準2級〜2級対応
中級フランス語の表現力を
徹底トレーニング

IBCパブリッシング

装　　　幀 ＝ 岩目地英樹（コムデザイン）

ナレーション ＝ フィリップ・ラクイユ、杉山裕子

録音スタジオ ＝ 株式会社巧芸創作

本書は『これが久松式！ 本気で鍛えるフランス語ドリル　広げる中級編』（国際語学社）に一部、加筆・訂正したものです。

はじめに

　あちらこちらの学び舎で、自分流の学習法をいくつも試みてきました。その一つを結晶化したのが、本書です。具体的な使用法は「本書の特長と使い方」以降のページを参照いただきたいのですが、❶**ディクテをしながら動詞になじむもよし。**❷**仏作文の練習用としてもよし。**❸**名詞や形容詞への派生語に力点を置くのもよし。**❹**前置詞・重要表現にからむ 85 の精選問題を固めるもまたよし。**人はそれぞれ学びにスタイルがあっていい。そう考えています。

　たかが「ドリル」と言われそうですが、"されど「ドリル」"です。丸暗記が目的なのではありません。動詞であれ、派生語であれ、前置詞であれ、重要語であれ、それを自在に使えるしなやかさを養います。応用が利き、実際に表現が使える、ここがポイント。ですから、本書は、すべてを学び終えた後でも手放せない一冊として、**この先の「学び」を支える柱になるもの**と信じています。

　読者のレベル設定の意味合いから、また、着実に、一歩一歩、学びのステージをあげていくという意図の明確化のために、仏検（主に準2級から2級ですが、準1級の準備段階までは視野に入っています）を意識し、過去問を参考にしました。しかし、意識したのは検定にとらわれることではありません。あくまで「学びの精度と深み」を増すことです。そして、**「動詞を制する者はフランス語を制す」**そう考えて大胆な構成にしました。動詞が全体の 80% 近くを占めているのは、かなりの語数の名詞や形容詞を覚えていても、使える動詞の数が少ないために、なかなか中級レベルから上級へのステップアップができない数多くの学習者を知っているからです。

　「動詞」はなかなか覚えるのが難儀です。でも、音を聞いて、書き取る。書き取ってはまた音に触れる。**動詞を軸とした多用な表現に聴覚も視覚もしっくりとなじむ**。これができれば、大きな学習効果が望めます。

　本書は IBC パブリッシングから再デビューすることになりました。旧版の使いやすさはそのままに、「動詞用法ドリル」はすべての見出し語に point 情報を一行加筆、例文も細かに見直して、現用のフランス語からすると不自然さを感じるものなどは改めました。「精選重要表現」は一部の例示や、説明文に手を加えています。録音は新しくやり直しています。

　編集の北川紘奈さんには前書に引き続いてお世話になりました。ありがとうございました。

2018. 4.　久松健一

目次

パート1 動詞用法ドリル ……………………………… 1
Exercices pour enrichir les verbes

A ………	2	M ………	118
B ………	28	N ………	128
C ………	32	O ………	130
D ………	56	P ………	136
E ………	72	Q ………	159
F ………	92	R ………	160
G ………	99	S ………	188
H ………	102	T ………	204
I ………	105	U ………	215
J ………	113	V ………	216
L ………	115		

パート2 重要表現精選85ドリル ……………………… 221
85 Exercices pour enrichir le vocabulaire essentiel

① 共通に入る前置詞 ……………………………… 222
② 共通に入る動詞 ………………………………… 250
③ 共通に入る単語（名詞中心で、副詞・形容詞なども）… 258

索引 ……………………………………………………… 282

付属 CD-ROM について

　本書に付属の CD-ROM に収録されている音声は、パソコンや携帯音楽プレーヤーなどで再生することができる MP3 ファイル形式です。
　一般的な音楽 CD プレーヤーでは再生できませんので、ご注意ください。

■音声ファイルについて

　付属の CD-ROM には、本書の A, B パートの問題文の音声が収録されています。トラックごとにファイルが分割されていますので、パソコンや携帯プレーヤーで、お好きな箇所を繰り返し聴いていただくことができます。

■ファイルの利用方法について

　CD-ROM をパソコンの CD/DVD ドライブに入れて、iTunes などの音楽再生（管理）ソフトに CD-ROM 上の音声ファイルを取り込んでご利用ください。

■音楽再生・管理ソフトへの取り込みについて

　パソコンに MP3 形式の音声ファイルを再生できるアプリケーションがインストールされていることをご確認ください。
　CD-ROM をパソコンの CD/DVD ドライブに入れても、多くの場合、音楽再生ソフトは自動的に起動しません。ご自分でアプリケーションを直接起動して、「ファイル」メニューから「ライブラリに追加」したり、再生ソフトのウインドウ上にファイルをマウスでドラッグ＆ドロップするなどして取り込んでください。
　音楽再生ソフトの詳しい操作方法や、携帯音楽プレーヤーへのファイルの転送方法については、ソフトやプレーヤーに付属のユーザーガイドやオンラインヘルプで確認するか、アプリケーションの開発元にお問い合わせください。

本書の特長と使い方

　この本は、フランス語の基本文法事項を学んだあとに必要とされる「読む・聴く・書く」能力を養い、しっかりと定着させることを目的に作られました。主要なポイントは「中級者が覚えるべき動詞の用法」と「中級者が知ってお

❶ 動詞用法ドリル

並びは ABC 順。見出し語に付いた星の数は、重要度を表しています。

各動詞の意味と類義・反意の関連語も掲載。

見出しの各動詞の名詞化・形容詞化した派生語を書き込んで覚えます。

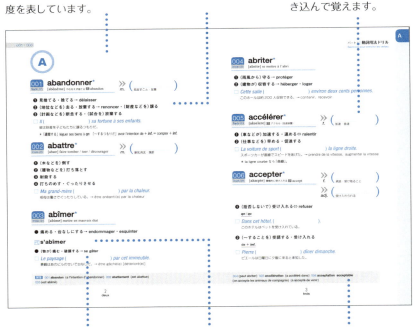

見出し語を含んだ語句を穴埋め式で答えるドリル。例文はすべて音声付きで、ディクテにも対応！

代名動詞や関連熟語も合わせて学習できます。

解答欄で答え合わせ。間違えた問題には何度でも挑戦しましょう。

くべき重要表現」の二つに特化したドリルです。「動詞用法ドリル」は472の動詞とその様々な用法を盛り込んだ1000例文を掲載、「重要表現精選85ドリル」は255例文を掲載しています。

❷ 重要表現精選85ドリル

内容は前置詞・動詞・名詞中心の3つにわかれています。

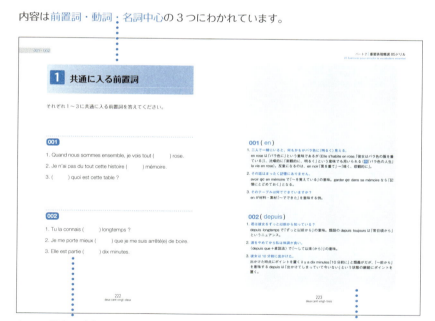

3つの例文の空欄に共通して入る単語を答えるドリル。3つの例文を同時に処理するので、同じ単語の様々な用法がまとまって頭に入ります。

日本語訳・解答・解説がついているので、解いてみてわからなかったところは要確認。

音声の使い方

ドリルの演習だけでは終わらせずに、1000例文の音声を活用し、繰り返し練習することで、学んだ知識を実践的な「読む・聴く・書く」力に変えていきましょう。

収録内容

フランス語
例文がナチュラルスピード（日常会話よりも少し遅い速さ）で読まれます。

動詞パートの各見出し語ごとに、例文が一つのトラックにまとめられており、始めにナチュラルスピードのフランス語が読まれます。（本書の音声は、ディクテ練習用にはっきりとした発音で、少し遅めに読まれています。）

日本語訳
例文の日本語訳が読まれます。

フランス語のあと、短いポーズがあり、続いて日本語訳が読まれます。訳が読まれる前にフランス語例文の意味がつかめるようになるくらい、繰り返し聴きましょう。

上記の音声は、右ページの「ディクテ」を中心に利用して頂くほか、以下の練習を並行して行なって頂くことで、より高い学習効果が期待できます。

①リピーティング
1例文ごとに、「音声を途中で止めずに聴く」⇒「例文の終わりがきたら、音声を一時停止」⇒「聞こえた音を真似して発音する」⇒「次の例文を聴く」という手順で行なっていく練習。

②シャドーイング
音声を聴きながら、読まれた例文を追いかけるように、すぐに続けて発音する練習。声に出して読みながら、同時に次の語を聴き取っていかなければならないので、負荷の高い練習です。短時間で集中して行いましょう。

ディクテ（書き取り）

中級レベルのフランス語を養っていくのに欠かせない練習が、「書き取り」です。音声をしっかり聴き取るリスニング力だけでなく、語彙・文法の知識も求められる「ディクテ」は、「読む・聴く・書く」力を総合的にまとめあげるのに欠かせないトレーニングです。「動詞用法ドリル」のパートでは、以下の手順でトレーニングを進めてください。

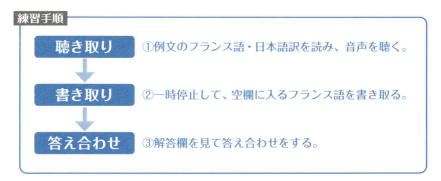

正解できたものはチェック欄に印を付け、間違えた問題には、再度挑戦しましょう。

※上記の穴埋めディクテが出来たら、次は本を閉じて、下記の要領で、フランス語の音声だけを頼りに、全文書き取りに挑戦してみましょう。

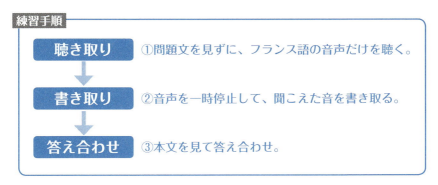

──凡例・記号について──

以下は本書で使用されている省略記号です。

s	sujet	主語
v	verbe	動詞
qn	quelqu'un	誰か（人）
qc	quelque chose	何か（物）
m.	masculin	男性名詞
f.	féminin	女性名詞
n.	nom	名詞（男女）
adj.	adjectif	形容詞
adv.	adverbe	副詞
inf.	infinitif	不定法
ind.	indicatif	直説法
sub.	subjonctif	接続法
(e)		女性形：直前の語尾を（ ）にした時、女性形を示す
→		類義語・補足記号：類語を示したり、補足説明を示す
⇔		反意記号：直前の語と反対の意味を持つ語を示す
[ ]		入れ替え記号：直前の語と入れ替え可能な語を示す

＊なお、本書では大文字のアクサン記号を省き、À ではなく A を採用しています。

Exercices pour enrichir les verbes

パート1 動詞用法ドリル

- このパートでは、中級レベルに必要な 472 の動詞を取り上げています。中には学習済みで、知っている語もあると思いますが、ここではそうした基本的な語についても、中級ならではの用法を学ぶことができます。

- 並びは ABC 順で、つづりの似た語が近くに並ぶため、紛らわしい語も区別できるようになります。また、見出し語についた星の数が多いものから取り組むことで、重要度・頻度の高いものから段階を踏んで学習することもできます。

001 abandonner*
[abɑ̃dɔne] やむをえず捨てる 名 abandon

m. (_____) 見放すこと・放棄

❶ 見捨てる・捨てる → délaisser
❷ (地位などを)去る・放棄する → renoncer・(財産などを)譲る
❸ (計画などを)断念する・(試合を)放棄する

☐ Il (_____) *sa fortune à ses enfants.*
彼は財産を子どもたちに譲るつもりだ。

* 「遺贈する」léguer ses biens à **qn**　「〜するつもりだ」avoir l'intention de + *inf.* = compter + *inf.*

002 abattre*
[abatr] faire tomber / tuer / décourager

m. (_____) 意気消沈・落胆

❶ (木などを)倒す
❷ (獲物などを)打ち落とす
❸ 射殺する
❹ 打ちのめす・ぐったりさせる

☐ *Ma grand-mère* (_____) *par la chaleur.*
祖母は暑さでぐったりしている。→ être anéanti(e) par la chaleur

003 abîmer*
[abime] mettre en mauvais état

● 痛める・台なしにする → endommager・esquinter

代 s'abîmer

● (物が)痛む・破損する → se gâter

☐ *Le paysage* (_____) *par cet immeuble.*
景観はあのビルのせいで台なしだ。→ être gâché(e) [détérioré(e)]

解答　001 **abandon** (a l'intention d'abandonner)　002 **abattement** (est abattue)
003 (est abîmé)

2
deux

パート1 | **動詞用法ドリル**
Exercices pour enrichir les verbes

004 abriter*
Track-004　[abrite] se mettre à l'abri

❶（雨風から）守る → protéger
❷（建物が）収容する → héberger・loger

☐ *Cette salle* (　　　　　　　　) *environ deux cents personnes.*
このホールは約200人収容できる。→ contenir、recevoir

005 accélérer*
Track-005　[akselere] 日 アクセル（加速装置）

» *f.* (　　　　　　　　)
加速・急速

❶（車などが）加速する・速める ⇔ ralentir
❷（仕事などを）早める・促進する

☐ *La voiture de sport* (　　　　　　　　) *la ligne droite.*
スポーツカーが直線でスピードをあげた。→ prendre de la vitesse、augmenter la vitesse
＊ la ligne courbe なら「曲線」。

006 accepter*
Track-006　[aksɛpte] 積極的に受け入れる 英 accept

» *f.* (　　　　　　　　)
承諾・受け取ること

» *adj.* (　　　　　　　　)
受け入れられる

❶（拒否しないで）受け入れる ⇔ refuser

qn / qc

☐ *Dans cet hôtel,* (　　　　　　　　).
このホテルはペットを受け入れている。

❷（～することを）受諾する・受け入れる

de + *inf.*

☐ *Pierre* (　　　　　　　　) *dîner dimanche.*
ピエールは日曜日に夕飯に来ると承知した。

---

004 (peut abriter)　005 **accélération**　(a accéléré dans)　006 **acceptation　acceptable**
(on accepte les animaux de compagnie)　(a accepté de venir)

3
trois

que + *sub.*

□ ( ) *vous me parliez sur ce ton.*
彼はあなたがそんな口調で私に話すのを承知しない。

＊この ton は「口調」（例「ふざけた調子でしゃべる」parler sur le ton de la plaisanterie）。

007 **accompagner***
Track-007　[akɔ̃paɲe] 一緒に移動する
m. (伴奏)

● （人と）一緒に行く

qn
□ *Elle m'a ( ).*
彼女は駅まで私を送ってくれた。

008 **accomplir***
Track-008　[akɔ̃plir] faire une action jusqu'au bout
m. (実現・遂行)

❶ 実現する → réaliser
❷ （義務などを）果たす → remplir

□ *Cette réforme ( ).*
この改革は実現が難しい。

009 **accorder***
Track-009　[akɔrde] 1. 言い分を「認める」2. 異なるものを「一致させる」
m. (同意・合意・一致)

❶ 与える・認める → donner・consentir
❷ （avec と）一致・調和させる → aller ensemble

□ *Vous devez ( ) vos paroles.*
あなたは言行を一致させるべきだ。→ conformer ses actes à ses paroles

解答 006 (Il n'accepte pas que) 007 **accompagnement** (accompagné(e) jusqu'à la gare)
008 **accomplissement** (est difficile à accomplir) 009 **accord** (accorder vos actes avec)

パート1 動詞用法ドリル
Exercices pour enrichir les verbes

010 accueillir*
[akœjir] recevoir une personne qui arrive

m. (もてなし・受け入れ)

❶ (人を) 迎える
❷ (要求や知らせなどを) 受け入れる

☐ On a été (　　　　　　　).
暖かい歓迎を受けた。 → recevoir un accueil chaleureux

011 accuser*
[akyze] dire qu'une personne est coupable

f. (非難・告発)

❶ (de について人を) 非難・告発する

qn de *qc*

☐ Il (　　　　　　　) vol injustement.
彼は不当に盗みを働いたとして告発された。 → blâmer *qn* de *qc*、inculper

qn de + *inf.*

☐ Ma femme (　　　　　　　) menti.
妻は私が嘘をついたと非難した。

❷ (人に de の) 責任を負わせる

☐ Il (　　　　　　　) les autres de ses échecs.
彼はいつも自分の失敗を他人のせいにする。
→ attribuer son échec à quelqu'un d'autre, mettre la faute sur *qn* d'autre

012 s'acharner
[saʃarne] faire une chose avec beaucoup de passion

m. ((仕事などへの) 執念・執拗さ)

❶ (à に) むきになる・熱中する
❷ (sur・contre を激しく・執拗に) 攻撃する

☐ Pourquoi tu (　　　　　　　) contre elle ?
どうして君は彼女にあんな風にくってかかるの？

---

010 **accueil** (chaleureusement accueilli(e)s) 011 **accusation** (a été accusé de)
(m'a accusé d'avoir) (accuse toujours) 012 **acharnement** (t'acharnes comme ça)

013 acheter***
[aʃte] 英 buy　　　m. (購入)

● 買う ⇔ vendre

□ ( ) enfants.
私は子どもたちにボンボン（キャンディ）を買ってあげた。

014 achever*
[aʃve] 頂に達する→成し遂げる　　　m. (完成)

❶ 完成する・終える → finir・terminer ⇔ commencer

qc

□ On doit ( ) la fin du mois.
今月末までにこの仕事を仕上げなくてはならない。

❷ 〜し終える

de + *inf.*

□ Tu ( ) le texte français ?
フランス語の文章を訳し終えたの？

＊ finir に比べて、achever は作業を完了するのにいささか骨が折れたというニュアンスが加わる。

015 acquérir*
[akerir] obtenir la possession d'une chose　　　f. (取得)

❶ （家屋などを）取得する・購入する
❷ （名声・確信を）得る・（価値を）獲得する

□ Il ( ) il y a six mois.
彼は半年前にマンションを購入した。

解答　013 **achat** (J'ai acheté des bonbons aux)　014 **achèvement** (achever ce travail avant) (as achevé de traduire)　015 **acquisition** (a acquis un appartement)

016 admettre*
[admɛtr] 何事かを認める 英 admit

f. (　　　　　　　　) （入会・入学などの）許可

adj. (　　　　　　　　) 受け入れることのできる

❶ （組織などに）加入を認める ⇔ repousser・exclure

qn / qc

☐ Cette école privée (　　　　　　　　) à partir de cinq ans.
この私立学校は5歳から生徒の入学を許可している。

❷ （事実である・正当であると）認める

que + *ind.*

☐ Ils (　　　　　　　　) raison.
彼らは彼女が正しいと認めた。

que + *sub.*

☐ Le règlement (　　　　　　　　) après 23 heures.
規則で、23時以降騒ぐことは認められていない。

＊否定文で用いられた例。〈que + *sub.*〉で「〜であると仮定する」という言い回しもある
（例「仮にあなたが間違っているとしましょう」Admettons que vous ayez tort）。

017 adorer*
[adɔre] aimer beaucoup (énormément)

f. (　　　　　　　　) 熱愛・礼拝

adj. (　　　　　　　　) とても愛らしい・素敵な

❶ 大好きである ⇔ détester

qn / qc

☐ (　　　　　　　　) cet acteur ?
いつから、君はあの俳優が大好きなの？ → raffoler de

---

016 **admission admissible** (admet les élèves) (ont admis qu'elle avait)
(n'admet pas qu'on fasse du bruit) 017 **adoration adorable** (Depuis quand tu adores)

❷ (〜するのが) 大好きである

+ **inf.**

☐ Nicolas (　　　　　　　　　).
ニコラはスキーをするのが大好きだ。

❸ (〜することをとても) 気に入る・素晴らしいと思う

que + **sub.**

☐ Les élèves (　　　　　　　　　) des histoires.
生徒たちはお話を読んでもらうのが大好きです。

018 adresser*

[adʀɛse] envoyer à l'adresse de *qn*

f. (　　　　　　　　　)
住所・アドレス

❶ (à に手紙などを) 出す・送る → envoyer・expédier

qc à *qn*

☐ (　　　　　　　　　) mes parents.
私は両親に小包を送った。

❷ (言葉などを) かける・(非難などを) 浴びせる

☐ Mon mari (　　　　　　　　　) la parole depuis hier.
夫は昨日から私と口をきいてくれない。→ adresser la parole à *qn*「〜に話しかける」

代 **s'adresser**

● (情報・援助を得るため〜に) 問い合わせる → parler

à *qn*

☐ Pour ce renseignement, (　　　　　　　　　) directeur.
そのことについては、部長に聞いてください。

解答 017 (adore faire du ski) (adorent qu'on leur lise) 018 **adresse** (J'ai adressé un paquet à) (ne m'a pas adressé) (adressez-vous au)

019 affirmer*

[afirme] 考えを firm「固める」 英 affirm

f. (断言・主張)

adj. (断定的な・きっぱりした)

❶ （自分が～であると）断言する

+ *inf.*

☐ Elle (　　　　　　　　　　) la vérité.
彼女は真実を述べたと主張している。

❷ （～することを）断言・主張する→ déclarer・assurer ⇔ nier

que + *ind.*

☐ Le commentateur (　　　　　　　　　　) son texte en 30 minutes.
そのキャスターは記事を 30 分で書いたと主張している。

020 agir**

[aʒir] action「行動」「作用」→ agir

❶ 行動する→ se comporter
❷ （作用し効果を）発揮する

☐ Ce médicament (　　　　　　　　　　) très vite.
その胃薬は即効性がある。

▶ **il s'agit de**

❶ ［あることが話題となって］（de にかかわる～の）ことだ・（～が）問題だ

☐ De quoi traite ce roman ? (　　　　　　　　　　) dans les années 50.
この小説は何を扱っているの？ テーマは 1950 年代のあるフランスの家族の暮らしです。

❷ （～することが）必要・重要である

+ *inf.*

☐ (　　　　　　　　　　), et tout de suite.
大事なのはお互いに理解しあうこと、それもすぐにね。→ il faut + *inf.*、il importe de + *inf.*

---

019 **affirmation affirmatif(ve)** (affirme avoir dit) (affirme qu'il a écrit)
020 (pour l'estomac agit) (Il s'agit de la vie d'une famille française) (Il s'agit de s'entendre)

9
neuf

021 aider**
[ɛde] 「(人を) 助ける」、「(物が) 人の助けになる」

f. (助け・援助)

❶ 助ける・手伝う

qn

☐ *Il n'arrive pas à faire son devoir de maths. (　　　).*
彼は数学の宿題がどうしてもできない。私が手伝おう。

❷ (人が) 〜するのを助ける

qn à + *inf.*

☐ (　　　) *traverser la rue.*
私はお年寄りが通りを渡るのを助けてあげた。

022 aimer***
[eme] ジュテーム (→ I love you.)

adj. (愛想のいい・優しい)

❶ 愛する・好きだ ⇔ détester・haïr

qn / qc

☐ *Elle (　　　).*
彼女は推理小説が大好きだ。

❷ 〜するのが好きだ・〜することを好む

+ *inf.*

☐ (　　　) *dans la forêt.*
私は森の中を朝散歩するのが好きです。

❸ (条件法：できれば) 〜したいと思っている

que + *sub.*

☐ (　　　) *vous veniez dîner ce soir.*
彼はできれば今晩あなたに夕飯を食べに来て欲しいと思っています。

解答 021 **aide** (Je vais l'aider) (J'ai aidé un vieux monsieur à) 022 **aimable**
(aime beaucoup les romans policiers) (J'aime me promener le matin) (Il aimerait bien que)

パート1 動詞用法ドリル
Exercices pour enrichir les verbes

023 **ajouter***
Track-023　[aʒute] 物に何かを付け加える 英 add

≫ *m.* (追加・加筆)

● 付け加える・(言葉を) 言い足す ⇔ retrancher

☐ *Le président* (　　　　　　　) *aprés son discours.*
司会者は彼 (彼女) の講演のあとに二言三言付け加えた。

024 **alléger**
Track-024　[a(l)leʒe] réduire / rendre moins lourd

≫ *m.* (軽くすること・軽減)

* léger「軽い」から派生 (⇔ alourdir)

❶ (重さを) 軽くする
❷ (苦痛・負担などを) 軽くする

☐ *On* (　　　　　　　) *le plus possible.*
できるだけ荷物を軽くしなければならない。→ diminuer les bagages

* 日常では、「カロリーを控えた製品」produits allégés といった形容詞としての使い方をよく見かける。
* le plus possible の類義語、aussitôt que possible も「できるだけ早く」の意味。

025 **aller*****
Track-025　[ale] 出発点からの移動

≫ *m.* (行き・片道切符
(aller et retour「往復切符」))

❶ 〜へ行く → se rendre ⇔ venir
　＋ 場所

☐ *Pour les vacances,* (　　　　　　　).
ヴァカンスにはブルターニュに行こう。

❷ (〜に) 似合う
　à *qn*

☐ *Cette robe rouge* (　　　　　　　).
その赤いワンピースはうちの娘によく似合う。

---

023 **ajout**　(a ajouté quelques mots)　024 **allégement**　(doit alléger les bagages)
025 **aller**　(on ira en Bretagne)　(va très bien à ma fille)

❸ 〜しに行く

+ *inf.*

□ (　　　　　　　　　　　), s'il te plaît !
パンを買いに行って来て！

❹ （近接未来：これから）〜する・〜しようとしている

+ *inf.*

□ (　　　　　　　　　).
雪が降りそうだ。

代 **s'en aller**

❶ （ある場所から）行ってしまう・去る → partir
❷ （物が）消え去る

□ *Qu'est-ce que vous faites,* (　　　　　　) *ou vous restez ici ?*
どうなさいます、行きますか、それともここに残りますか？

026 **allumer****

[alyme] 何かに火をつける 英 light

m. (　　　　　　　)　点火

adj. (　　　　　　　)　マッチ

● 火をつける・（電気器具に）スイッチを入れる ⇔ éteindre

□ *Pour se reposer, il* (　　　　　　　　　).
一息入れようと、彼はタバコに火をつけた。⇔ éteindre

027 **améliorer***

[ameljɔre] rendre meilleur

f. (　　　　　　　)　改良・向上

● 改良する・改善する ⇔ aggraver

解答 025 (Va acheter du pain) (Il va neiger) (vous vous en allez) 026 **allumage allumette** (a allumé une cigarette) 027 **amélioration**

パート1 | 動詞用法ドリル
Exercices pour enrichir les verbes

 s'améliorer

● (天候などが) 回復する・向上する
- (   ) *la semaine prochaine.*
  天気は来週には回復するでしょう。→ se remettre au beau

028 aménager* [amenaʒe] 家や部屋などを使い勝手がいいように

» *m.* (   ) (建物などの) 整備・改造

❶ (家・部屋などに) 設備を施す
❷ ([A en B] AをBに) 改造・改装する
❸ 修正・手直しをする
- *Maurice* (   ) *restaurant.*
  モーリスは自宅をレストランに改造した。→ transformer A en B

029 amener** [amne] 人をある場所に連れてくる

● (〜へ人を) 連れて来る・連れて行く
  qn
- *Est-ce que* (   ) *chez toi pour dîner ?*
  夕飯に君の家に僕の友だちを連れて行っていい？

030 amuser** [amyze] 人を「楽しませる」 英 amuse

» *m.* (   ) 楽しみ
» *adj.* (   ) 楽しい・面白い

● 面白がらせる・楽しませる
  qn
- (   ) *tous les enfants.*
  その場面は子どもたち全員を大いに楽しませた。

(Le temps s'améliorera) 028 **aménagement** (a aménagé sa maison en)
029 (je peux amener mes amis) 030 **amusement amusant(e)** (Cette scène a beaucoup amusé)

代 s'amuser

● （面白おかしく）楽しむ・遊ぶ ⇔ s'ennuyer

☐ *Les enfants* (   ) *le parc.*
子どもたちが公園で遊んでいる。

031 analyser*
[analize] an「ちゃんと」+ lyser「ほどく」

» *f.* (分析)

» *adj.* (分析的な)

● 分析する

☐ (   ) *l'eau du robinet.*
水道水を分析しなくてはならない。

032 annoncer*
[anɔ̃se] 日 アナウンス（知らせる）

» *f.* (通知)

❶ 予告する・予言する

qc

☐ (   ) *pour demain soir.*
天気予報は明日の晩は雨だと予報している。

❷ （à に）知らせる・告げる → apprendre・communiquer

qc à *qn*

☐ *J'ai une bonne nouvelle* (   ).
嬉しいお知らせがあります。

❸ （〜と）知らせる

que + *ind.*

☐ *Jean et Jeanne* (   ) *allaient se marier.*
ジャンとジャンヌは結婚すると知らせて来た。

解答 030 (s'amusent dans) 031 **analyse analytique** (Il faut analyser) 032 **annonce** (La météo annonce de la pluie) (à vous annoncer) (ont annoncé qu'ils)

パート1 | **動詞用法ドリル**
Exercices pour enrichir les verbes

033 annuler*
[anyle] 約束・契約などを取り消す

≫ (_____)
f. 取り消し・キャンセル

● (約束などを)取り消す・中止する

☐ *A cause de la pluie, (   ).*
雨のせいで、決勝戦は中止になった。

034 apercevoir**
[apɛrsəvwar] 視覚や感を通じてつかむ

≫ (_____)
m. あらまし・概要

● 見かける・ちらと見かける → voir

qn / qc

☐ *De la fenêtre, (   ) dans le port.*
窓から、港内の船が見える。

*具体的な目的語をともなって、ほぼ voir に近い意味で用いられる。

代 s'apercevoir

● (今まで気づかなかった事柄に)思い当たる・気づく

de qc

☐ *Heureusement, (   ) et elle l'a corrigée.*
幸いなことに、彼女は自分の計算ミスに気づき、それを直した。

*この形では多く de 以下に抽象的な内容を従えることが多い。

que + ind.

☐ *Au moment de payer, (   ) son portefeuille.*
支払いのときに、彼は自分が財布を忘れてきたことに気づいた。

---

033 **annulation** (la finale a été annulée) 034 **aperçu** (on aperçoit les bateaux)
(elle s'est aperçue de son erreur de calcul) (il s'est aperçu qu'il avait oublié)

035 apparaître*
[aparɛtr] すっと視野に入る
f. (外見・様子)

● (助動詞は être：急に・思いがけなく) 現れる

☐ *Au milieu du déjeuner, (　　　　　　　　　) pyjama.*
昼食中に、娘がパジャマ姿で現れた。⇔ disparaître

036 appartenir*
[apartənir] être la propriété légitime de *qn*
f. (所属)

❶ (〜の) ものである・(〜に) 属している

à *qn*

☐ *(　　　　　　　　　) cette belle villa à Monaco ?*
モナコにあるあのすばらしい別荘は誰のものですか？

❷ (〜するのが…の) 義務である

à *qn* de + *inf.*

☐ *Il (　　　　　　　　　) leurs enfants.*
自分の子どもを育てるのは親の義務である。

037 appeler***
[aple] 英 call, name に相当
m. (呼びかけ・点呼)

● (〜を) 呼ぶ・電話をかける

qn

☐ *Florence n'est pas chez elle ce soir, (　　　　　　　　　).*
フローランスは今晩家にいないから、明日、電話しよう。

代 s'appeler

● (〜という) 名前である → se nommer

☐ *(　　　　　　　　　) Suzuki Ken.*
鈴木ケンです。

解答 035 **apparence** (ma fille est apparue en) 036 **appartenance** (A qui appartient) (appartient aux parents d'élever) 037 **appel** (je l'appellerai demain) (Je m'appelle)

パート1 動詞用法ドリル
Exercices pour enrichir les verbes

038 apporter**
[apɔʀte] porter *qc* (à *qn*)

● 持ってくる・持って行く

qc
☐ (　　　　　　　　　　) le jour de l'examen !
試験の日に携帯電話を持ってこないように！

qc à *qn*
☐ (　　　　　　　　　　), s'il vous plaît.
水を１杯持って来てください。

039 apprendre***
[apʀɑ̃dʀ] 技能や知識を知る、知らせる

❶ 学ぶ・学び知る・習い覚える

qc
☐ *A la fac,* (　　　　　　　　　　).
大学では２つの外国語を学んでいます。

❷ (〜に) 教える → enseigner

qc à *qn*
☐ (　　　　　　　　　　) *à ma fille hier soir.*
昨日の晩、私は娘に数学を教えた。

❸ (〜することを) 学ぶ・覚える

à + *inf.*
☐ *En général, les enfants* (　　　　　　　　　　) *vers six ans.*
一般に、子どもは６歳ぐらいで本を読むことを覚える。

❹ (〜に…することを) 教える

à *qn* à + *inf.*
☐ *C'est son grand-père qui* (　　　　　　　　　　) *jouer au go.*
彼に碁を教えたのは祖父だ。

---

038 (N'apportez pas votre téléphone portable) (Apportez-moi un verre d'eau)
039 (on apprend deux langues étrangères) (J'ai appris les mathématiques) (apprennent à lire) (lui a appris à)

❺ (〜に…ということを) 教える

(à **qn**) que + **ind.**

☐ *Paul (　　　　　　　　　) divorcer.*
ポールは私に自分たちが離婚すると教えてくれた。

＊近接未来 aller + **inf.** は直説法現在か半過去で用いる。

040 approcher*
[apɔʃe] 日 アプローチ（何かに到達する）

» *f.* (　近づくこと・アプローチ　)

❶ (de に) 近づける ⇔ éloigner
❷ (de に) 近づく

☐ *On (　　　　　　　).*
じきにクリスマスだ。

代 s'approcher

● (自分の意志で de に) 近づく ⇔ s'éloigner

☐ *Il ne faut pas (　　　　　　　). C'est dangereux.*
火に近づかないで。危険です。

041 appuyer*
[apɥije] peser sur *qc*

» *m.* (　支え・支持　)

❶ (物・体の部位などに) 寄りかからせる・押しつける
❷ (sur に) もたれかかる・(sur を) 押す

☐ *(　　　　　　　) le bouton bleu pour ouvrir le lave-vaisselle.*
食器洗い機を開けるには、青いボタンを押してください。

解答 039 (m'a appris qu'ils allaient) 040 **approche** (approche de Noël) (s'approcher du feu)
041 **appui** (Appuyez sur)

パート1 **動詞用法ドリル**
Exercices pour enrichir les verbes

042 **arranger****
Track-042 [arɑ̃ʒe] バラバラのものに秩序を与える

m. (整理・配列)

❶ （〜を）整える
❷ 直す・修理する
❸ （〜の）手はずを整える
❹ （日時などが）都合がいい

☐ (　　　　　　　　　　).
それは私には都合がよくない。

代 s'arranger

❶ 解決する・うまくいく

☐ (　　　　　　　　　　), ne t'inquiète pas.
うまく行くから、心配しないで。

❷ （〜する）手はずを整える

☐ (　　　　　　　　　　) partir demain matin.
明朝出発できるように準備してください。→ prendre des dispositions pour + *inf.*

043 **arrêter*****
Track-043 [arete] 力を持ったものが何かを止める

m. (停止・中止・逮捕→ arrestation)

❶ （動いている人・物を）止める

qn / qc

☐ La police a réussi à (　　　　　　　　　　) qui avait attaqué la supérette.
警察はコンビニを襲撃した男を逮捕することに成功した。

❷ （していたことを）やめる

☐ (　　　　　　　　　　) ! Ça suffit !
やめて！　もう十分！

---

042 **arrangement** (Ça ne m'arrange pas) (Ça va s'arranger) (Arrangez-vous pour)
043 **arrêt** (arrêter l'homme) (Arrêtez)

❸ (自分の意志で〜するのを) やめる

☐ Elle (   ).
彼女は話をやめない。

代 s'arrêter

❶ 止まる・やむ

☐ L'ascenseur (   ) deux étages. Il faut appeler le dépanneur !
エレベーターが階の途中で止まった。修理技師を呼ばないと！

❷ (自発的に〜するのを) やめる

de + *inf.*

☐ Mon père (   ) il y a trois mois.
私の父は3ヶ月前にタバコを吸うのをやめた。

044 arriver***

[arive] rive「川岸」へ着く 英 arrive

f. (到着・到来   )

❶ (〜に) 到着する ⇔ partir

☐ On (   ) 22 heures.
夜の10時頃マルセイユに着くでしょう。

❷ 起こる

☐ (   ) ?
何があったの？

❸ 〜できる・首尾よく〜する

à + *inf.*

☐ Aide-moi ! (   ) cette porte.
手伝って！ どうしてもこのドアが開かないの。

解答 043 (n'arrête pas de parler) (s'est arrêté entre) (s'est arrêté de fumer) 044 **arrivée** (arrivera à Marseille vers) (Qu'est-ce qui est arrivé) (Je n'arrive pas à ouvrir)

パート1 動詞用法ドリル
Exercices pour enrichir les verbes

▶ il arrive

● (〜が人に) 起こる・生じる・(〜ということが) ある → advenir

qc à *qn*

□ ( ) une fâcheuse aventure à mes parents.
私の両親に困ったことが起こりました。

à *qn* de *inf.*

□ ( ) son parapluie.
彼はよく傘を忘れる。

que + *sub.*

□ ( ) de la neige à Nice en hiver.
冬に、ニースに雪が降ることがある。

045 s'asseoir**

Track-045 [saswar] 代名動詞：「座らせる」の自動詞

● 座る

□ ( ) ici.
ここにお座りなさい。⇔ se lever

▶ être assis(e)

● 座っている

□ Elle ( ) le fauteuil.
彼女は肘掛け椅子に座っている。⇔ rester debout

046 assimiler*

Track-046 [asimile] 違いを消して同じようにする   ≫ *f.* (同化・吸収)

● (食物や知識を) 消化・吸収する・(à と) 同列に置く

□ ( ) l'homme à un ordinateur.
人とコンピュータを同列に置くことはできない。→ mettre A et B sur le même pied

(Il est arrivé) (Il lui arrive souvent d'oublier) (Il arrive qu'il y ait)　045　(Asseyez-vous)
(est assise dans)　046 **assimilation**　(On ne peut pas assimiler)

047 assister*

[asiste] そばに立つ、そばで支える

f. (_____) 出席・列席者一同・救助

❶ (à に) 出席する・(à に) 居合わせる → être témoin de

à **qc**

☐ *Je n'ai pas pu* (_____) *de M. Murakami.*
私は村上氏の講演会に出ることができなかった。

＊当事者として「出席する」なら、participer à **qn** を用いる。

❷ (人を) 補佐する・助ける → seconder

☐ *Je* (_____) *dans son travail.*
私は彼女の仕事に力を貸した。

＊ prêter assistance à **qn**「〜を援助する」も頻度が高い。

048 assurer*

[asyre] 不安や疑念を取り除く

f. (_____) 確信・保証

❶ (〜について) 保証して…を安心させる

qn de **qc**

☐ (_____) *de son aide.*
彼は私に助けると請けあった。

❷ (〜であることを) 保証する・断言する

à **qn** que + **ind.**

☐ (_____) *qu'il allait m'aider.*
彼は私にかならず助けるからと言った。

＊❶は人が直接目的、❷は que 以下の節が直接目的。

代 s'assurer

❶ (contre 〜 に対する) 保険に入る

☐ *Vous devez* (_____) *l'incendie dès que possible.*
できるだけ早く火災保険に入るべきです。

解答 047 **assistance** (assister à la conférence) (l'ai assistée)　048 **assurance** (Il m'a assuré(e))
(Il m'a assuré) (vous assurer contre)

❷ (〜であるよう)確認する

que + **ind.**

☐ (   ) *vous n'avez rien oublié dans l'avion.*

機内にお忘れ物のないようにお確かめください。

049 attacher***
Track-049 [ataʃe] 犬を木につなぐ

》 (   )
m. (àへの) 愛情・愛着

● 結びつける・つなぎ留める⇔ détache

qc

☐ *En avion, on doit* (   ).

飛行機では、ベルトを締めなくてはならない。

代 **s'attacher**

● 執着する・(〜に)愛着を持つ

à *qn / qc*

☐ *Elle* (   ).

彼女は猫に愛着を持っている。

＊ Elle est attachée à son chat. と言い換えられる。

050 atteindre*
Track-050 [atɛ̃dr] réussir à toucher / parvenir à un lieu

● (目的地に)到着する・到達する→ arriver à

qc

☐ *On* (   ) *de la montagne avant midi.*

昼までには山頂に着くだろう。→ arriver à *qc*

(Assurez-vous que) 049 **attachement** (attacher sa ceinture) (s'attache à son chat)
050 (atteindra le sommet)

051 attendre***

[atɑ̃dr] 英 wait for、転じて 英 expect にも相当

❶ （人が）待つ

□ (　　　　　　　　　　　) ! Je vais vous aider.
待ってください！　手伝いますから。

qn
□ Nous (　　　　　　　　　　) à la sortie.
出口であなたを待っています。

qc
□ (　　　　　　　　　　　) une demi-heure.
私はバスを30分待った。

❷ （〜するまで）待つ

de + *inf.*
□ (　　　　　　　　　　　) pour sortir.
外出するのは体調がよくなるまで待ちなさい。

que + *sub.*
□ (　　　　　　　　　　　) pour lui poser cette question.
彼女がその質問に答えるために戻ってくるのを待っています。

代 s'attendre

● （à を）予想・予期する

à *qc*
□ Je (　　　　　　　　　　) cette réponse.
私はその返答を予期していなかった。

à ce que + *sub.*
□ Tout le monde (　　　　　　　　　　) le Premier ministre fasse une déclaration à la presse.
総理大臣が報道機関に声明を発表すると、皆、思っていた。

解答 051 (Attendez) (vous attendons) (J'ai attendu le bus) (Attends d'aller mieux) (J'attends qu'elle revienne) (ne m'attendais pas à) (s'attendait à ce que)

052 attraper*

[atrape] 動いているものをつかまえる

1. つかまえる → saisir・prendre
2. （乗り物に）間に合う ⇔ manquer
3. （病気に）かかる → contracter
4. だます

☐ *Il a couru, mais il n'a pas pu (   ).*
彼は走ったが、バスには間に合わなかった。

053 augmenter*

[ɔgmɑ̃te] rendre plus grand en ajoutant *qc*

» (_____)
f. 増大・上昇

1. （量・値段などが）増大する ⇔ diminuer

☐ *Les prix (   ) par rapport à l'année dernière.*
物価は去年に比べて2％上がった。→ monter

2. （量・給与などを）増大させる

qc

☐ *Le patron (   ) des employés.*
雇い主は従業員の給与を上げた。

054 autoriser*

[ɔtɔrize] 🇬🇧 オーソリティ → 上から命令をくだす

» (_____)
f. 許可・承認

1. 許可する → permettre ⇔ défendre

qc

☐ *Dans cette rue, au début de la matinée, on (   ) dans un seul sens.*
その通りは、午前の早い時間、一方通行での往来が許可されている。

＊「午前の早い時間」は en début de matinée とも言える。

---

052 (attraper le bus)　053 **augmentation**　(ont augmenté de deux pour cent)
(a augmenté le salaire)　054 **autorisation**　(autorise la circulation)

❷ (〜に…することを) 許可する

qn à + *inf.*

☐ *Je* (					) *sortir.*
　私は彼の外出を許可した。→ permettre à **qn** de + **inf.**

055 avancer*
[avɑ̃se] 目的に向け「前に」en avance 進む

≫ f. (　　　　　　　　　)　前進・優位

≫ m. (　　　　　　　　　)　昇進・発展

❶ 前に進む ⇔ reculer

☐ *Le travail* (				).
　仕事がまったく進まない。

❷ (時計などが) 進んでいる ⇔ retarder

☐ *Ma montre* (				).
　私の時計は5分進んでいる。

056 aventurer*
[avɑ̃tyre] あえて venture「行く」

≫ f. (　　　　　　　　　)　意外な出来事・冒険

≫ adj. (　　　　　　　　　)　冒険好きの・大胆な

● 危険にさらす

代 **s'aventurer**

● (危険な場所にあえて) 足を踏み入れる → se risquer

☐ *Je serais vous,* (			) *seul(e) dans les bois.*
　私だったら、危険を冒して一人で森の中に入るようなことはしません。

　→ tenter [courir] l'aventure

解答 054 (l'ai autorisé à) 055 **avance** **avancement** (n'avance pas du tout) (avance de cinq minutes)
056 **aventure** **aventureux(se)** (je ne m'aventurerais pas)

パート1 | 動詞用法ドリル
Exercices pour enrichir les verbes

057 avertir

[avertir] attirer l'attention d'une personne

m. (通知・警告)

● （〜を…にあらかじめ）知らせておく・警告する → prévenir

qn de qc

☐ Il a beaucoup plu. On (　　　　　　　　) des risques d'inondations.
雨が多く降った。（そのため）洪水の危険があると、人々は注意を促された。

à qn que + ind.

☐ (　　　　　　　　) qu'il ne pourra pas venir demain.
彼は明日来られないと私に言ってきている。

058 avoir***

[avwar] 英 have（ときに英 be にも相当）

❶ 持っている・所有している

qc

☐ M. Durand (　　　　　　　　).
デュランさんは湖畔に別荘を持っている。

❷ 〜すべき…がある・（〜を）しないといけない

qc à + inf.

☐ (　　　　　　　　) vous demander.
ちょっと頼みたい（尋ねたい）ことがあります。

▶ **n'avoir qu'à + inf.**

● 〜しさえすればよい

☐ J'ai préparé le dîner. (　　　　　　　　) réchauffer.
夕飯の準備はしておきました。それを温めなおせばすみます。

---

057 **avertissement**　(a averti les gens)　(Il m'avertit)　058　(a une villa au bord du lac)
(J'ai quelque chose à)　(Vous n'avez qu'à le)

059 avouer*

[avwe] reconnaître *qc* comme vrai

m. (告白・打ち明け話)

❶ （過ちや罪を）認める → reconnaître ⇔ nier

qc

☐ Le suspect ( ) son crime.
容疑者はついに自分の罪を認めた。→ confesser

❷ 打ち明ける

qc à *qn*

☐ Il a fini par ( ).
彼はとうとう彼女に愛を打ち明けた。

❸ （気持ち・状態などを恥ずかしながら）白状する・（正直に）認める

que + *ind.*

☐ ( ) raison.
彼女が正しいことは認めます。

B

060 baisser**

[bese] bas「低い」から

f. (低下・減少)

❶ （光・熱・値段などが）下がる・弱まる

☐ Dès que le soleil se couche, ( ).
日が落ちてすぐに、温度が下がる。

❷ （音・光・値段などを）下げる・弱める

qc

☐ ( ) de la télévision.
テレビの音を下げてください。

解答　059 **aveu** (a finalement avoué) (lui avouer son amour) (J'avoue qu'elle a)　060 **baisse** (la température baisse) (Baissez le son)

061 barrer*
[bare] barre「棒」から
m. (barrage) ダム・通行止め

❶（通路や流れを）ふさぐ・遮断する → bloquer
❷ 線を引く

□ (Un gros camion barre) la route.
大型トラックが道をふさいでいる。

062 battre***
[batr] 繰り返し叩く 英 beat
m. (battement) （繰返し）打つこと

❶（何度も）殴る・打ちすえる・たたく → frapper
❷（試合・戦争で）打ち負かす
❸（体の部分 de を）打つ

□ L'équipe de France de rugby (a battu l'équipe d'Italie) en demi-finale.
準決勝でフランスのラグビーチームがイタリアを破った。

代 se battre
● 殴り合う・戦う

□ Dans la cour de l'école, (les enfants se battent souvent) en jouant.
校庭で、子どもたちはよく遊びで殴り合っている。

063 bénéficier*
[benefisje] 個人や集団にプラスになる
m. (bénéfice) 利益・利点

● 恩恵に浴する
de qc

□ Il (bénéficie de) tous les avantages sociaux.
彼はあらゆる社会福祉の恩恵に浴している。→ profiter

064 blesser**

[blese] provoquer une plaie ou une fracture *f.* (傷・けが)

● （人を）傷つける

qn

□ *Ses paroles* (   ).
彼（彼女）の言葉は私を深く傷つけた。

代 se blesser

● けがをする

□ (   ) *au pied en tombant.*
私は転んで足にけがをした。

065 boire***

[bwar] 英 drink に相当

● 飲む

qc

□ *Vous voulez* (   ) ?
何か飲み物はいかが？

＊「薬を飲む」は prendre un médicament、「スープを飲む」には manger de la soupe を用いる。

066 bouder*

[bude] bod- は「膨らんだ様子」を表す *f.* (ふくれること・不信感)

❶ 仏頂面をする・（天気が）どんよりしている
❷ （人に）不満を示す・そっぽを向く

qn

□ *Elle a l'air de* (   ).
彼女は私に不満なようだ。

解答　064 **blessure**　(m'ont profondément blessé(e))　(Je me suis blessé(e))
065 (boire quelque chose)　066 **bouderie**　(me bouder)

パート1 動詞用法ドリル
Exercices pour enrichir les verbes

067 bouillir*
[bujir] 日 ブイヨン（煮込んで作るだし汁）

m. (_____)
沸騰 = ébullition

❶ 沸騰する
❷ 煮える → cuire

▶ **faire bouillir**

● 沸かす・煮る

□ (_____) avant d'y jeter les spaghettis !
スパゲッティを入れる前にお湯を沸かして！

068 brancher*
[brɑ̃ʃe] 本体から branche へ

m. (_____)
（管や線の）接続

● （A を B に）つなぐ

□ (_____) et il a pu l'utiliser tout de suite.
彼がコンピュータをつないだら、すぐに使えた。

069 bronzer*
[brɔ̃ze] 日 ブロンズ（銅）

m. (_____)
（肌を）焼くこと・日焼け

● （肌を）日焼けさせる・日焼けする → hâler・brunir

□ *Mets-toi de la crème* (_____).
日焼け用のクリームを塗ったら。

＊「日焼け防止クリーム」は la crème anti-bronzage という。

---

067 **bouillonnement** (Faites bouillir l'eau) 068 **branchement** (Il a branché l'ordinateur)
069 **bronzage** (à bronzer)

070 brûler**

[bryle] 日 (菓子) クレームブリュレ

f. (火傷（やけど）)

❶ 燃える・焼ける

☐ *C'est l'hiver. (　　　　　　) dans la cheminée.*
もう冬だ。暖炉で火が燃えている。

❷ 焼く・燃やす

qc

☐ *Le jardinier (　　　　　　).*
庭師が落ち葉を焼いていた。

代 se brûler

● 火傷（やけど）する

☐ *(　　　　　　) avec le café trop chaud.*
彼はコーヒーが熱すぎて舌を火傷した。

C

071 cacher***

[kaʃe] mettre hors de vue

f. (隠し場・隠れ場)

m. (（複数不変）かくれんぼ)

❶ （見えない所に）隠す ⇔ montrer・faire voir

qc

☐ *Elle (　　　　　　) au fond du tiroir.*
彼女は宝石を引き出しの奥に隠した。

解答　070 **brûlure** (Le feu brûle) (a brûlé les feuilles mortes) (Il s'est brûlé la langue)
071 **cache　cache-cache** (a caché ses bijoux)

❷ (〜からさえぎって)隠す ⇔ révéler・avouer

qc à *qn*

☐ *Il (　　　　　　　　) à sa femme.*
彼は妻に自分の病気のことを隠した。

❸ (〜であることを)隠す

à *qn* que + *ind.*

☐ *(　　　　　　　　) qu'elle avait eu zéro en physique.*
彼女は物理で0点をとったことを親に隠した。

代 se cacher

❶ (場所に)隠れる

☐ *Le chat noir (　　　　　　　　).*
黒猫はベッドの下に隠れた。

❷ (〜に)隠れて…する

de *qn* pour + *inf.*

☐ *(　　　　　　　　) pour fumer.*
彼らは親に隠れてタバコを吸っている。

072 calculer*

[kalkyle] (語源)小石を用いて数える

≫ *m.* (　　　計算　　　)

❶ (数量・価格を)計算する → compter
❷ 見積もる・計算する

☐ *Essayez de (　　　　　　　　).*
暗算で計算してください。

＊「暗算する」は calculer mentalement とも言う。

(a caché sa maladie) (Elle a caché à ses parents) (s'est caché sous le lit)
(Ils se cachent de leurs parents) 072 **calcul** (calculer de tête)

073 calmer*
[kalme] calme「静かさ、冷静」から

m. adj. (静かさ・静寂・静かな)

● (人・痛み・怒りなどを) 鎮める・なだめる → apaiser

qn
□ (　　　　　　　　　) le bébé.
歌が赤ちゃんを落ち着かせた。

qc
□ (　　　　　　　　　) vos douleurs.
薬であなたの痛みはおさまります。→ Ce médicament vous calme. と言い換えられる。

代 se calmer

● (興奮していたのが) 落ち着く・(痛みが) 静まる
□ (　　　　　　　　　) !
落ち着いて！→ Du calme !

074 casser**
[kɑse] 急な力を加えて壊す、割る

f. (壊すこと・スクラップ)

● 壊す・割る・折る → briser

qc
□ Il (　　　　　　　　　).
彼は携帯電話を壊した。

代 se casser

● (自分の〜を) 折る・痛める

qc
□ Il (　　　　　　　　　) en jouant au rugby.
彼はラグビーをしていて腕を折った。

解答 073 **calme** (La chanson a calmé) (Ce médicament calmera) (Calme-toi) 074 **casse** (a cassé son portable) (s'est cassé le bras)

パート1 動詞用法ドリル
Exercices pour enrichir les verbes

075 causer*
Track-075 [koze] 出来事を引き起こす

f. (理由・原因)

❶ 引き起こす → provoquer・produire

qc

☐ *Le typhon* ( ) *à Osaka.*
台風が大阪に大きな被害をもたらした。

❷ （B に A を）もたらす・（B にとって A の）原因となる

A à B

☐ ( ) *beaucoup de soucis à ma famille.*
その知らせは私の家族にとって大きな心配の種だ。

＊なお causer「おしゃべりをする（英語の talk、chat）」という動詞もあるので注意したい。

076 cesser*
Track-076 [sese] 続いていたことがなくなる

f. (中止)

● （人が）やめる・中止する ⇔ continuer

☐ ( ) *vers midi.*
私は仕事を昼頃にやめます。 → arrêter

▶ **cesser de ＋ *inf.***

● （〜するのを）やめる

☐ *Comme il est entré, elle* ( ).
彼が入ってきたので、彼女は話すのをやめた。 → arrêter

077 changer***
Track-077 [ʃɑ̃ʒe] 英 change に相当

m. (変化)

❶ （様子・内容が）変わる・変化する

☐ *Il y a du vent.* ( ).
風が出てきた。天気が変わりそうだ。

---

075 **cause** (a causé beaucoup de dégâts) (Cette nouvelle cause) 076 **cesse** (Je cesse mon travail) (a cessé de parler) 077 **changement** (Le temps va changer)

❷ (様子・内容などを) 変える

qc

☐ (   ) *la façon de travailler.*
コンピュータのせいで仕事のやり方がすっかり変わった。

❸ (別種のものに) 変える

de ＋ 無冠詞名詞

☐ *Il* (   ).
彼は転居した。

＊「転居する」は changer d'adresse とも言うし、déménager という動詞もある。

代 se changer

● 着替えをする

☐ (   ) *pour sortir !*
出かけるから着替えて！

078 chanter***

[ʃɑ̃te] 「歌」は chanson「シャンソン」

≫ *f.* (   ) 歌・シャンソン

≫ *m.* (   ) 歌(chanson より重厚な音楽)

● (人が) 歌う・歌う

☐ *Autrefois,* (   ) *pour m'endormir.*
昔、母は私を寝かしつけるのにその歌を歌っていました。

解答 077 (L'ordinateur a complètement changé) (a changé de domicile) (Change-toi)
078 **chanson chant** (ma mère chantait cette chanson)

079 charger**
[ʃaʁʒe] 重荷を負わせる

» m. (荷を積むこと)
» f. (重荷・負担)

❶ (〜に) 積み込む・詰め込む
qc
☐ *Les alpinistes* (   ).
登山家たちはザックに荷物を詰め込んだ。

❷ (〜に…することを) 担当させる・役目を負わせる
qn de + *inf.*
☐ *Il* (   ) *recevoir les visiteurs.*
彼は彼女に来客を接待するよう言いつけた。

代 se charger

❶ (責任を持って〜を) 引き受ける
de *qn* / *qc*
☐ *Repose-toi, on* (   ).
君は休んでて、全部やるから。

❷ (責任を持って〜することを) 引き受ける
de + *inf.*
☐ *Je* (   ) *les places.*
席の予約は私が引き受けます。→ s'occuper de
＊「予約する」には réserver も使える。

---

079 **chargement charge** (ont chargé leurs sacs) (l'a chargée de) (se chargera de tout) (me charge de louer)

080 chercher***

[ʃɛʁʃe] 隠された物がないか慎重に探す

❶ 探す・見つけようとする

qc

☐ Je (   ) de clés.
私はキーホルダー（鍵の束）を探している。

qn

☐ (   ) à l'école, s'il te plaît.
学校に子どもを迎えに行って。→ aller [venir] chercher *qn*「〜を迎えに行く［来る］」

❷ 何とか〜しようとする・（〜しようと）努める

à + inf.

☐ Elle (   ) prendre contact avec son mari.
彼女は何とか夫に連絡しようとしたが無駄だった。→ s'efforcer [essayer] de + *inf.*

081 choisir***

[ʃwaziʁ] 選択肢から選ぶ 英 choose に相当    *m.* (   ) 選択

❶ 選ぶ→ sélectionner・élire

qn / qc

☐ On (   ) délégué syndical.
組合の代表に中川氏を選んだ。

❷（いくつかの可能性のうち〜することを）選ぶ・（〜することに）決める

de + inf.

☐ (   ) à la campagne.
彼らは田舎で暮らすことに決めた。

解答 080 (cherche mon trousseau) (Va chercher les enfants) (a cherché en vain à) 081 **choix** (a choisi M. Nakagawa comme) (Ils ont choisi de vivre)

082 coïncider*

[kɔɛ̃side] たまたま同時に起こる

f. (偶然の一致)

● (2つの出来事が) 合致する・(〜と) 一致する

avec *qc*

☐ *Ses réponses (   ) les miennes.*
彼(彼女)の返答は私の返答と完全に一致している。

083 combattre*

[kɔ̃batr] コンバット (戦闘)

m. (交戦・戦闘)

❶ 戦う・反抗する

☐ *On doit (   ).*
偏見と戦わなくてはならない。

❷ (contre *qn* / *qc* 〜に対して・pour *qn* / *qc* 〜を守るために) 戦う

contre *qn* / *qc*

☐ *Cette association (   ) dans le monde.*
その団体は世界中の飢餓撲滅のために戦っている。

pour *qn* / *qc* / + *inf.*

☐ *On (   ).*
自由のために戦うつもりだ。

084 combiner*

[kɔ̃bine] コンビネーション (組み合わせ)

f. (組み合わせ・配合)

❶ (計画などを) 練る・(陰謀などを) 企てる → échafauder
❷ 組み合わせる

☐ *Je ne peux pas (   ).*
私は仕事と余暇の段取りをうまくつけられない。

---

082 **coïncidence** (coïncident parfaitement avec) 083 **combat** (combattre les préjugés)
(combat contre la faim) (combattra pour la liberté) 084 **combinaison** (combiner le travail et les loisirs)

085 commander*
[kɔmāde] 英 command, order に相当

» f. (　注文　)
» m. (　命令・指揮　)

❶ (本やワインなどを) 注文する

qc

□ (　　　　　　　　) qui est à la page 10 de ce catalogue.
このカタログの 10 ページに載っている時計を注文したいのですが。

❷ 命じる→ ordonner・(人に) 指図する

□ Mon oncle n'aime pas (　　　　　　).
おじは人にあれこれ指図されるのを好まない。

086 commencer***
[kɔmāse] 英 begin に相当

» m. (　初め・始まり　)

❶ 始まる→ débuter ⇔ finir

□ (　　　　　　　　) à 10 heures.
フランス語の講義は 10 時に始まる。

❷ 始める

qc

□ Elle (　　　　　　　) ce roman hier.
彼女は昨日この小説を読み始めた。
→ commencer à lire ce roman とも言える。なお、commencer un roman は文脈に応じて「小説を読み出した」とも「小説を書き出した」とも訳せる。

❸ 〜し始める

à / de + *inf.*

□ Ma fille a 15 mois et (　　　　　　).
娘は 15 ヶ月で、すでにしゃべり始めている。

解答 085 **commande commandement** (Je voudrais commander la montre) (qu'on le commande)
086 **commencement** (Le cours de français commence) (a commencé la lecture de) (elle commence déjà à parler)

パート1 動詞用法ドリル
Exercices pour enrichir les verbes

❹ (〜で…を) 始める・始まる

par **qn** / **qc**

☐ ( ) par ce tableau.
美術館の見学はまずこの絵で始まるでしょう。

❺ まず〜する・とにかく〜する

par + **inf. qn** / **qc**

☐ Le matin, ( ).
朝は、まずコーヒーを1杯飲みます。

---

087 communiquer*
[kɔmynike] 日 コミュニケーション (伝達)

f. ( ) コミュニケーション・連絡

m. ( ) 公式声明 (コミュニケ)

❶ (〜と) 意志を伝えあう・連絡を取りあう

avec **qn**

☐ Grâce à internet, on peut ( ) à tout moment.
インターネットのおかげでたえず友人と連絡ができる。

❷ (〜と) 通じている・(通路で) つながっている

avec **qc**

☐ La chambre des parents ( ).
両親の寝室は子どもの寝室とつながっている。

❸ 伝える → transmettre

qc à **qn**

☐ Ce matin, ( ) à ma tante.
今朝、おばに電車の時間を伝えた。→ faire connaître

(On commencera la visite du musée) (je commence par prendre un café) 087 **communication communiqué**
(communiquer avec ses amis) (communique avec celle des enfants) (j'ai communiqué l'heure du train)

41
quarante et un

088 comparer*
[kɔ̃pare] 同レベルに置いて比べる

≫ f. (比較)

❶ 比べる

qc

☐ Je ( ) avant d'acheter.
私は購入する前にはいつも価格を比べる。

❷ (A と B を) 比較する

A avec [à] *B*

☐ ( ) Corneille avec Racine.
しばしばコルネイユとラシーヌを比較する。

❸ (A を B に) なぞらえる

A à *B*

☐ ( ) à un cours d'eau.
人は人生を水の流れにたとえる。

089 compliquer*
[kɔ̃plike] 込み入っていて分析できない

≫ f. (複雑さ・(複数で) もめごと)

● (状況などを) 複雑にする ⇔ simplifier

☐ Ma mère ( ).
母は万事いつもややこしくする。

解答 088 **comparaison** (compare toujours les prix) (On compare souvent) (On compare la vie)
089 **complication** (complique toujours tout)

090 comprendre***

[kɔ̃prɑ̃dr] saisir le sens / s'apercevoir / ressentir

f. (理解(力))

adj. (理解しやすい)

❶ 理解する・(人に)理解を示す

qc

☐ ( ) votre question.
あなたの質問がわかりません。

❷ (〜であることを)理解する・見てとる・悟る

que + *ind.*

☐ A votre expression, ( ) que vous mentiez.
あなたの表情から、嘘をついていると私にはちゃんとわかった。

❸ (〜であるのは)もっともだと思う

que + *sub.*

☐ ( ) mécontente.
彼女が不満なのはもっともだと思う。

091 compter***

[kɔ̃te] calculer le nombre 英 count

m. (計算・勘定・口座)

❶ 数える → calculer

avec *qn*

☐ Ma fille ( ) jusqu'à cent.
娘はまだ100まで数えられない。→ chiffrer

❷ 計算する・見積もる

qc

☐ Après les élections, on ( ) de vote.
選挙後、投票用紙を数えます。

---

090 **compréhension compréhensible** (Je ne comprends pas) (j'ai bien compris)
(Je comprends qu'elle soit) 091 **compte** (ne sait pas encore compter) (compte les bulletins)

❸ (〜を) 当てにする

sur **qn** / **qc**

☐ (Je compte sur vous) *pour m'aider à déménager.*
引越しの手伝いをしてくれると、あなた(方)をあてにしています。

❹ (〜する) 心積もりでいる・〜しようと思う

+ *inf.*

☐ (Il compte partir à Paris) *demain soir.*
彼は明晩、パリに発つつもりだ。

092 se concrétiser
Track-092 [s(ə) kɔ̃kretize] concret「具体的な」から

f. (concrétisation)
具体化

● 具体化する・実現する

☐ *J'espère que les projets* (du gouvernement se concrétiseront).
政府の計画が実現することを期待しています。→ se réaliser

093 condamner*
Track-093 [kɔ̃dɑne] prononcer une peine contre un coupable

f. (condamnation)
刑の宣告・非難

❶ (人に) 有罪を言い渡す→ acquitter・prononcer une peine
❷ 非難する→ désapprouver
❸ 禁じる→ blâmer

☐ *Kenji* (a été condamné à 200 euros) *pour excès de vitesse.*
ケンジはスピード違反で200ユーロの罰金を課せられた。

094 conduire***
Track-094 [kɔ̃dɥir] con「一緒に」+ duire「連れて行く」

f. (conduite)
振るまい・行動・運転

❶ 車を運転する

☐ (Conduisez lentement) *par temps de brouillard !*
霧だから、ゆっくり運転して！

解答 091 (Je compte sur vous) (Il compte partir à Paris) 092 **concrétisation** (du gouvernement se concrétiseront)
093 **condamnation** (a été condamné à 200 euros) 094 **conduite** (Conduisez lentement)

パート1 動詞用法ドリル
Exercices pour enrichir les verbes

❷ 運転する・操縦する → diriger

qc

☐ (   ) conduit l'autocar.
観光バスを運転しているのは僕のおじです。

❸ (〜に) 連れて行く → mener

qn + 場所

☐ (   ) la Gare de Lyon.
(タクシーで)リヨン駅まで行ってください。

代 **se conduire**

● (人が) 振る舞う → agir・se comporter

☐ Elle (   ) envers mes parents.
彼女は僕の両親に対してひどい態度をとった。

095 confier*

Track-095 [kɔ̃fje] remettre aux soins de *qn*

≫ f. (＿＿＿＿＿＿＿＿＿＿＿)
信頼・信用・自信

≫ f. (＿＿＿＿＿＿＿＿＿＿＿)
打ち明け話

❶ 預ける・任せる

qc / *qn* à *qc* / *qn*

☐ Ma fille (   ) pour le week-end.
週末、娘は私に子どもを預けた。

❷ (内密に) 打ち明ける

un secret à *qn*

☐ (   ) à ma mère.
母に秘密を打ち明けた。

(C'est mon oncle qui) (Conduisez-moi à) (s'est mal conduite) 095 **confiance confidence**
(m'a confié son enfant) (J'ai confié un secret)

quarante-cinq

代 se confier

● （自分の）心の内を…に明かす

à *qn*

☐ (　　　　　　　　　　) à moi.
彼女は私に胸の内を明かした。

096 confondre*
[kɔ̃fɔ̃dr] 一緒に fondre「混ぜる」

f. (　混同　)

● （A と B を）混同する → prendre A pour B ⇔ distinguer

A avec [et] *B*

☐ *Excusez-moi !* (　　　　　　　　　　) *et le vôtre.*
すみません！ 自分の傘とあなたの傘を間違えました。

097 connaître***
[kɔnɛtr] 人や場所を体験的に知っている

f. (　知ること・理解　)

❶ （人を）知っている・見たことがある ⇔ ignorer

qn

☐ *Vous* (　　　　　　　　) *?*
私の両親のことをご存知ですか？

❷ （場所を）知っている・～できる

qc

☐ (　　　　　　　　　　) *parce qu'elle y a vécu dix ans.*
彼女は北京のことをよく知っています。10 年暮らしていたからです。

代 s'y connaître

● （ある分野に）通じている・詳しい

en

☐ *Marie adore les fleurs et* (　　　　　　　　　　) *en jardinage.*
マリーは花が大好きで、ガーデニングのことをよく知っている。

解答 095 (Elle s'est confiée) 096 **confusion** (J'ai confondu mon parapluie) 097 **connaissance** (connaissez mes parents) (Elle connaît bien Pékin) (elle s'y connaît bien)

パート1 動詞用法ドリル
Exercices pour enrichir les verbes

098 consacrer*

Track-098 [kɔ̃sakre] 人生・生活を捧げるなら vouer を使う

● (時間・労力などを活動・人などに) 捧げる・割く → accorder

qc à *qn*

□ ( ) *aux handicapés.*
彼女は生涯を身体障害者に捧げた。

qc à *qc*

□ ( ) *à l'étude du piano.*
彼は自由な時間をまるまるピアノの練習に割いている。

代 se consacrer

● (〜に自分を) 捧げる・没頭する

à *qc* / *qn*

□ ( ) *à leurs malades.*
彼女たちは病人にかかり切りだ。→ se donner

099 conseiller*

Track-099 [kɔ̃seje] 薬 advise, recommend に相当

m. (アドバイス)

❶ (〜に) 助言する・アドバイスする → donner un conseil à *qn*

qn

□ *Il* ( ).
彼はきっとあなたに助言をしてくれます。

❷ (〜に助言して) 勧める → recommander

qc à *qn*

□ *Avec cette viande,* ( ).
この肉には美味しいロゼ(ワイン)をお勧めします。

---

098 (Elle a consacré sa vie) (Il consacre tout son temps libre) (Elles se sont consacrées)
099 **conseil** (vous conseillera certainement) (je vous conseille un bon rosé)

❸ (〜に…するように)助言する

à *qn* de + *inf.*

☐ ( ) *une chambre à l'avance.*
事前に部屋を予約するようお勧めします。

100 considérer*
[kɔ̃sidere] よく考えた上で判断する

f. (考慮)

❶ 考察する・検討する→ examiner
☐ *C'est* ( ).
それは考慮すべき点だ。

❷ (A を B と)見なす

A comme *B*

☐ *Tu* ( ) *ton ami ?*
君はポールを友だちだと思っているの？ → regarder *A* comme *B*、prendre *A* pour *B*

❸ (〜と)考える・見なす

que + *ind.*

☐ ( ) *la vie moderne est stressante.*
大勢の人が現代の生活はストレスがたまると考えている。

101 constater*
[kɔ̃state] 客観的に事実確認をする

f. ((事実や現状の)確認・証明)

● (事実に目をとめて)確認する・(〜であると)分かる→ vérifier・confirmer

qc

☐ ( ) *plusieurs jours de suite.*
何日も続けて彼(彼女)が不在だと分かった。

解答 099 (Je vous conseille de réserver) 100 **considération** (un point à considérer) (considères Paul comme) (Beaucoup de gens considèrent que) 101 **constatation** (J'ai constaté son absence)

パート1 動詞用法ドリル
Exercices pour enrichir les verbes

102 **contempler***
[kɔ̃tɑ̃ple] regarder *qn/qc* avec admiration 》 (_____) *f.* 凝視

● (～に) 見入る・見とれる → observer・admirer

☐ (_____) sur le Mont Saint-Michel pendant une heure.
彼らは1時間、モンサンミッシェルに沈む夕陽に見とれていた。

103 **continuer***
[kɔ̃tinɥe] 途切れず先に進む 》 (_____) *f.* 継続

❶ (中断せずに) 続ける

☐ (_____).
どうぞ、(話を) 続けてください。

❷ ～し続ける

à / de + *inf.*

☐ Demain, (_____) sur tout le Japon.
明日、日本全国で雨が降り続くだろう。

104 **contribuer***
[kɔ̃tribɥe] 一緒に何かを成し遂げる 》 (_____) *f.* 貢献・協力

● (～に) 貢献する → apporter sa contribution à *qc*

à *qc*

☐ Les musiciens (_____) des concerts de jazz.
ミュージシャンたちはジャズの演奏会の成功に貢献した。

---

102 **contemplation** (Ils ont contemplé le coucher du soleil)　103 **continuation**
(Continuez, je vous en prie)　(il continuera à [de] pleuvoir)　104 **contribution**　(ont contribué aux succès)

49
quarante-neuf

105 contrôler*
[kɔ̃trole] 日 コントロール（統制）

m. (（権利・書類などの）確認・検査)

❶ （荷物などを）検査する・点検する → examiner・inspecter・vérifier
❷ 制御する・抑える → maîtriser
❸ （会社などが）支配下に置く・（軍隊などが）制圧する

☐ *Est-ce que le nouveau gouvernement pourra* ( )?
新しい政府は物価の上昇を抑えられるだろうか？ → restreindre、contenir

106 convaincre*
[kɔ̃vɛ̃kr] 英 convince, persuade

f. (確信・自信)

❶ （論理的に説得して）納得させる・説き伏せる
qn

☐ *Il a présenté des arguments qui* ( ).
彼は論拠を述べたが、裁判官は納得しなかった。

❷ （～について…を）納得させる
qn de *qc*

☐ *Elle a cherché à* ( ).
彼女は私に自分の善意を納得させようとした。

❸ （～するように…を）説き伏せる → persuader
qn de + *inf.*

☐ ( ) *rentrer à la maison.*
私は娘に家に帰るよう説き伏せた。

▶ **être convaincu(e)**

● （～であることを）確信している → sûr・déterminé

解答 105 **contrôle** (contrôler la hausse des prix) 106 **conviction** (n'ont pas convaincu le juge) (me convaincre de sa bonne volonté) (J'ai convaincu ma fille de)

パート1 動詞用法ドリル
Exercices pour enrichir les verbes

de *qc*
☐ (　　　　　　　　　　) la culpabilité d'un employé.
部長は社員の有罪を確信している。

que + *ind.*
☐ (　　　　　　　　　　) qu'elle est innocente.
私は彼女が無罪だと確信している。

de + *inf.*
☐ *Elle est* (　　　　　　　　　　).
彼女はいつも自分が正しいと自信満々だ。

107 convenir*
Track-107　[kɔ̃vnir] co「一緒に」+ venir「来る」

➤ *f.* (＿＿＿＿＿＿＿＿＿＿)
(複数)礼儀作法

● (人に)都合がいい・(物に)適している・ふさわしい

à *qn*
☐ *L'emploi du temps* (　　　　　　　　　　).
時間割は教員たちの都合にぴったりあっている。

à *qc*
☐ (　　　　　　　　　　) la culture fruitière.
その土地は果実の栽培に適している。

108 coucher***
Track-108　[kuʃe] 英 put to bed, sepend the night, go to bed などに相当

● (人を)寝かせる・寝る・泊まる⇔ lever
☐ (　　　　　　　　　　) demain.
明日、ホテルに泊まります。

(Le directeur est convaincu de) (Je suis convaincu(e)) (toujours convaincue d'avoir raison)
107 **convenance** (convient parfaitement aux professeurs) (Cette terre convient à) 108 (On couche à l'hôtel)

cinquante et un

代 se coucher

● 寝る・床につく ⇔ se lever

☐ *A quelle heure (　　　　　　　　)?*
何時に寝ますか？

109 couper***
[kupe] 英 cut に相当

≫ f. (　切り取り・(髪の)カット　)

≫ f. (　切り傷・停電・削除　)

● 切る

☐ *Elle (　　　　　　　).*
彼女はそのタルトを6つに切った。

＊類義語の trancher は「(刃物などで)すっぱり切る」を、découper は「(一定の形に)切り分ける」を意味する語。

代 se couper

● (自分の〜を)切る・けがをする

☐ (　　　　　　　　) *avec un gros couteau.*
彼は大きなナイフで指を切った。→ se blesser au doigt

＊以前、この例は「彼は指を切断した」の意味になるとされたが、現用ではこれで「指を切った」の意味になる。

110 courir***
[kurir] 走行感を感じさせる動作

≫ n. (　走る人・走者　)

❶ 走る

☐ (　　　　　　　　) *à l'heure à l'école.*
彼女たちは学校に遅刻しないように走った。

＊「(車などが)走る」なら rouler を用いる。

解答 108 (vous couchez-vous)　109 **coupe　coupure**　(a coupé la tarte en six)　(Il s'est coupé le doigt)
110 **coureur(se)**　(Elles ont couru pour arriver)

パート1 動詞用法ドリル
Exercices pour enrichir les verbes

❷（危険を）冒す・（危険な目に）遭う

qc

☐ (　　　　　　　　　　　) pendant son voyage.
彼は旅行中大変危険な目にあった。

111 coûter***
Track-111 [kute] 物事が主語 英 cost に相当

» (_____)
m. 費用→ le coût de la vie「生活費」

● 費用がかかる・値段が〜である

☐ (　　　　　　　　　　　) de faire construire une maison.
家を建てるのは金がかかる。

112 couvrir**
Track-112 [kuvrir] 英 cover に相当

» (_____)
f. 毛布・（本などの）表紙

● 覆う

☐ Elle (　　　　　　　　　　　) du papier noir.
彼女はその本に黒い紙でカバーをする。

代 se couvrir

● （自分の〜を）覆う

☐ (　　　　　　　　　　　), il fait froid.
ちゃんと着なさい(厚着をしなさい)、寒いから。

113 craindre**
Track-113 [krɛ̄dr] manifester un sentiment de peur

» (_____)
f. 恐れ・心配

❶（悪い結果をもたらすものとして）恐れる・危惧する→ redouter

qn

☐ (　　　　　　　　　　　) leur professeur.
生徒たちは自分たちの担任を恐れている。

(Il a couru de graves dangers)　111 **coût**　(Ça coûte cher)　112 **couverture**　(couvre le livre avec)
(Couvrez-vous bien)　113 **crainte**　(Les élèves craignent)

☐ *Les personnes âgées* (　　　　　　　　).
老人たちは猛暑を恐れている。

❷ （自分が〜する・したのではないかと）恐れる・心配する

de + *inf.*

☐ (　　　　　　　　) *en téléphonant trop tôt.*
彼女はあまりに早く彼に電話してしまったのではないかと心配している。

❸ （〜ではないかと）恐れる

que + *sub.*

☐ *Je* (　　　　　　　　) *pas.*
彼が来ないのではないかと心配している。→ j'ai peur que + *sub.*

❹ （〜が）心配だ・気がかりだ

pour *qn* / *qc*

☐ (　　　　　　　　) *votre santé.*
あなたの健康を案じています。

114 crier**
[krije] 大声で叫ぶ 英 cry に相当

» *m.* (　　叫び・鳴き声　　)

● 叫ぶ・大声で話す
☐ (　　　　　　　　) *à la vue du Père Noël.*
子どもたちはサンタクロースを見て喜びのあまり大声を出す。

115 croire***
[krwar] 英 believe とほぼ同義

» *f.* (　　信念・信仰　　)

❶ （本当だと）信じる・（人の言うことを）信用する

qc

☐ (　　　　　　　　) *les promesses de M. Harajima.*
原島さんの約束は信じません。

解答 113 (craignent la canicule) (Elle craint de l'avoir dérangé) (crains qu'il ne vienne) (Je crains pour)
114 **cri** (Les enfants crient de joie) 115 **croyance** (On ne croit pas)

パート1 動詞用法ドリル
Exercices pour enrichir les verbes

qn

☐ *Vous avez l'air sincère ; je ne demande (   ).*
あなたは誠実そうなので、ひたすら私はあなたを信じるだけです。

＊ ne demander qu'à + ***inf.*** は「ひたすら〜することを願う」という熟語。

❷ （〜を）信じている／信頼・信用している → avoir confiance en qn

en *qn* / *qc*

☐ *Tu (   ) ?*
君は神を信じているの？

❸ （存在や価値を）信じる

à *qc* / *qc*

☐ *Est-ce que (   ) ?*
あなたは占星術を信じますか？

❹ （自分が〜した・であると）思う

+ ***inf.***

☐ *(   ) son examen, mais il faut attendre les résultats.*
彼は試験に受かったと思っているが、結果を待たなくては。

❺ （〜であるに違いないと）信じる・思う

que + ***ind.***

☐ *(   ) gagner.*
彼が勝つと思う。

❻ （〜を…であると）思う

qn / *qc* + 形容詞

☐ *(   ) plus jeune que toi.*
私は彼女のことを君より若いと思っていた。

代 se croire

● （自分を〜であると）思う

+ 形容詞

☐ *(   ) que tout le monde.*
彼女は皆より自分は頭がいいと思っている。

(qu'à vous croire) (crois en Dieu) (vous croyez à l'astrologie) (Il croit avoir réussi) (Je crois qu'il va)
(Je la croyais) (Elle se croit plus intelligente)

116 débarrasser*
[debarase] barre「棒」を取り除く

● (邪魔な物を) 取り払う・片づける ⇔ embarrasser

☐ (　　　　　　　　　), s'il vous plaît.
テーブルを片づけてください。

117 débrouiller*
[debruje] brouiller「ごちゃ混ぜにする」の反意

m. (　解明 = débrouillement　)

● (事件などを) 解決する・(もつれを) ほどく → eclaircir

☐ (　　　　　　　　) à débrouiller cette affaire.
警察はその事件を解決するのに苦労した。

代 se débrouiller

● (困難などを) 切り抜ける・うまくやりこなす

☐ (　　　　　　　　) !
自分でなんとかしなさい！

118 décider***
[deside] 考えてきっぱり決める

f. (　決定・決断力　)

● (〜することを) 決める ⇔ hésiter

de + *inf.*

☐ (　　　　　　　　) l'espagnol.
彼はスペイン語を学ぶことに決めた。

解答 116 (Débarrassez la table)　117 **débrouillage** (La police a eu du mal) (Débrouillez-vous)
118 **décision** (Il a décidé d'apprendre)

que + *ind.*

☐ (Le musée a décidé que) le tableau serait présenté au public.
美術館は、絵を一般公開することに決めた。

代 se décider

❶ （迷いやためらいの後に）態度を決定する

☐ *Tu pars maintenant ou plus tard ?* (Décide-toi) !
今行くか、後にするか？ 決めて！

❷ （〜しようと）決心する → se résoudre

à + *inf.*

☐ *Monsieur Brun* (s'est enfin décidé à déménager).
ブランさんはとうとう引越しすることに決めた。

---

119 déclarer*
[deklare] 規則などに則り正式に発表する

≫ (déclaration)
f. 表明・申告

❶ 申告する・届け出る

qc

☐ *Vous avez* (quelque chose à déclarer) ?
申告するものはありますか？

❷ （感情・意志などを〜に）はっきり言う・言い渡す

qc à *qn*

☐ *Romeo* (a déclaré son amour) *à Juliette.*
ロミオはジュリエットに愛を告白した。

❸ （〜であると）宣言する・言明する

que + *ind.*

☐ (Le ministre des Finances a déclaré) *qu'il y aurait une augmentation des impôts.*
財務大臣は税金を上げることになると言明した。

120 décourager*

[dekuraʒe] courage「勇気」をくじく

» (_____) m. 落胆・失望

❶ 意気消沈させる・落胆させる → désespérer

qn

☐ *L'annonce de ton échec (   ).*
君が失敗したという知らせに彼女は落胆した。

❷ (〜に)…する気を失わせる・(〜を)思いとどまらせる

qn de + *inf.*

☐ *Les parents de Luc (   ) poursuivre ses études.*
リュックの両親は彼に学業を続けることを思いとどまらせた。

代 se décourager

● 意気消沈する

☐ *(   ) pas !*
気を落とさないで！

121 découvrir**

[dekuvrir] 事実・存在などを初めて知る

» (_____) f. 発見・探険

● 発見する・見つけ出す

☐ *(   ) informatique.*
彼は新しいコンピュータウイルスを発見した。

122 décroître

[dekrwatr] croître「増大する」の反意

» (_____) f. 減少

● (徐々に)減少する → diminuer・baisser ⇔ s'accroître・augmenter

☐ *(   ) au Japon.*
日本では出生率が下がっている。

解答 120 **découragement** (l'a décourgée) (l'ont découragé de) (Ne te décourage)
121 **découverte** (Il a découvert un nouveau virus) 122 **décroissance** (La natalité décroît)

123 défendre**
[defɑ̃dr] 攻撃や危害から積極的に守る

f. (_____) 防衛・擁護・禁止

❶ 擁護する・弁護する → protéger ⇔ attaquer

qn

☐ L'avocat (_____) son client.
弁護士は依頼人を巧みに弁護した。

❷ (〜と闘って・〜から)防衛する

qc

☐ Ce vieux château (_____) contre les ennemis.
その古城は国境を敵から守っていた。

❸ (〜に…することを)禁じる → interdire ⇔ permettre

à *qn* de + *inf.*

☐ (_____) manger trop de sucre.
医者は彼(彼女)に糖分のとり過ぎを禁じた。

代 se défendre

● (〜と闘って)身を守る

☐ Dans la vie, il faut (_____) !
暮らしの中で、自ら身を守るすべを知らなくてはならない！

124 défiler*
[defile] file「列」を成す

m. (_____) 縦列・行列

❶ (縦列を作って)行進する
❷ 続く・相次いで来る・現れる → se succéder

☐ (_____) les chars du carnaval.
人々はカーニヴァルの山車がねり歩くのを見ていた。

---

123 **défense** (a habilement défendu) (défendait la frontière) (Le médecin lui a défendu de) (savoir se défendre) 124 **défilé** (On a regardé défiler)

125 dégager*

[degaʒe] マイナスを取り払う

m. (救出・排出)

❶ (負傷者などを de から) 救出する・解放する → libérer・délivrer
❷ (場所を) あける・(障害を) 取り除く
❸ (香り・熱を) 発散する → répandre
❹ (サッカーで：ボールを) クリアーする

☐ ( ) de toute responsabilité.
これで私たちは一切の責任から解放された。

126 demander***

[d(ə)mɑ̃de] 必要なものを強く求める

f. (要求・注文)

❶ (〜に) 求める・頼む

qc à *qn*

☐ ( ) à son ami(e).
彼は友人に頼みごとをする。

❷ (〜に…することを) 求める・して欲しいと言う → exiger

à *qn* de + *inf.*

☐ ( ) résoudre ce problème de toute urgence.
私はおじにその問題を大至急解決して欲しいと頼んだ。

❸ (〜を) 求める・望む

que + *sub.*

☐ ( ) entre 16 et 19 heures.
小包を 16 時 〜 19 時の間に配送してください。

解答 125 **dégagement** (Cela nous a dégagé(e)s) 126 **demande** (Il demande un service)
(J'ai demandé à mon oncle de) (Je demande qu'on me livre le colis)

代 se demander

● (〜かと) 自問する → s'interroger
 ＋ si / où / quand ...

☐ (　　　　　　　　　　) il est en retard.
どうして彼は遅れてくるのだろう。

127 démarrer*
[demare] commencer à rouler ou à fonctionner

≫ m. (　　　　　　　　　)
(車などの) 発進・始動

❶ (エンジンが) 始動する・発進する
❷ (事業などが) スタートする

☐ La moto (　　　　　　　).
なかなかバイクのエンジンがかからない。

128 dépanner*
[depane] panne「故障」をなおす

≫ m. (　　　　　　　　　)
(機械や自動車の) 修理

❶ (故障を応急で) 修理する → réparer une panne
❷ (窮状を) 救う

☐ Le mécanicien (　　　　　　　).
修理工が車を応急修理した。

129 dépasser*
[depɑse] aller au-dela de qn ou qc

≫ m. (　　　　　　　　　)
(車の) 追い越し

❶ (車を) 追い越す → doubler・devancer
❷ (制限を) 超える・超過する → surpasser
❸ (理解・想像を) 超える

☐ (　　　　　　　　　) mes espérances.
あなたの成功は私の期待を上回るものだった。

(Je me demande pourquoi)　127 **démarrage**　(ne veut pas démarrer)
128 **dépannage**　(a dépanné la voiture)　129 **dépassement**　(Votre succès a dépassé)

130 se dépêcher*

[s(ə) depeʃe] accélérer la vitesse

f. (_____)
電報 = télégramme

❶ 急ぐ → se hâter

☐ (_____) ne pas être en retard.
彼は遅れないように急ぐ。

❷ 急いで〜する

de + *inf.*

☐ Pierre (_____).
ピエールは急いで食べた。

131 dépendre*

[depɑ̃dr] 下にぶら下がって頼る

f. (_____)
依存

❶ (〜に) 依存する

de *qc*

☐ (_____) son mari.
彼女はずっと夫に頼りっきりだった。

❷ 〜による・〜次第である

de *qn*

☐ La décision (_____).
決定はあなた次第です。

132 dépenser**

[depɑ̃se] employer de l'argent pour obtenir *qc*

f. (_____)
出費・消費

● (金を) 使う・消費する → consommer ⇔ économiser

☐ Ma fille (_____) pour son voyage de noces.
娘は新婚旅行にたくさんのお金を使った。

解答 130 **dépêche** (Il se dépêche pour) (s'est dépêché de manger) 131 **dépendance**
(Elle a longtemps dépendu de) (dépend de vous) 132 **dépense** (a dépensé beaucoup d'argent)

133 déplacer*
[deplase] changer un objet de place

m. (　　　　　　) （物の）移動

● 移動させる・配置転換する

☐ (　　　　　　　　) *de sa chambre.*
彼は部屋の家具をすべて動かした。

134 déposer*
[depoze]「外へ」+ poser「置く」

m. (　　　　　　) 預けること・倉庫・保管所

❶（手にしている物を）置く→ poser・捨てる
❷（車から人を）降ろす
❸（お金を）預ける
❹ 提出する・届け出る

☐ *Défense de* (　　　　　　).
ゴミ捨て禁止。

135 descendre***
[desɑ̃dr]下の方へ「登る」→「降りる」

f. (　　　　　　) 下降・降りること

❶ 下車する・降りる

＋ 場所

☐ *Pour aller au Louvre,* (　　　　　　　) *Palais-Royal.*
ルーヴルに行くには、地下鉄のパレロワイヤル駅で降りてください。

❷（〜から）降ろす

　qc

☐ *Vous pourriez m'aider* (　　　　　　) ?
荷物を降ろすのを手伝っていただけますか？

---

133 **déplacement** (Il a déplacé tous les meubles)　134 **dépôt** (déposer des ordures)
135 **descente** (descendez à la station) (à descendre mes bagages)

136 désirer**

[dezire] 星の巡りを強く求める

m. (_____)
欲望

❶ (〜の所有を強く)望む → vouloir, souhaiter

qc / qn

☐ (_____), monsieur ?
(店員が客に) 何にいたしましょうか？

❷ (〜したいと強く)望む

+ *inf.*

☐ (_____) à tout prix dans la vie.
彼女はぜひとも出世したいと思っている。

❸ (〜のこと・実現を強く)望む

que + *sub.*

☐ (_____) le voir aussitôt que possible.
彼は彼女にできるだけ早く会いに来て欲しいと願っている。

137 détacher*

[detaʃe] attacher「結びつける」の反意

m. (_____)
心の離反・無関心

❶ (つながっているものを) 解き放つ・切り離す → libérer・découper
❷ (A de B : B から A を) 切り離す・(考えや視線を) そらす

☐ Il ne peut pas (_____) de la scène de l'accident.
彼は事故現場から目をそむけることができない。

138 détériorer*

[deterjɔre] 役に立たないくらいにする・なる

f. (_____)
悪化・損傷

● 悪化させる・損傷する → abîmer

解答 136 **désir** (Que désirez-vous) (Elle désire réussir) (Il désire qu'elle vienne) 137 **détachement** (détacher les yeux) 138 **détérioration**

代 se détériorer

● 悪化する

□ *La situation* (　　　　　　　　).
状況は日に日に悪化している。→ empirer、prendre une mauvaise tournure

139 déterminer*
[detɛrmine] 断固として決める

f. (　　決心・確定　　)

❶ （不明なものを）特定する・突き止める → établir

□ *Il est difficile de* (　　　　　　).
その事故の原因を特定するのは難しい。

❷ 決定する・原因となる → causer

□ *Cet événement* (　　　　　　).
あの事件が私の将来を決定した。

代 se déterminer

● （〜することを）決心する → se décider・se résoudre à

à *qc* / *inf.*

□ *Il* (　　　　　　) *son pays*.
彼はとうとう国を離れる決心をした。

140 détester*
[detɛste] 強く嫌う

adj. (　（ひどく）不愉快な　)

❶ 大嫌いである ⇔ adorer

qn / *qc*

□ *Mon fils* (　　　　　　).
息子はニンジンが大嫌いだ。

＊類語の haïr は物を目的語にするときには抽象名詞を置く。文章語に exécrer という動詞もある。

(se détériore de jour en jour)　139 **détermination**　(déterminer les causes de cet accident)
(a déterminé mon avenir)　(s'est enfin déterminé à quitter)　140 **détestable**　(déteste les carottes)

❷ (〜するのが) 大嫌いである
+ inf.

☐ Elle (   ).
彼女は料理をするのが大嫌いだ。

❸ (〜のことが) 大嫌いである・耐えられない
que + sub.

☐ (   ) en retard.
私は人が遅れるのが我慢ならない。

141 détruire*
[detʀɥiʀ] 存在や機能に損害を与える

f. (_____)
　　　破壊

❶ 破壊・解体する
❷ (健康を) むしばむ

☐ L'âge (   ).
年齢は美貌を損ねる。→こうした例文は misogyne「女性蔑視の人」⇔ misandre との批判を受けかねない。

142 dévaloriser
[devalɔʀize] valoir「価値」がなくなる

f. (_____)
　　(価値や信用の) 低下

● (通貨・商品などの) 価値を下げる・(価値や信頼を) 低める → dévaluer

☐ Ils (   ) de mon fils.
彼らは息子の才能を低く評価した。

143 devenir***
[dəvniʀ] 英 become

● 〜になる
+ 形容詞 / 名詞

☐ Elle (   ).
彼女はますますきれいになっている。

解答 140 (déteste faire la cuisine) (Je déteste qu'on soit) 141 **destruction** (détruit la beauté)
142 **dévalorisation** (ont dévalorisé le talent) 143 (devient de plus en plus jolie)

144 deviner*

[d(ə)vine] 察して何かを見つける

》 *f.* (なぞなぞ・クイズ)

● (秘密や意図などを)見抜く・推察する → découvrir・prédire

☐ *Il est très difficile de* (   ).
彼(彼女)の意向を見抜くのはとても難しい。

145 devoir***

[dəvwar] 英 owe, must, should などに相当

》 *m.* (義務・(多くは複数で)宿題)

❶ (B に A を)借りている・(支払う)義務がある

qc (A) à qn (B)

☐ *Je n'oublie pas que* (   ) *à mes parents.*
私は親に10万円借りているのを忘れてはいない。

❷ 〜しなければならない

+ *inf.*

☐ (   ) *pour demain soir.*
明晩までにその仕事を終えなくてはならない。

146 diminuer*

[diminɥe] 一部を少しずつ取り去る

》 *f.* (減少)

● (〜だけ)減らす → réduire

de + 単位・尺度

☐ *Le prix de l'essence* (   ) *par litre.*
ガソリンの価格がリッター10円下がった。

---

144 **devinette** (deviner ses intentions) 145 **devoir** (je dois cent mille yens) (On doit finir ce travail)
146 **diminution** (a diminué de 10 yens)

147 dire***

[dir] 英 say, tell, speak などに相当

m. ((複数で) 発言・意見)

❶ (〜に) 言う・伝える

à **qn**

☐ J'ai (　　　　　　　　).
君に言いたいことがある。

❷ (〜に…するように) 言う・命じる

à **qn** de + **inf.**

☐ (　　　　　　　　) de partir à 10 heures.
彼は従業員たちに10時に出かけるように言った。

❸ (〜に…と) 言う

(à **qn**) que + **ind.**

☐ (　　　　　　　　) avec nous.
彼女は私たちと一緒には行かないと言った。

❹ 〜と言われている・〜だそうだ

on dit que + **ind.**

☐ (　　　　　　　　) une belle langue.
フランス語は美しい言葉だと言われている。

148 diriger*

[diriʒe] déplacer dans une certaine direction

f. (方向・指導・経営)

❶ 指導する・経営する
❷ (vers・sur・contre に) 向ける・発送する

☐ Ma tante (　　　　　　　　) depuis dix ans.
おばはこの会社を10年前から経営している。 → assurer la direction de **qc**

解答　147 **diminution** (quelque chose à te dire) (Il a dit aux employés) (Elle a dit qu'elle ne viendrait pas) (On dit que le français est) 148 **direction** (dirige cette entreprise)

パート1 | **動詞用法ドリル**
Exercices pour enrichir les verbes

149 discuter**
Track-149 [diskyte] 互いに意見を述べ合う

f. (議論・異議)

❶ (〜に) 異議を唱える → protester
☐ *Caroline n'est jamais d'accord.* ( ) !
カロリーヌはけっして賛成しない。いつも何にでも異議を唱えている！

❷ (〜について) 討議する・(〜の) 話をする
　de [sur] *qc*
☐ ( ) *toute la soirée.*
彼らは一晩中、政治について論じた。
　＊discuter de politique「政治の話をする」、discuter de cinéma「映画の話をする」に無冠詞で使われる。なおこの de は省かれるケースもある。

❸ (〜と…について) 話し合う
　avec *qn*
☐ *M. Faure* ( ) *ses étudiants.*
フォール先生は学生たちと話し合うのが大好きだ。
　＊discuter le coup で「おしゃべりする」、discuter au café で「カフェでだべる」といった言い方もある。

150 disparaître**
Track-150 [disparɛtr] 「否」+ paraître 「現れる」

f. (見えなくなること ⇔ apparition)

● 見えなくなる・(人が) いなくなる ⇔ apparaître
☐ *Un jour,* ( ).
ある日、猫がいなくなった。
　＊通常、助動詞は avoir だが、完了した状態を示すケースで être を使うこともある。

---

149 **discussion** (Elle discute toujours tout) (Ils ont discuté de politique) (aime beaucoup discuter avec)
150 **disparition** (mon chat a disparu)

151 disposer*
[dispoze] 「離」+ poser 「置く」

f. (_配置_)

● 配置する／（物や時間などを）使う・自由にする

de *qc*

□ ( ) *pour me consacrer à ce travail.*
その仕事に集中するだけの暇がありません。

152 distinguer*
[distɛ̃ge] 特徴から違いを認識する

f. (_区別_)

●（感覚によって）見分ける→ reconnaître ・（A と B を）区別する→ différencier

A et [de] **B**

□ *On doit* ( ) *et [de] la pratique.*
理論と実践を区別しなくてはならない。→ faire la distinction (entre *A* et *B*)

153 distraire*
[distrɛr] détourner l'esprit d'une occupation

f. (_気晴らし・娯楽・不注意_)

● 楽しませる・気晴らしをさせる→ amuser ・ divertir

代 se distraire

● 気晴らしをする

□ ( ) *un peu !*
君には少し気晴らしが必要だ！

154 donner***
[dɔne] 英 give

f. (_情報・データ_)

❶（～を…に）与える→ offrir ⇔ recevoir

qc à *qn*

□ *Pour son anniversaire,* ( ).
娘の誕生日に、私はバッグをプレゼントした。

解答 151 **disposition** (Je ne dispose pas de temps libre) 152 **distinction** (distinguer la théorie)
153 **distraction** (Il faut te distraire) 154 **donnée** (j'ai donné un sac à ma fille)

パート1 動詞用法ドリル
Exercices pour enrichir les verbes

❷ (庭・道などが〜に) 面している

sur

☐ *C'est très calme ici.* (   ).
ここはとても静かです。窓が日本庭園に面していますから。→ avoir vue sur

❸ 伝える・言う → dire・indiquer

☐ *Vous pouvez* (   ) ?
時間を教えてくれませんか？

155 dormir***
[dɔrmir] être dans le sommeil

n. (　　　　　　　)
眠っている人

● 眠る

☐ (   ) *par jour.*
彼は1日10時間眠る。

☐ *Vous* (   ) ?
よく眠れましたか？

156 douter*
[dute] 英 doubt

m. (　　　　　　　)
疑い・疑念

❶ (〜のことを) 疑う

de qc

☐ *Beaucoup de gens* (   ) *de ce ministre.*
多くの人があの大臣の力量を疑っている。

❷ (〜ということを) 疑わしく思う

que + sub.

☐ (   ) *obtenir ce poste.*
彼女がそのポストに就けるとはとうてい思えない。

(La fenêtre donne sur le jardin japonais) (me donner l'heure) 155 **dormeur(se)** (Il dort dix heures)
(avez bien dormi) 156 **doute** (doutent des capacités) (Je doute qu'elle puisse)

71
soixante et onze

代 se douter

● (〜ということに) 気づいている・(〜でないかと) 思う

que + *ind.*

☐ (　　　　　　　　) *mes parents sont furieux.*
もちろん私の親は怒っていると思います。

157 échapper*

[eʃape] chape「マント」を脱ぐ

≫ *f.* (　　逃げ道・逃げ口上　　)

≫ *m.* (　　排気　　)

❶ (捕まえようとするのをすり抜けて) 逃れる

à *qn*

☐ *Le voleur a réussi à (　　　　　　).*
泥棒は警官たちをなんとか振り切った。

❷ (現に存在している危険や不快な事態に引っかからず) 免れる

à *qc*

☐ (　　　　　　) *de justesse.*
彼女はあやうく大事故を免れた。

＊ de justesse は「かろうじて、ぎりぎりのところで」の意味。

代 s'échapper

● (〜から) 逃げる → s'enfuir, se sauver

☐ *Un lionceau (　　　　　　).*
子どものライオンが動物園から逃げた。

解答 156 (Je me doute bien que) 157 **échappatoire échappement** (échapper aux policiers) (Elle a échappé à un grave accident) (s'est échappé du zoo)

パート1 動詞用法ドリル
Exercices pour enrichir les verbes

158 échouer*
[eʃwe] ne pas réussir

m. (失敗)

❶ 挫折する・失敗に終わる
- □ Stéphane voulait traverser la rivière à la nage (   ).
  ステファンは泳いで川を渡りたかったが、失敗した。

❷ (〜に) 失敗する → rater ⇔ réussir
  à qc
- □ Malheureusement, mon fils (   ).
  残念ながら、息子はバカロレアに失敗した。

159 éclairer*
[eklere] clair「明るい」状態に

m. (電光・稲妻)

m. (照明)

● (光などが) 照らす → illuminer
- □ Il a acheté une lampe (   ).
  彼はデスク(机)を照らすランプを買った。

160 éclater*
[eklate] éclat「(飛び散った) 破片」の状態

m. (破裂・分裂)

❶ (物が主語で) 破裂する・(火事・事件などが) 勃発する
- □ Le pneu (   ).
  右前のタイヤがパンクした。

❷ (人が主語で: 感情を抑えきれずに) 爆発させる
- □ Elle (   ).
  彼女は吹き出した。

---

158 **échec** (mais il a échoué) (a échoué au bac) 159 **éclair éclairage** (pour éclairer son bureau)
160 **éclatement** (avant droit a éclaté) (a éclaté de rire)

161 écouter***
[ekute] 他 listen to, hear

≫ f. (_____)
（電話や放送の）視聴・聴取

● 聞く・聴く

qn
□ (_____) !
私の話を聞いてください！

qc
□ (_____) à la radio le matin.
彼は朝ラジオでニュースを聞く。

＊ écouter は注意して「聞く」、entendre は自然に「聞こえる」という差がある。

162 écraser*
[ekrɑze] 意図的であれ、なかれ「つぶす」

≫ m. (_____)
押しつぶすこと

● 押しつぶす → broyer・（自動車が）ひく

□ Le camion a failli (_____).
トラックが猫をあやうくひくところだった。

163 écrire***
[ekrir] 他 write

≫ m. (_____)
文書・書類／筆記試験 ⇔ oral

≫ f. (_____)
文字・書く行為

❶ （文字・文章・考えなどを）書く

qc
□ (_____) sur ce formulaire.
その用紙にあなたの名前を書いてください。

❷ （〜に）手紙を書く → correspondre

qc à qn
□ (_____) à sa fille.
彼女は娘にたくさんの手紙を書いた。

解答 161 **écoute** (Ecoutez-moi) (Il écoute les nouvelles) 162 **écrasement** (écraser un chat)
163 **écrit écriture** (Ecrivez votre nom) (Elle a écrit de nombreuses lettres)

パート1 動詞用法ドリル
Exercices pour enrichir les verbes

❸ (〜に…と) 書き送る

que + *ind.*

☐ *Mon fils (   ) très bien.*
息子は私にヴァカンスを順調に過ごしていると手紙に書いてきた。

164 élaborer*
Track-164 [elabɔre] ぐっと力を込める

≫ *f.* (　　　　　　　　　　　)
(丹念に) 練り上げること

● (計画などを) 練りあげる → former

☐ *L'architecte (   ) d'urbanisme.*
建築家は都市計画を練り上げた。

165 élever**
Track-165 [ɛlve] porter de bas en haut

≫ *m.* (　　　　　　　　　　　)
飼育

≫ *f.* (　　　　　　　　　　　)
持ち上げること

● 育てる／高く上げる・持ち上げる ⇔ abaisser

☐ *Il est difficile de (   ).*
子どもをちゃんと育てるのは難しい。

代 **s'élever**

● 上がる

☐ *Le cerf-volant (   ).*
凧が空に上がる。

(m'a écrit que ses vacances se passaient)　164 **élaboration**　(a élaboré un plan)
165 **élevage　élévation**　(bien élever les enfants)　(s'élève dans le ciel)

75
soixante-quinze

166 éliminer*
[elimine] 領域から追い出す   f. (除去・排除)

❶ 取り除く・排除する → exclure
❷ (試験などで)ふるい落とす・(スポーツで)破れる

□ ( ) en finale.
彼女は決勝で負けた。

167 éloigner*
[elwaɲe] loin「遠く」   m. (遠ざかること・遠ざけること)

● (B から A を)遠ざける ⇔ rapprocher
A (qn / qc) de B (qn / qc)

□ Il vaut mieux ( ) ses parents.
親からこの子を遠ざけた方がいい。

代 s'éloigner

● (～から徐々に・どんどん)遠ざかっていく
de + qn / qc (場所)

□ ( ) peu à peu.
彼女は少しずつ私から離れて行った。

168 embrasser*
[ɑ̃brase] prendre et serrer dans ses bras   f. ((多くは複数で)友人とのキス)

● キスをする

□ ( ) avant d'aller au bureau.
彼女は会社に出かける前に子どもたちにキスをする。→ faire la bise

解答 166 **élimination** (Elle a été éliminée) 167 **éloignement** (éloigner cet enfant de) (Elle s'est éloignée de moi) 168 **embrassade** (Elle embrasse ses enfants)

パート1 動詞用法ドリル
Exercices pour enrichir les verbes

169 emmener*
[āmne] mener d'un lieu dans un autre

● (〜から)連れて行く ⇔ amener

qn + 場所

□ *Paul (　　　　　　　　　　) son fils au cirque.*
ポールは息子をサーカスに連れて行った。→ accompagner

＊ emmener は「現在地から人をどこかへ連れて行く（英語の take away）」、amener は「目的地まで人を導く（英語の bring）」に相当する語。

170 émouvoir*
[emuvwar] 人・状況を mouvoir「動かす」

f. 感動・動揺

● 感動させる・動揺させる → toucher・bouleverser

□ *(　　　　　　　　　　) lors du mariage de ma fille.*
私は娘の結婚式のとき大いに感動した。

171 empêcher*
[āpeʃe] 英 prevent, stop, hinder などに相当

m. 不都合・支障

❶ 妨げる・防ぐ ⇔ permettre

qc

□ *Ils ont tout fait (　　　　　　　　　　).*
彼らはなんとかしてその計画を妨げようとした。

❷ (人が〜するのを)妨げる

qn de + inf.

□ *Ce scandale (　　　　　　　　　　) sa carrière.*
そのスキャンダルが彼の出世を妨げた。

---

169 (a emmené)　170 **émotion** (J'ai été très ému(e))　171 **empêchement** (pour empêcher ce projet) (l'a empêché de réussir)

soixante-dix-sept

代 s'empêcher

● (〜するのを) 我慢する・こらえる　＊否定文で用いる。

de + *inf.*

☐ *J'ai eu très peur. Je n'ai pas pu (　　　　　　　　).*
とても怖かった。我慢できずに叫び声をあげてしまった。

172 employer**
[ɑ̃plwaje] 英 use, employ

» m. (　　　　　　　) 使用・職

» n. (　　　　　　　) 従業員・会社員

● 使う → utiliser・雇用する

☐ (　　　　　　　) *vingt ans comme ingénieur dans cette usine.*
彼はこの工場に技師として 20 年雇われていた。

173 emporter*
[ɑ̃pɔʀte] porter d'un lieu dans un autre

● 持って行く・運び去る ⇔ apporter

☐ *N'oubliez pas (　　　　　　　).*
傘を持って行くのを忘れないでください。

174 emprunter*
[ɑ̃pʀœ̃te] 物や金を借りる

» m. (　　　　　　　) 借りること

● (B から A を) 借りる

A (*qc*) à B (*qn*)

☐ (　　　　　　　) *car la mienne est en réparation.*
ピエールから車を借りた。私のは修理中だったからだ。

解答 171 (m'empêcher de crier)　172 **emploi**　**employé(e)** (Il a été employé)
173 (d'emporter un parapluie)　174 **emprunt** (J'ai emprunté la voiture de Pierre)

175 encourager*

[ɑ̃kuraʒe] courage「勇気」を与える

m. (_____)
　　励まし・激励

❶ （人や活動を）励ます・元気づける ⇔ décourager

qn

☐ *Le gouvernement a décidé (　　　　　　　).*
政府は若い才能をもり立てて行くと決定した。

❷ （励まして）～する気にさせる・勧める

qn à *inf.*

☐ *(　　　　　　　) vos études.*
学業を続けるように奨めます。→ inciter *qn* à + *inf.*

176 enfoncer*

[ɑ̃fɔ̃se] faire pénétrer vers le fond

m. (_____)
　　打ち込むこと

❶ （釘などを）打ち込む
❷ 壊す・押し破る → défoncer

☐ *(　　　　　　　) pour entrer.*
彼らはドアを押し破って入っていった。

* enfoncer une porte ouverte（開いているドアを打ち破る）は「無駄なことをする（わかり切ったことを証明する）」という熟語。

177 engager*

[ɑ̃gaʒe] embaucher/faire entrer/commencer

m. (_____)
　　約束・雇用契約

❶ 雇う
❷ 責任を負わせる
❸ （活動に）参加する・始める → commencer

☐ *(　　　　　　　) une nouvelle secrétaire.*
彼は新しい女性秘書を雇った。

---

175 **encouragement** (d'encourager les jeunes talents) (Je vous encourage à poursuivre)
176 **enfoncement** (Ils ont enfoncé la porte) 177 **engagement** (Il a engagé)

178 enlever*** [ãlve] faire disparaître

m. (_____) 除去・回収

● 取り除く → ôter ／ 脱ぐ・取る

☐ On (_____) la tache de boue.
泥のしみを落とすのは苦労する。

* avoir du mal à + *inf.* で「〜するのが困難である、なかなか〜できない」の意味。

179 ennuyer* [ãnɥije] 日 アンニュイ（物憂い）

m. (_____) （多く複数で）心配事・不安・退屈

● 退屈させる

qn

☐ Tais-toi ! (_____) tout le monde.
黙れ！ おまえの話にみんなうんざりだ。

▶ **Cela [Ça] ennuie**

● （〜するのを・〜であることを人が）困ったなと感じる

qn de + *inf.*

☐ (_____) vous déranger, mais ...
あなたのお邪魔をするのは心苦しいのですが……

qn que + *sub.*

☐ (_____) je parte tout de suite ?
すぐに私が出て行くと君を不安にさせるかい？

代 s'ennuyer

● 退屈する

☐ On (_____) avec lui.
彼といるとまったく退屈しない。

解答　178 **enlèvement**　(a du mal à enlever)　179 **ennui**　(Ton histoire ennuie)　(Cela m'ennuie de)
(Est-ce que ça t'ennuie que)　(ne s'ennuie jamais)

パート1 動詞用法ドリル
Exercices pour enrichir les verbes

180 enregistrer*
[ɑ̄r(ə)ʒistre] 原簿へ記録する

m. (録音・(空港などの)チェックイン)

❶ 録音・録画する・(パソコンに)保存する
❷ (空港などで荷物を)チェックインする
❸ 記録・記憶する・書き留める

☐ (　　　　　　　　) de judo.
私は柔道の試合を録画した。

181 enrichir*
[ɑ̄riʃir] riche「金持ちの」

m. (富裕化)

● (人や国を)富ませる・(de で)豊かにする

代 s'enrichir

● 豊かになる・金持ちになる → devenir riche ⇔ s'appauvrir

☐ (　　　　　　　　) en jouant à la Bourse.
彼は証券取引で金持ちになった。

182 enseigner**
[ɑ̄seɲe] 愛 teach, instruct

m. (教育)

❶ (教科を)教える → apprendre

qc

☐ Je suis professeur de français, mais (　　　　　　　　).
私はフランス語の教員だが、特に文学を講じている。

qc à *qn*

☐ (　　　　　　　　) de petits enfants.
彼女は小さな子どもたちにヴァイオリンを教えている。

---

180 **enregistrement** (J'ai enregistré un match)　181 **enrichissement** (Il s'est enrichi)
182 **enseignement** (j'enseigne surtout la littérature) (Elle enseigne le violon à)

❷ (教訓などを人に) 教える

à *qn* que + *ind.*

☐ ( ) s'aimer les uns les autres.
キリスト教は互いを愛さなければならないと教えている。

183 entendre***
[ātādr] 英 hear

f. (_____)
了解・相互理解

● 聞こえる・聞く／理解する→ comprendre

qn / qc

☐ ( ) *quelque part.*
そのことはすでにどこかで耳にしていました。

代 s'entendre

● (〜と) 理解しあう→ s'accorder・仲がよい

avec *qn*

☐ ( ) *avec tes voisins ?*
君は隣人たちと仲がいいですか？

184 entourer*
[āture] tour「周囲」を囲む

m. (_____)
周囲の人たち

● (場所を) 取り囲む・取り巻く

☐ Le foule ( ) *pour regarder le cirque.*
大勢の人がサーカスを見るために広場を取り囲んでいた。

解答 182 (Le christianisme enseigne qu'il faut) 183 **entente** (J'ai déjà entendu ça) (Tu t'entends bien)
184 **entourage** (entourait la place)

パート1 **動詞用法ドリル**
Exercices pour enrichir les verbes

185 entraîner*
[ɑ̃tʀɛne] 他 トレーニング (tra-「引っ張る」)

» m. (_____)
訓練・トレーニング

● 訓練する・トレーニングする

qn

□ *C'est Miura Kazu (* _____ *) de football.*
私たちのサッカーチームをコーチするのは三浦カズです。

代 s'entraîner

● (自分を)訓練する・トレーニングする

□ *(* _____ *) le prochain match.*
彼らは次の試合にそなえてトレーニングをしている。

186 entrer***
[ɑ̃tʀe] 場所・状態・活動に入る

» f. (_____)
入ること・入口 ⇔ sortie

● 入る ⇔ sortir

□ *(* _____ *) dans cette salle d'exposition.*
その展示室に入ってはいけません。

＊ « Interdiction d'entrer »「入室禁止」とすれば掲示板の表記。

187 envisager*
[ɑ̃vizaʒe] 相手の visage「顔」を見据える

» adj. (_____)
検討に耐えうる

❶ (問題・情勢などを)考慮する・対処する・予想する

qc

□ *(* _____ *) avec optimisme.*
彼は将来を楽観的に見ている。

---

185 **entraînement** (qui entraîne notre équipe) (Ils s'entraînent pour)　186 **entrée** (N'entrez pas)
187 **envisageable** (Il envisage l'avenir)

❷ （〜しようと）考える・（〜を）計画する

de + *inf.*

☐ (　　　　　　　　　　) des études de droit.
彼女は法律の勉強をしようと考えている。

188 envoyer***
[ɑ̃vwaje] 英 send

m. (　　　　　　　　　　)
送ること・派遣

● （B に A を）送る

A (*qc*) à *B* (*qn*)

☐ (　　　　　　　　　　) à mes amis.
私は友だちに絵はがきを送った。

189 épanouir
[epanwir] ぱっと咲く感覚

m. (　　　　　　　　　　)
開花

● （花を）咲かせる・（顔などを）晴れやかにする

代 s'épanouir

❶ （花が）開く・咲く

☐ (　　　　　　　　　　) dans mon jardin.
自宅の庭に薔薇が咲いた。

❷ （人生に）充実を感じる

☐ (　　　　　　　　　　) que devenir riche.
充実した人生を送ることの方が金持ちになることより大事だ。

解答 187 (Elle envisage de faire) 188 **envoi** (J'ai envoyé des cartes postales)
189 **épanouissement** (Les roses se sont épanouies) (S'épanouir est plus important)

パート1 動詞用法ドリル
Exercices pour enrichir les verbes

190 épuiser*
[epɥize] consommer entièrement

m. (_____)
疲労

● 使い果たす・(ぐったりと)疲れさせる → fatiguer

☐ *Le bavardage de ma mère* (_____).
私の母親のおしゃべりには疲れ果てる。→ être très fatigant(e)

191 équilibrer
[ekilibre] équi は「等しい」の意味

m. (_____)
均衡・バランス

● 釣り合わせる・バランスをとる

代 **s'équilibrer**

● 釣り合う

☐ *Ces deux* (_____).
この2つの力は釣り合っている。

192 équiper*
[ekipe] 特定の目的で備える

m. (_____)
装備

❶ (必要なものを)装備する・備え付ける

☐ (_____) *pour la rentrée scolaire.*
彼女は子どもたち(夏休みの後)の新学期に備えて必要なものをそろえている。

❷ (A を B に)備える

qc de qc

☐ *L'Etat* (_____) *d'autoroutes.*
政府はその地域に高速道路を整備した。

---

190 **épuisement** (m'épuise) 191 **équilibre** (forces s'équilibrent) 192 **équipement**
(Elle équipe ses enfants) (a équipé la région)

193 espérer***
[εspere] 英 hope

f. (希望・期待)

❶ 期待する・願う → souhaiter ⇔ désespérer

qc

☐ *Tout le monde (　　　　　　　　) pour le week-end.*
皆、週末には晴天を期待している。

❷ （自分が〜できることを）願っている

+ *inf.*

☐ *(　　　　　　　　) son examen.*
彼は試験でうまくいくと思っている。

❸ （〜であることを）期待する・希望的に思う → souhaiter

que + *ind.*

☐ *(　　　　　　　　) tu pourras bientôt venir nous voir.*
君が近々私たちに会いに来てくれると願っています。

194 essayer***
[eseje] 原義「計量する」から

m. (試用・試み・エッセイ)

❶ 試す

qc

☐ *(　　　　　　　　) cette voiture ?*
この車に試乗していいですか？

❷ （〜しようと）試みる → tâcher・tenter

de + *inf.*

☐ *(　　　　　　　　) me libérer.*
時間を作ってみます。

解答 193 **espérance** (espère du beau temps) (Il espère bien réussir) (J'espère que)
194 **essai** (Je peux essayer) (Je vais essayer de)

パート1 動詞用法ドリル
Exercices pour enrichir les verbes

195 estimer*
[ɛstime] （数量の）ねらいをつける

》 (_____) f. 尊敬・評価

》 (_____) f. 見積もり・推定

❶ （人物・品物を）評価する・査定する ⇔ mépriser
❷ （+ inf. : 〜と）考える・思う → considérer

☐ (_____) en France.
この画家はフランスでは評価が低い。

196 éteindre*
[etɛ̃dr] 「突き」+「消す」

》 (_____) f. 消火・消灯

● （火や明かりを）消す・（スイッチを）切る ⇔ alumer

que + ind.

☐ Avant de sortir, tu vérifieras que (_____).
外出する前に、明かりを全部消したか確かめて。

197 étonner***
[etɔne] tonner「雷が鳴る」

》 (_____) m. 驚き

● 驚かせる → surprendre

qn

☐ Cette nouvelle (_____).
その知らせは私を驚かせた。

▶ être étonné(e)

● （〜に）驚く

de qc

☐ (_____) son comportement inattendu.
私は彼（彼女）の意外な行動に驚いた。 → être surpris(e)

---

195 **estime** **estimation** (Ce peintre est peu estimé)　196 **extinction** (tu as éteint la lumière)
197 **étonnement** (m'a beaucoup étonné(e))　(Je suis étonné(e) de)

que + *sub.*

☐ (   ) *la vérité.*
私は彼が本当のことを言わなかったので驚いている。

198 être***
[ɛtr] 英 be

m. (   )
生物・人間・存在

❶ 〜である

adj.（属詞）

☐ (   ).
彼女は優しい。

nom.（職業など）

☐ (   ).
彼はカメラマンです。

❷ (〜の) ものである・(〜に) 属する

à *qn*

☐ *Cette valise rouge* (   ).
その赤いスーツケースは私のです。

❸ (〜に) いる・ある → se trouver

lieu（場所）

☐ *Allô !* (   ).
もしもし、私はパリにいます。

❹ 〜製である

en + 素材

☐ *Cette statue* (   ).
あの彫像は白い大理石製だ。

解答 197 (Je suis étonné(e) qu'il n'ait pas dit) 198 **être** (Elle est gentille) (Il est photographe) (est à moi) (Je suis à Paris) (est en marbre blanc)

❺ （出身・起源は）〜である

de *qn*

□ (　　　　　　　　　　　) Rodin.
この彫像はロダン作だ。

199 étudier**
[etydje] 英 study

>> (_____)
f.　研究・（複数で）勉強

● 勉強する → travailler・faire ses études

□ Elle (　　　　　　　　).
彼女はフランス文学を勉強している。

200 éviter**
[evite] 嫌なものから距離を取る

❶ 避ける → fuir

qn

□ J'ai freiné et (　　　　　　　　) de justesse.
ブレーキをかけて、間一髪、歩行者をかわすことができた。

qc

□ (　　　　　　　　) ! Il est trop familier.
その言葉は避けて！　いくらなんでもなれなれしい。

❷ （〜するのを）避ける・〜しないようにする → s'abstenir

de + *inf.*

□ (　　　　　　　　) au soleil !
肌を日にさらしすぎないように！

＊ s'exposer à で「〜に身をさらす」の意味。

(Cette statue est de)　199 **étude**　(étudie la littérature française)　200　(j'ai pu éviter le piéton)
(Evitez ce mot)　(Evitez de trop vous exposer)

201 exagérer*
[εgzaʒere] 実際よりも程度を大きく

f. (誇張・過度)

❶ 誇張する・大げさに言う → grossir les choses
❷ 度を越す・いい気になる

☐ *Tu es encore en retard, (　　　　　) !*
君はまた遅刻か。何様のつもりだ！

202 excuser*
[εkskyze] 些細な誤り・失礼を許す

f. (言い訳・弁解)

● (人や人がやったことについて) とがめたてしない・許す → pardonner

qn

☐ *Il essaie toujours (　　　　　).*
彼はいつも子どもたちをかばおうとする。

qn de + *inf.*

☐ (　　　　　) *si tard !*
こんなに遅くにやって来て申し訳ありません！

代 s'excuser

● (〜のことについて) 謝る・詫びる

de *qc*

☐ *Je ne sais vraiment pas comment (　　　　　).*
遅刻したことについてお詫びのしようもありません。

de + *inf.*

☐ *Vous devez (　　　　　) en retard.*
遅刻したことを謝るべきです。

解答 201 **exagération** (tu exagères) 202 **excuse** (d'excuser ses enfants) (Excusez-moi d'être arrivé(e)) (m'excuser de mon retard) (vous excuser d'être arrivé(e))

203 exécuter*
[ɛgzekyte] やり通す

→ (_____) f. 実行・実施

❶ （計画・工事を）実行する・施行する
❷ 演奏する → jouer

☐ *Le plan économique est* (_____).
経済計画は実行するのが難しい。

204 exister**
[ɛgziste] 現実のものとしてある

→ (_____) f. 存在・実在・生活

● 存在する

☐ (_____) ?
神は存在するか？

205 expliquer***
[ɛksplike] 理由を明らかにしようとする

→ (_____) f. 説明・弁解

❶ （～に）説明する

qc à *qn*

☐ *Ce professeur* (_____) *étudiants.*
あの先生は学生に文法をきちんと説明する。

❷ （人に～だと）説明する

(à *qn*) que + *ind.*

☐ (_____) qu'il n'y avait pas d'autre solution.
彼は私に別の解決法はないと説明した。

---

203 **exécution** （difficile à exécuter） 204 **existence** （Dieu existe-t-il） 205 **explication**
（explique bien la grammaire aux）（Il m'a expliqué）

206 se fâcher
[s(ə) faʃe] se mettre en colère

adj. (不愉快な・残念な)

● (〜に)腹を立てる・(〜と)仲たがいする → se brouiller ⇔ se réconcillier

avec *qn*

☐ Elle ( ).
彼女は娘に腹を立てた。

* contre *qn/qc* で「〜に腹を立てる」、avec *qn* なら「仲たがいする」と分けて書かれている辞書が大半だが、実際には avec *qn* をひろく「けんかする」の意味で用いる。なお、例文は Elle est fachée avec sa fille. と書き換えられる。

☐ ( ) qui font beaucoup de bruit.
彼は大きな音を立てる隣人たちと仲たがいした。

207 faire***
[fɛr] 英 make, do, play などに相当

m. (事実・出来事)

❶ (行為・動作を)する・行なう

qc

☐ ( ) ce soir ?
今晩、どうする？

❷ (時間・期間が〜に)なる

☐ ( ) que j'attends.
私はもう1時間待っている。

❸ (天候・気温)

il fait

☐ ( ).
いい天気だ。

解答 206 **fâcheux(se)** (s'est fâchée avec sa fille) (Il s'est fâché avec ses voisins)
207 **fait** (Qu'est-ce que tu fais) (Ça fait une heure) (Il fait beau)

❹ ～させる

+ *inf.*

☐ **C'est une histoire très drôle (**   **).**
これは皆を笑わせるとても滑稽な話だ。

❺ ～するのが・するほうがいい・正しい選択だ

mieux de + *inf.*

☐ **(**   **) avec 38 de fièvre.**
38度の熱だから外出しない方がいい。

代 se faire

❶（自分で自分に・自分のために～を）作る・為す

qc

☐ **(**   **) elle-même.**
彼女は自分でそのスカートを作った。

❷（自分に）～してもらう・～される

+ *inf.*

☐ **(**   **) photographier.**
私たちは写真を撮ってもらった。

☐ **(**   **) les cheveux.**
彼女は髪を切ってもらった。

＊現在、se faire + *inf.* では過去分詞を不変とするのが通例。

208 falloir***

[falwar] need, be necessary, must などに相当

❶（～が）必要だ

qc

☐ **(**   **) pour aller dans ce pays.**
その国に行くにはヴィザが必要だ。

(qui fait rire tout le monde) (Tu ferais mieux de ne pas sortir) (Elle s'est fait cette jupe)
(Nous nous sommes fait) (Elle s'est fait couper)　208　(Il faut un visa)

❷ 〜しなければならない

+ inf.

☐ (   ) *patience.*
少しは辛抱しなくてはならない。

que + sub.

☐ (   ) *pour entrer dans cette école.*
その学校に入学するにはバカロレア資格を取得していなければならない。

＊ il ne faut pas + *inf.* ／ que + *sub.* の形は「〜してはならない」という禁止になる。「〜する必要がない」とするなら il n'est pas nécessaire de + *inf.* ／ que + *sub.* などを用いる。

---

209 fausser*
[fose] faux, fausse : qui n'est pas vrai

adj. (事実に反した・偽の・間違っている)

❶ 歪める
❷ （判断などを）狂わせる

☐ *Ça* (   ).
そのせいで私の計算は全部狂った。

---

210 féliciter*
[felisite] 幸福にする

f. (（複数で）祝辞・祝福の言葉)

● （〜について）人を祝福する・お祝いを言う → complimenter

qn

☐ (   ) !
おめでとう！→ Toutes mes félicitations !

qn pour qc

☐ (   ) *ton mariage !*
結婚、おめでとう！

解答 208 (Il faut avoir un peu de) (Il faut que vous ayez le bac) 209 **faux (fausse)** (a faussé tous mes calculs)
210 **félicitations** (Je vous félicite) (Je te félicite pour)

qn de *inf.*

☐ (　　　　　　　　　　　) *le concours !*
試験に合格したことをお喜びいたします！

211 fermer
Track-211　[fɛrme] boucher une ouverture

f. (　　　　　　　　　　　)
閉鎖・閉店 ⇔ ouverture

● 閉める・閉じる・（店などが）閉まる ⇔ ouvrir

☐ (　　　　　　　　　　　) *à clé.*
彼女はドアに鍵をかけた。

▶ **être fermé(e)**

● 閉まっている ⇔ être ouvert(e)

☐ *Ce musée* (　　　　　　　　).
その美術館は月曜休館だ。

212 se fier*
Track-212　[s(ə) fje] fi- は foie「信頼」から

f. (　　　　　　　　　　　)
信頼・信念

● (〜を) 信頼する・当てにする ⇔ se méfier

à *qn*/*qc*

☐ *On peut* (　　　　　　　　) *de François ; il a beaucoup d'expérience.*
フランソワの能力は信用できます。経験が豊富ですから。

＊ これはやや改まった語。「人を信頼する」は avoir confiance en *qn*、faire confiance à *qn* が通常の言い回し。

(Je vous félicite d'avoir réussi) 211 **fermeture** (Elle a fermé la porte) (est fermé le lundi)
212 **foi** (se fier aux compétences)

213 finir***
[finir] 英 finish

f. (終り・(人の)死)

❶ 終わる ⇔ commencer
□ *Le film* (   ).
映画は21時に終わる。

❷ (最後まで)やり終える → achever・terminer
qc
□ (   ) *le mois dernier.*
彼は先月、学位論文を終えた。

❸ 〜し終える
de + *inf.*
□ *On* (   ) *en 2000.*
2000年にその橋は建設が終わった。

❹ (〜で)終わる・締めくくる
par *qc*
□ (   ) *une superbe pièce montée.*
結婚式の食事は豪華なデコレーションケーキで終わった。

❺ (しまいに)〜することになる・(結局)〜してしまう
par + *inf.*
□ *J'ai répété trois fois la phrase et* (   ).
私が文を3回繰り返して、やっと彼女は分かってくれた。

214 forcer*
[fɔrse] 力をかけて無理にさせる

f. (力・(複数で)体力)

● (〜することを人に)無理強いする
qn à + *inf.*
□ *On* (   ).
彼女は無理に白状させられた。

解答 213 **fin** (finit à vingt et une heures) (Il a fini sa thèse) (a fini de construire ce pont) (Le repas de mariage a fini par) (elle a fini par comprendre) 214 **force** (l'a forcée à avouer)

▶ être forcé(e)

● (仕方なく・無理に)〜させられる

de + *inf.*

☐ *Il (　　　　　　　　　　) sa démission.*
彼は否応なく辞職させられた。

代 se forcer

● 無理につとめて〜する・我慢して〜する

à + *inf.*

☐ *(　　　　　　　　　　) malgré la fatigue.*
彼は疲れているのに無理して働いている。

215 former
[fɔrme] 日 フォーム (形)

f. 形・形態・(身体の)調子

● 形作る・作る → composer

☐ *Elle essaie de (　　　　　　　　　　) dans l'école.*
彼女は校内に演劇グループを作ろうとしている。

216 frapper***
[frape] 激しく打つ擬音から

f. キーを打つこと

❶ (à を) たたく・ノックする → taper・heurter

☐ *On (　　　　　　　　　　).*
ドアをノックする音がする。

❷ (心を) 打つ・(〜に強い) 印象を与える

☐ *L'éloquence d'Hélène (　　　　　　　　　　).*
エレーヌの雄弁は聴衆に強い印象を与えた。

(a été forcé de donner) (Il se force à travailler) 215 **forme** (former un groupe théâtral)
216 **frappe** (frappe à la porte) (a frappé le public)

217 freiner*
[frene] 英 brake

>> f. (ブレーキ)

❶ ブレーキをかける → donner un coup de frein
❷ 抑制する

☐ *Cette voiture* (　　　　　　).
この車はブレーキがよくきく。

218 fréquenter*
[frekɑ̃te] 出入りがよくある

>> f. (頻繁に通うこと・交際)
>> adj. (頻繁な)

● (人と)付き合う・(場所に)頻繁に通う

☐ *Il* (　　　　　　).
彼は近所の人と付き合わない。

＊実際には「頻繁に通う」という意味ではそれほど頻度が高くない。ちなみに、Il fréquentait les cabarets.「彼はよくキャバレーに通っていた。」という例を辞書などに見かけるが、「(仲間として)付き合う」のニュアンスで用いられるケースの方が多い。

219 fuir*
[fɥiʁ] 飛ぶように逃げる

>> f. (逃げること)

❶ 逃げる

☐ (　　　　　　) *en entendant du bruit.*
子犬が物音を聞いて逃げた。→ s'enfuir、s'évader

❷ (水やガスなどが)漏れる

☐ (　　　　　　).
この蛇口は水が漏る。→ couler

解答 217 **frein** (freine bien)　218 **fréquentation　fréquent(e)** (ne fréquente pas ses voisins)
219 **fuite** (Le petit chien a fui) (Ce robinet fuit)

パート1 | **動詞用法ドリル**
Exercices pour enrichir les verbes

220 gâcher*
Track-220 [gaʃe] 擬音「ガシャーン」！に通じる？

m. (_がらくた・（才能などの）浪費_)

● 台なしにする／（金・時間を）浪費する → gaspiller

☐ *Les trois jours de congé (   ).*
3日間の休暇が雨のせいで台なしになった。

221 gagner***
Track-221 [gaɲe] 英 earn, gain, win などに相当

n. (_勝者・当選者_)

❶ 勝つ ⇔ perdre

☐ *C'est notre équipe qui (   ).*
試合に勝ったのは私たちのチームだ。

❷ （金を）稼ぐ・儲ける

☐ *(   ) en écrivant.*
彼は文筆で生計を立てている。

＊ gagner sa vie [de quoi vivre] で「生活費を稼ぐ」の意味。

222 garantir*
Track-222 [garɑ̃tir] 日 ギャランティー（保証）

f. (_保証_)

❶ 請け合う・（品質などを）保証する → assurer・certifier

qn / qc

☐ *L'argent (   ).*
お金は幸福を約束しない。

---

220 **gâchis** (ont été gâchés par la pluie)　221 **gagnant(e)** (a gagné le match) (Il a gagné sa vie)
222 **garantie** (ne garantit pas le bonheur)

❷ （人に〜であると）保証する

à *qn* que + *ind.*

☐ (　　　　　　　　　　) tout va bien se passer.
すべてうまくいくことは保証するよ。→ assurer

223 garder***
[garde] 🇯 ガード（守ること）

» n. (ベビーシッター)

» f. (保管・保護・警備)

❶ （人や動物・場所や物の）番をする・世話をする

qn

☐ Elle (　　　　　　　　　) tous les mardis.
彼女は毎週火曜日に子どもたちの世話をしている。

❷ 保存する・失わずにおく

qc

☐ Il (　　　　　　　　　) du Midi.
彼は相変わらず南仏なまりのままだ。

224 gêner*
[ʒene] rendre difficile

» f. ((肉体的な)困難・邪魔)

● （〜の）邪魔になる・迷惑になる → déranger

☐ Le bruit (　　　　　　　　　　) pour me concentrer sur mon travail.
車の騒音は自分の仕事に集中して取り組むのに邪魔になる。

代 se gêner

● 気兼ねする・遠慮する

☐ Je n'aime pas (　　　　　　　　　).
私は他人に遠慮するのは好きではない。

＊ Ne vous gênez pas！で「どうぞ遠慮なさらずに！」の意味。

解答 222 (Je te garantis que)　223 **garde**　**garde** (garde des enfants) (a toujours gardé l'accent)
224 **gêne** (des voitures me gêne) (me gêner pour les autres)

パート1 **動詞用法ドリル**
Exercices pour enrichir les verbes

225 grandir*
[grɑ̃dir] grand「大きい」から

adj. (大きい)

f. (大きさ・重大さ)

● 大きくなる・増大する → augmenter ⇔ diminuer

☐ *Cet enfant* (   ).
その子はずいぶん大きくなった。

de ＋ 数量

☐ *Léa* (   ) *en un an !*
レアは1年で10センチ背が伸びた。

226 grossir*
[grosir] gros「太い」から

adj. (太い・大きい)

● 太る ⇔ maigrir

de ＋ 数量

☐ (   ) *depuis son mariage.*
結婚してから彼は5キロ太った。

227 guérir*
[gerir] rendre la santé

f. ((病気や精神的苦痛からの)回復・治癒)

❶ （病気が）治る・癒える

☐ *Sa blessure* (   ).
彼（彼女）の傷はみるみる回復した。

❷ （AのBを）治す

A (qn) de B (qc)

☐ *Ce traitement* (   ) *au pollen.*
この治療法で私の花粉アレルギーが治った。

---

225 **grand(e)** **grandeur** (a beaucoup grandi) (a grandi de 10 centimètres) 226 **gros(grosse)**
(Il a grossi de 5 kilos) 227 **guérison** (a guéri très rapidement) (m'a guéri(e) de mon allergie)

228 habiter***
[abite] vivre dans un certain lieu

f. (_habitation_) 居住・住宅

● (〜に) 住む・住んでいる

＋ 場所

☐ Nous (_habitons Paris depuis dix ans_).
私たちは10年パリに住んでいます。

＊教科書などではあまり採用されていないが、habiter を他動詞として、前置詞を用いないケースもかなり多い。à は場所を地図上の1点として捉える感覚で用いるのに対し、dans は空間の広がりを意識するときに用いる（例「彼らはパリ市内に住んでいる」Ils habitent dans Paris）。なお、habiter sur Paris で「パリ郊外に住む」と表現することもある。

à, en, dans

☐ Nous (_habitons à la campagne_).
私たちは田舎に住んでいます。

229 habituer*
[abitɥe] 日々意識せずに繰り返す

f. (_habitude_) （個人の）習慣

adj. (_habituel(le)_) 習慣的な・いつもの

● (人に〜することを) 習慣づける・慣らす

qn à inf.

☐ Il faut (_habituer les enfants à_) ranger leurs affaires.
子どもに身の回りの物を整理するように習慣をつけさせなくてはいけない。

解答 228 **habitation** (habitons Paris depuis dix ans) (habitons à la campagne)
229 **habitude habituel(le)** (habituer les enfants à)

パート1 **動詞用法ドリル**
Exercices pour enrichir les verbes

▶ être habitué(e)

● (à に) 慣れる

□ ( ) *parisienne ?*
パリの生活に慣れた？

代 s'habituer

● (〜に) 慣れる・(〜するように) 習慣づける → s'accoutumer

à *qc*

□ *Ma mère* ( ) *son régime hypocalorique.*
母は低カロリーの食事療法にすぐに慣れた。→ se faire à、avoir l'habitude de

---

230 **héberger*** [eberʒe] 一時的に宿泊させる

m. ( ) 宿泊・宿所

● (自宅に) 泊める・宿泊させる → loger

□ *Vous pouvez* ( ) *?*
一晩泊めてもらえますか？→ loger

---

231 **hériter*** [erite] 前の世代から受け継がれる

m. ( ) 遺産

n. ( ) 相続人・後継者

❶ (A を B から) 相続する

A (qc) de *B (qn)*

□ ( ) *leurs parents.*
彼らはその建物を親から相続した。

＊次頁の hériter de *qc* から、この例文は、Ils ont hérité de cet immeuble de leurs parents.
「両親のその建物を」と考えることもできる。

(Tu es habitué(e) à la vie) (s'est vite habituée à) 230 **hébergement** (m'héberger pour la nuit)
231 **héritage héritier(ère)** (Ils ont hérité cet immeuble de)

❷ (de を) 相続する・受け継ぐ

□ (   ) *musicaux de sa mère.*
彼女は母親の音楽的な才能を受け継いだ。

232 hésiter*
[ezite] 不安などで行動が遅れる

f. (躊躇)

❶ (遠慮・尻込みで) ためらう・(決められず) 迷う

□ *Il n'y a pas (   ).*
ためらう余地はない。

❷ (〜するのを) ためらう ⇔ se décider
à + *inf.*

□ *Elle (   ) d'emploi.*
彼女は転職するのをためらっている。

233 hospitaliser*
[ɔspitalize] hôpital「病院」から

m. (病院)

f. (入院(させること))

● 入院させる → envoyer qn à l'hôpital

□ (   ) *une opération chirurgicale.*
彼は外科手術のために入院した。

＊〈être hospitalisé(e) pour ＋ 病気〉で「〜で入院している」の意味。なお、「入院する」には entrer à l'hôpital も用いる。ちなみに「退院する」は quitter l'hôpital、sortir de l'hôpital という。

解答 231 (Elle a hérité des dons) 232 **hésitation** (à hésiter) (hésite à changer)
233 **hôpital hospitalisation** (Il a été hospitalisé pour)

234 humaniser

[ymanize] 日 ヒューマン（人間らしい）

adj. (_____) 人間の・人間的な
f. (_____) 人間らしさ・人間味

● 人間的なものにする・緩和する

qc

□ On doit (_____) sans tarder.
早急に労働条件を改善しなくてはならない。

235 humilier*

[ymilje] 自尊心を傷つける

f. (_____) 屈辱・侮辱

● 侮辱する・辱める

qn

□ (_____) par son attitude méprisante.
彼女は彼を見下すような態度で侮辱した。→ faire un affront à

＊ se sentir humilier par *qc* で「〜で侮辱されたと感じる」という熟語。

236 ignorer*

[iɲɔre]「否」+ gnorer「知る」

f. (_____) 無知・無学
adj. (_____) 無学な・知識がない

❶ （〜を）知らない⇔ savoir

qc

□ (_____).
私は彼(彼女)の名前を知らない。

---

234 **humain(e) humanité** (humaniser les conditions de travail)　235 **humiliation** (Elle l'a humilié)
236 **ignorance ignorant(e)** (J'ignore son nom)

❷ (〜を)知らないでいる・(〜のことを)知らない

que + **ind.**

☐ (　　　　　　　　　　　) malade.
彼が病気だとは知らなかった。

❸ (〜であるかを)知らない

＋ 間接疑問節

☐ (　　　　　　　　　　　) elle pleure.
どうして彼女が泣いているのか知りません。

237 **imaginer**
[imaʒine] 日 イメージ

f. (　　　　　　　　　　　)
想像力

● 想像する・思い描く → se figurer

qn/**qc** ＋ 属詞

☐ (　　　　　　　　　　　) plus âgé.
私はポールがもっと年上だと思っていた。
＊ A ＋ B (属詞) は「A を B と想像する、考える」の意味。

que + **ind.**

☐ (　　　　　　　　　　　) cela pourrait m'arriver.
自分にそんなことが起こるとは想像もしていなかった。
＊否定表現あるいは命令法のあとは que + **sub.** の形をとることもある。

238 **implanter***
[ɛ̃plɑ̃te] 中に植えつける

f. (　　　　　　　　　　　)
導入・設置

● (産業・工場などを)導入する・根付かせる → installer

☐ (　　　　　　　　　　　) une nouvelle usine dans cette région.
彼はその地域に新しい工場を建設することに決めた。

解答 236 (J'ignorais qu'il était) (J'ignore pourquoi) 237 **imagination** (J'imaginais Paul) (Je n'imaginais pas que) 238 **implantation** (Il a décidé d'implanter)

239 imposer*
[ɛ̃poze] 重荷を押しつける

f. (_課税_)

❶ （B に A を）強いる・課す

A (qc) à B (qn)

☐ Il veut toujours (　　　　　　　).
彼は他人に自分の考えを押しつけたがる。

❷ （人に〜することを）強制する・（〜を）義務づける

à qn de + inf.

☐ La présence d'une personne âgée chez moi (　　　　　　　) mes habitudes.
自宅に老人がいるので自分の生活習慣を変えざるを得ない。

240 inciter*
[ɛ̃site] けしかける → 駆り立てる

f. (_扇動_)

● （〜に）駆り立てる・（人を）〜する気にさせる

à qc

☐ (　　　　　　　) à la consommation.
広告は消費を駆り立てる。

qn à + inf.

☐ (　　　　　　　) consommer davantage.
広告は人にもっとお金を使おうという気分にさせる。

241 incorporer
[ɛ̃kɔrpɔre] 取り入れて、corporer「一体にする」

f. (_混入・合体_)

● （à・dans に）加える・入れる

☐ (　　　　　　　) à la farine.
卵黄を小麦粉に混ぜてください。

---

239 **imposition** (imposer ses idées aux autres) (m'impose de changer)　240 **incitation** (La publicité incite) (La publicité incite les gens à)　241 **incorporation** (Incorporez un jaune d'œuf)

242 indiquer*
[ɛ̃dike] 指で指し示す

» (_____) f. 指示・提示

❶ (〜に) 指し示す・示す → montrer・教える

qc
□ (_____) trois heures.
市役所の大時計が3時を指している。

qc à *qn*
□ (_____) d'un spécialiste à son patient.
医者は患者に専門医の名前を教えた。

❷ (〜であることを) 示す

que + *ind.*
□ (_____) aura du retard.
掲示板はパリ発の電車が遅れていることを示している。

＊ le train de Paris は「パリ発の電車」Le train de Paris = le train qui vient de Paris と解するのが通例。

243 informer*
[ɛ̃fɔrme] 頭に情報・知識を形づくる

» (_____) f. 情報・(複数で) ニュース

● (A に B のことを) 知らせる

A (*qn*) de B (*qc*)
□ (_____), s'il vous plaît.
あなたの到着時間をお知らせください。

qn que + *ind.*
□ (_____) quitter Fukushima.
彼女は私にもうすぐ福島を去ると知らせて来た。

解答 242 **indication** (L'horloge de la mairie indique) (Le médecin a indiqué le nom) (Le panneau indique que le train de Paris) 243 **information** (Informez-moi de votre arrivée) (Elle m'a informé qu'elle allait bientôt)

パート1 動詞用法ドリル
Exercices pour enrichir les verbes

代 s'informer

● (〜について) 問い合わせる・情報を集める → se renseigner

sur + *qc*

☐ *Caroline lit tous les journaux (   ).*
カロリーヌは何でも知ろうとあらゆる新聞を講読している。

244 inquiéter*
Track-244 [ɛ̃kjete] causer de l'inquiétude à *qn*

>> *f.* (_____)
　　　　不安・心配

● 不安にさせる・心配させる ⇔ rassurer・calmer

qn

☐ (   ) *ses parents.*
親には彼(彼女)の健康が心配だ。

代 s'inquiéter

● (〜のことで) 不安になる・心配する・気にかける

☐ (   ) !
心配しないで！

de *qc*

☐ (   ) *de pollution de l'usine chimique.*
彼らは化学工場による汚染の危険を心配している。

245 inscrire*
Track-245 [ɛ̃skrir] 何かに刻みつける

>> *f.* (_____)
　　　　記入・申込

❶ 記入する・書き込む → noter

qc

☐ (   ) *au dos de ce chèque.*
その小切手の裏にあなたの銀行口座を記入してください。

(pour s'informer sur tout) 244 **inquiétude** (Son état de santé inquiète) (Ne t'inquiète pas)
(Ils s'inquiètent des risques) 245 **inscription** (Inscrivez votre numéro de compte)

❷ (A を B のメンバーとして) 登録する

A (*qn*) à **B** (*qc*)

☐ (　　　　　　　　　　) un club de judo.
彼は息子を柔道クラブのメンバーに登録した。

代 s'inscrire

● (加入するため〜に) 登録する

☐ Il faut (　　　　　　　　　　) pour pouvoir voter.
投票するには選挙人名簿に登録しなくてはならない。

246 insister*
Track-246 [ɛ̃siste] 自分の考えに立ち強く言う

≫ f. (　　　固執　　　)

❶ あきらめないで続ける・粘り強くやる

☐ S'il refuse de me recevoir, (　　　　　　).
もし彼が私の受け入れを断るなら、あきらめます。

❷ (〜について) 力をこめて言う・強調する

sur *qc*

☐ (　　　　　　　　　　) de négocier.
彼は交渉の必要性を力説した。

❸ (〜を) しきりに求める・(しつこく) 頼む

pour + *inf.*

☐ Elle (　　　　　　　　).
彼女は私と同行すると、しつこく言い張った。

pour que + *sub.*

☐ (　　　　　　　　　　) le voir ce soir.
彼はぜひ今晩会いに来て欲しいと言っている。

解答 245 (Il a inscrit son fils à) (s'inscrire sur les listes électorales) 246 **insistance** (je n'insisterai pas) (Il a insisté sur la nécessité) (a insisté pour m'accompagner) (Il insiste pour qu'on aille)

パート1 | **動詞用法ドリル**
Exercices pour enrichir les verbes

 installer**
[ɛ̃stale] 中に据えて使えるようにする

f. (_____)
(装置や家具などの)取り付け・設備

● 備え付ける

☐ (_____) dans son nouveau bureau.
彼の新しい事務所に電話を引かせた。→ aménager

 interdire*
[ɛ̃tɛrdir] défendre *qc* à *qn*

f. (_____)
禁止

❶ (〜に対して) 禁止する → défendre ⇔ permettre

qc à *qn*

☐ *Le médecin* (_____).
医者は彼(彼女)に砂糖を禁じた。

❷ (〜に…することを) 禁じる

à *qn* de + *inf.*

☐ (_____) *prendre des photos.*
美術館の来館者は写真撮影が禁じられている。

 intéresser*
[ɛ̃terese] 🔗 interest とほぼ同義

m. (_____) 興味・利益
adj. (_____) 興味深い・面白い

● (人の) 関心を引く・興味をそそる

qn

☐ *Ces offres d'emploi* (_____) *beaucoup.*
新聞の求人欄に私は大いに興味がある。

---

247 **installation** (Il a fait installer le téléphone) 248 **interdiction** (lui a interdit le sucre)
(On interdit aux visiteurs du musée de) 249 **intérêt intéressant(e)** (dans le journal m'intéressent)

111
cent onze

代 s'intéresser

● (〜に) 関心を寄せる・興味を持つ

à *qc* / *qn*

☐ *Cet enfant est très curieux ; (   ).*
その子はとても好奇心が強い。何にでも興味を示す。

250 interroger*
[ɛ̃tɛrɔʒe] 間に入って問う

f. (_____) 疑問・質問

● 問いただす・尋ねる・質問する → questionner

qn sur *qn* / *qc*

☐ *Il faudrait (   ) cette question.*
その問題について専門家に尋ねる必要がある。

251 inviter*
[ɛ̃vite] 中に入るよう招く

f. (_____) 招待・招待状

❶ 招待する・招く

qn

☐ *Ma femme (   ) samedi soir.*
妻は土曜の晩に友人たちを招待した。

qn à *qc*

☐ *(   ) à la fête.*
私たちは鈴木家の人たちをパーティーに招いた。

❷ (人に〜するように) 勧める・促す

qn à + *inf.*

☐ *(   ) le week-end chez lui.*
彼は同僚たちに、我が家で週末を過ごさないかと誘った。

解答 249 (il s'intéresse à tout) 250 **interrogation** (interroger un spécialiste sur) 251 **invitation** (a invité des amis) (Nous avons invité les Suzuki) (Il a invité des collègues à passer)

パート1 動詞用法ドリル
Exercices pour enrichir les verbes

252 jeter**
Track-252 [ʒ(ə)te] 英 throw とほぼ同義

» m. (投げること・(液体の)噴出)

» adj. (使い捨ての)

● (無造作に)投げる・放る→ lancer・捨てる

qc

□ ( ) dans la poubelle jaune.
彼女は黄色いゴミ箱に書類を捨てた。

＊放り投げる感覚で「〜をゴミ箱に捨てる」なら jeter *qc* à la poubelle という。

代 se jeter

● (〜に)身を投げる・ぶつかる・飛び込む

contre, sur, dans ...

□ *Après le match,* ( ) *et les sandwichs.*
試合の後、選手たちは飲み物とサンドイッチに飛びついた。

253 jouer***
Track-253 [ʒwe] おおむね 英 play に相当

» m. (遊び・競技・演奏)

❶ 遊ぶ

□ *Les enfants* ( ).
子どもは遊ぶのが好きだ。

❷ 演じる

qc

□ *A la fête de l'école,* ( ) *d'une princesse.*
学校の催しで、娘がプリンセスの役を演じた。

---

252 **jet jetable** (Elle a jeté les papiers) (les joueurs se sont jetés sur les boissons)
253 **jeu** (aiment jouer) (ma fille a joué le rôle)

❸ (ゲームやスポーツを)する

à + ゲーム(スポーツ)

☐ *Dans le midi de la France, on aime* (　　　　　　　).
フランスの南部では、ペタンクが愛好されている。

❹ 演奏する

de + 楽器

☐ *Mon fils* (　　　　　　　).
息子はギターを演奏する。

254 juger**

[ʒyʒe] 理論・法律により判断する

≫ *m.* (　　　　　　　) 裁判・判断

≫ *m.* (　　　　　　　) 裁判官・審査員

● 裁く・(de について)判断する

☐ (　　　　　　　) *par vous-même.*
ご自身で判断してください。

255 jurer*

[ʒyre] affirmer une chose par serment

≫ *m.* (　　　　　　　) 陪審員

● (〜を)誓う・断言する

(à *qn*) de + *inf.*

☐ *L'accusé(e)* (　　　　　　　) *toute la vérité.*
被告人はすべて真実を述べると誓った。→ promettre

(à *qn*) que + *ind.*

☐ *Marc* (　　　　　　　) *qu'il n'avait pas menti.*
マルクは親に自分は嘘をついてはいなかったと断言した。→ affirmer

解答 253 (jouer à la pétanque) (joue de la guitare) 254 **jugement juge** (Jugez-en)
255 **juré** (a juré de dire) (a juré à ses parents)

256 justifier*

[ʒystifje] juste「公正な」から

f. (_____)
正当化・証明

❶ 無罪を証明する／弁明・弁護する → excuser
❷ (正当性などを) 証明する・(理由・根拠を) 説明する

☐ *La fin (   ).*
目的のためには手段を選ばない。→ prouver

257 laisser***

[lese] 英 leave, let に相当

f. (_____)
放任・無干渉

❶ 置き忘れる

qc

☐ *(   ) à la maison.*
オフィスの鍵を家に置き忘れた。→ oublier

❷ 残す・置いていく・渡しておく

qc à qn

☐ *(   ) de gâteau.*
私にケーキを一切れ残しておいて。→ garder

❸ (人が)〜させておく・(自由に)〜させる

qn + inf.

☐ *(   ) ce qu'elle voulait.*
彼は妻にやりたい放題させておいた。

---

256 **justification** (justifie les moyens)　257 **laisser-faire** (J'ai laissé la clé de mon bureau) (Laissez-moi un morceau) (Il a laissé sa femme faire tout)

❹ （人を〜の）ままにしておく

qn ＋ 属詞

☐ (   ) *tranquilles !*
彼らをそっとしておいてあげよう！

代 se laisser

● （自分が）〜するにまかせる・〜されるがままになる

＋ *inf.*

☐ (   ) *sur le canapé.*
彼女はソファに倒れ込んだ。

＊ Elle a laissé tomber un verre. なら「彼女はコップを落とした」の意味。

258 lancer**
[lɑ̃se] 遠くの目標に向けて投げる

m. (   )
投げること・(ロケットの)打ち上げ

● （物を）投げる・投げ出す→ jeter・projeter ／世に出す

☐ (   ) *dans la rivière pour faire des ricochets.*
彼は川に石を投げ込んで、水切り遊びをした。

259 lever**
[l(ə)ve] mettre plus haut /quitter son lit

m. (   )
(日や月が)昇ること・起床

● （物を）持ち上げる・（身体の一部を）上げる

☐ *Au Japon, les enfants (   ) quand ils traversent la rue.*
日本では道路を横切るとき、子どもたちは右手を上げます。

代 se lever

● 立ち上がる／起きる・（日や月が）出る⇔ se coucher

☐ (   ) *chaque jour.*
彼は毎日6時頃に起きます。

解答 257 (Laissons-les) (Elle s'est laissé tomber) 258 **lancement** (Il a lancé des pierres)
259 **lever** (lèvent le bras droit) (Il se lève vers six heures)

パート1 動詞用法ドリル
Exercices pour enrichir les verbes

☐ ( ).
もうすぐ夜が明ける。

260 lire***
[lir] 英 read

>> (_____)
f. 読書

❶ 読む・読書する
☐ ( ).
彼は読書家だ。

＊「解読する、判読する」なら déchiffrer という動詞を用いる。

❷ B に A を読み聞かせる
A (qc) à B (qn)

☐ **Tous les soirs, ( ) avant qu'ils dorment.**
毎晩、彼女は子どもたちが寝る前に物語を読み聞かせる。

261 louer**
[lwe] 金を介して貸す、借りる

>> (_____)
f. 賃貸し・賃借り

●（住宅などを）賃貸しする・賃借りする
qc à qn

☐ ( ) **un jeune couple.**
ワンルームマンションを若い夫婦に貸した。

qc

☐ ( ) **au mois.**
彼は月極でマンションを借りた。

＊ louer は「貸す」prêter、「借りる」emprunter の二つの意味がある点に注意。

(Le jour va se lever) 260 **lecture** (Il lit beaucoup) (elle lit une histoire aux enfants)
261 **location** (J'ai loué mon studio à) (Il a loué un appartement)

117
cent dix-sept

262 lutter*

[lyte] 英 struggle, fight, battle などに相当

» f. (　　　　　　　　　　　　) 闘争・争い・レスリング

» n. (　　　　　　　　　　　　) レスラー・格闘家

❶ (contre に対して・pour のために) 戦う
❷ (de を) 競う → rivaliser
❸ (contre・avec と) 格闘する → se battre

☐ *Elles continuent à (　　　　　　).*
彼女たちは男女の平等を求めて闘い続けている。

M

263 manger***

[mɑ̃ʒe] おおむね 英 eat に相当

» f. (　　　　　　　　　　　　) 食物 (nourriture)

» adj. (　　　　　　　　　　　　) (食物が) 食べられる

● 食べる → consommer

☐ *Mon mari (　　　　　　).*
夫は何でも食べます (好き嫌いがない)。

☐ *A midi, elle (　　　　　　).*
昼、彼女は (社員) 食堂で食べます。

解答　262 **lutte lutteur(se)** (lutter pour l'égalité des sexes)
263 **manger mangeable** (mange de tout) (mange à la cantine)

264 manquer***

[māke] 何かがない・足りない

f. (...................)
(de の) 不足

❶ (人が) 欠席する ⇔ assister

☐ (...................) ; *ils sont malades.*
今日、2人の生徒が欠席している。彼らは病気だ。

❷ 乗り遅れる → rater

qn / qc

☐ (...................) *à cause des embouteillages.*
渋滞のせいで、シルヴィは飛行機に乗り遅れた。

❸ 足りない・欠けている

de *qc*

☐ *Ce plat* (...................).
この料理は塩味が足らない。

❹ (〜がなくて・いなくて) 寂しい・つまらない

à *qn*

☐ *Catherine est à Paris depuis six mois ;* (...................).
カトリーヌはパリに半年いるが、家族は彼女がいなくてとても寂しがっている。

▶ Il manque

● (〜が) 欠けている・不足している

qn / qc

☐ (...................) *à ce chemisier.*
このブラウスはボタンがひとつとれている。

---

264 **manque** (Deux élèves manquent aujourd'hui) (Sylvie a manqué son avion) (manque de sel)
(sa famille lui manque beaucoup) (Il manque un bouton)

265 marcher***
[marʃe] 日 マーチ（行進曲）

» (_____) f. 歩くこと・行進・(階段の)段

❶ 歩く
□ (_____) !
そんなに早く歩かないで。

❷ （機械などが）動く → fonctionner ・（事柄が）うまく運ぶ → aller
□ Il y a (_____) ?
何か具合の悪いことがあるのですか？

266 se marier**
[s(ə) marje] 英 marry

» (_____) m. 結婚・結婚式

● （～と）結婚する → épouser ⇔ divorcer
□ Mon oncle Henri n'a jamais voulu (_____).
おじのアンリはけっして結婚したがらない。

avec qn
□ (_____) un ami d'enfance.
彼女は幼友だちと結婚した。

267 marquer*
[marke] 日 マーク（印）

» (_____) f. 痕跡・マーク

❶ （sur に）印をつける・書き付ける
□ Est-ce que vous avez (_____) sur votre agenda ?
私たちの次の会合の日付を手帳に書きこみましたか？

解答 265 **marche** (Ne marchez pas si vite) (quelque chose qui ne marche pas)
266 **mariage** (se marier) (Elle s'est mariée avec) 267 **marque** (marqué la date de notre prochaine réunion)

❷（物が）示す

avec *qn*

☐ *L'horloge de la gare* (　　　　　　　).
駅の時計が正午を指している。→ indiquer

❸（〜に）痕跡をとどめる・（出来事が大きな）影響を残す

☐ *Cet événement* (　　　　　　　).
その出来事が彼の心に忘れがたい思い出を残した。

268 se méfier*

[s(ə) mefje] ne pas avoir confiance

f. 不信・警戒心 ⇔ confiance

● （だまされたり、危ない目にあわないように）用心する・信用しない ⇔ se fier

de *qn* / *qc*

☐ (　　　　　　　), *il est hypocrite !*
彼には気をつけて、偽善者なんだから！→ se défier

269 mélanger*

[melɑ̃ʒe] 英 mix（mi-「混ぜる」）

m. 混ぜること

● （*A* à (avec) *B* ：A を B に）混ぜる → mêler・brouiller

A à (avec) *B* / *A* et *B*

☐ *Pour la vinaigrette,* (　　　　　　　) *une cuillère de vinaigre.*
フレンチドレッシングを作るには、スプーン3杯の油と1杯の酢を混ぜる。

(marque midi)　(l'a beaucoup marqué)　268 **méfiance**　(Méfiez-vous de lui)
269 **mélange**　(on mélange trois cuillères d'huile à)

270 mêler*
[mele] 混ぜ合わせる

f. (_____) 乱闘・(ラグビーの)スクラム

● (異なった物を)混ぜる → mélanger

☐ Il ( ) et la fiction.
彼は現実と虚構を混同している。→ mélanger

代 se mêler

● (〜に)干渉する・口を出す

de *qn*/*qc*

☐ ( ) nos affaires !
私たちの仕事に首を突っこまないで！→ s'occuper de

271 menacer*
[mənase] mena「襲いかかる」動作

f. (_____) 脅し・脅迫

❶ 脅す・威嚇する

qn

☐ Le voleur ( ) du magasin.
強盗は店員たちを脅した。

❷ (〜を…するぞと言って)脅す

qn/*qc* de + *inf.*

☐ Les terroristes ( ) tuer les otages.
テロリストは人質を殺すと言って政府を脅した。

272 mener*
[məne] 英 lead, take などに相当

n. (_____) 指導者

❶ 連れて行く → emmener

☐ ( ) au parc tous les jours.
彼女は息子を毎日公園へ連れて行く。

解答 270 **mélée** (mêle la réalité) (Ne vous mêlez pas de) 271 **menace** (a menacé les employés) (ont menacé le gouvernement de) 272 **meneur(se)** (Elle mène son fils)

❷ 導く・(人や組織を)動かす

☐ *Elle* (   ) *son mari.*
彼女は夫の言いなりだ。

273 mentir**
[mɑ̃tir] dire des mensonges

≫ *m.* (嘘   )

● (〜に)嘘をつく

☐ *Elle* (   ).
彼女は平気で(呼吸をするように)嘘をつく。→ dire un mensonge

274 mériter*
[merite] 名 メリット (価値・利点)

≫ *m.* (功績・長所・利点   )

❶ (賞罰などを受けるに)値する・(不都合などを)受けて当然である

qc

☐ *Ça* (   ).
それは一考に値する。→ avoir [donner] matière à réflexion

❷ (〜して)当然である

de + *inf.*

☐ (   ) *puni.*
彼は罰せられて当然だろう。

＊ Il mériterait qu'on le puisse. と書き換えられる。

❸ (〜するに)値する・(〜して)当然である

que + *sub.*

☐ (   ) *des compliments.*
彼女は賛辞を受けるに値する。

(se laisse mener par) 273 **mensonge** (ment comme elle respire) 274 **mérite** (mérite réflexion)
(Il mériterait d'être) (Elle mérite qu'on lui fasse)

275 mesurer**
[m(ə)zyr] 目 メジャー（計量・ものさし）

f. (測定・手段・節度)

● 測る・測定する・（人が〜の）身長がある・（物が〜の）大きさである

□ (   ) soixante-dix.
妻は身長が1メートル70センチです。

276 mettre***
[mɛtr] 英 put, set, take などに相当

f. (（ある状態に）置くこと・服装)

❶ 着る・（身に）つける

qc

□ (   ) ! Il fait froid.
マフラーをまいて！ 寒いから。

* porter なら「着ている状態」を指す。なお、「着る」s'habiller は様態を表す表現とともに用いられるケースが大半で、個々の服飾品を「着る、身につける」の意味では用いない。

❷ 置く・入れる

qc ＋ 場所

□ (   ) ma poche.
私はポケットに鍵を入れた。

❸ （〜するのに…が）かかる

時間 ＋ pour ＋ *inf.*

□ (   ) pour y aller à pied.
そこに歩いて行くのに10分かかった。

代 se mettre

❶ （〜に）手をつける・（〜に）取りかかる

à *qc*

□ (   ) dès 5 heures du matin.
彼は朝の5時から仕事に取りかかった。

解答 275 **mesure** (Ma femme mesure un mètre) 276 **mise** (Mets une écharpe) (J'ai mis ma clé dans) (On a mis dix minutes) (Il s'est mis au travail)

パート1 動詞用法ドリル
Exercices pour enrichir les verbes

❷ （不意に）〜し始める

à + *inf.*

☐ *Mon père* (   ).
父は中国語を勉強し始めた。

277 modifier*
Track-277 [mɔdifje] 計画などを少しだけ変更する

≫ *f.* (　　　変更・修正　　　)

● （部分的な変更）修正する・変える → changer・transformer

☐ *Nous devons* (   ).
私たちはヴァカンスの計画を修正しなくてはならない。→ réviser

278 monter***
Track-278 [mɔ̃te] parcourir un lieu en s'élevant

≫ *f.* (　登ること・（物の）上昇　)

❶ 登る・上がる ⇔ descendre

☐ (   ) *dans sa chambre.*
彼女は部屋に上がった。⇔ descendre

＊たとえば「山に登る」を monter au sommet de la montage などとするのは古い。
avoir escaladé la montagne、être au sommet de la montagne が普通の言い方。

❷ （上に）運ぶ・あげる

☐ (   ) *au troisième étage, s'il vous plaît.*
この荷物を4階に運んでください。

279 montrer***
Track-279 [mɔ̃tre] faire voir

❶ 見せる・指し示す → présenter・indiquer

qc à *qn*

☐ (   ) *ce sac-là, s'il vous plaît.*
私にあのバッグを見せてください。

(s'est mis à apprendre le chinois)　277 **modification**　(modifier le programme de nos vacances)
278 **montée**　(Elle est montée)　(Montez ces bagages)　279 (Montrez-moi)

cent vingt-cinq

❷ (～であることを) 示す

que + *ind.*

□ (　　　　　　　　　　　　) la situation politique est grave.
それらの事件は政治情勢が深刻であることを示している。

❸ (～を) 教える・説明する

＋ 間接疑問

□ (　　　　　　　　　　　　) on fait ce gâteau ?
このケーキをどうやって作るのか私に教えてくれない？

代 se montrer

❶ 姿を現す

＋ 形容詞

□ (　　　　　　　　　　　　) au bon moment.
彼はちょうどよい時に姿を見せた。→ paraître

❷ (～であるところを) 示す・(～の態度・様子を) 示す

＋ 形容詞

□ (　　　　　　　　　　　　) avec nous.
彼は私たちにとても気前のよいところを見せた。

280 se moquer*

[s(ə) mɔke] 鼻で軽くあしらう

f. (　あざけり・からかい　)

● (馬鹿にして) からかう → se railler

de *qn*/*qc*

□ (　　　　　　　　　　　　) moi !
私を馬鹿にしないで！

解答 279 (Ces évènements montrent que) (Tu peux me montrer comment) (Il s'est montré)
(Il s'est montré très généreux) 280 **moquerie** (Ne te moque pas de)

281 mourir**

[murir] 自 die, pass away などに相当

f. (死)

n. adj. (死者・死人・死んだ・枯れた)

❶ 死ぬ⇔ naître・（植物が）枯れる → se faner

☐ *Cet écrivain célèbre (   ).*
その著名な作家は亡くなったばかりだ。

❷（病気などがもとで）死ぬ

de *qc*

☐ (   ) *du sein.*
彼（彼女）のおばは乳癌で死んだ。

＊「事故で死ぬ」は mourir dans un accident という。

282 multiplier*

[myltiplije] 他 マルチ（数量・種類が多い）

f. (かけ算・増加)

❶（数量を）増やす・増大させる → augmenter
❷（数学で）乗ずる・掛ける ⇔ diviser

代 se multiplier

●（大幅に）増加する

☐ *Les cas (   ) ces dernières semaines.*
インフルエンザの症例がここ数週間の間にどんどん増えました。

---

281 **mort mort(e)** (vient de mourir) (Sa tante est morte d'un cancer)
282 **multiplication** (de grippe se sont multipliés)

283 naître*
[nɛtr] venir au monde 英 be born

f. (誕生・出生)

● 生まれる・誕生する ⇔ mourir

☐ *Noëlle (　　　　　　) décembre.*
ノエルは12月25日生まれだ。

284 négliger*
[negliʒe] 当然注意すべきことを無視する

f. (怠惰・不注意)

adj. (怠惰な・だらしない)

● (de を) 怠る・忘れる・なおざりにする

de + *inf.*

☐ (　　　　　　　　) *de son prochain départ.*
彼は私に近々出発するという連絡を怠った。

285 négocier*
[negɔsje] 議論で同意をえるよう努める

f. (交渉)

● 交渉する

☐ *Les deux chefs d'Etat (　　　　　　).*
国家元首2人が和平を交渉している。

解答 283 **naissance** (est née le 25)　284 **négligence　négligent(e)** (Il a négligé de m'avertir)
285 **négociation** (négocient la paix)

パート1 **動詞用法ドリル**
Exercices pour enrichir les verbes

286 **nettoyer***
[nɛtwaje] rendre propre

m. (_____) 掃除・クリーニング

● きれいにする・掃除する → faire le ménage

☐ *Ma mère (* _____ *) chaque matin.*
母は毎朝トイレを掃除します。

287 **nier***
[nje] ni「「否定」する

f. (_____) 否定

adj. (_____) 否定の・消極的な

● 否定する・否認する ⇔ affirmer・avouer

qc
☐ (_____) *dans l'accident.*
彼はその事故のあらゆる責任を認めない。

+ inf.（複合形）
☐ *Elle (* _____ *) le feu rouge.*
彼女は赤信号を無視したことを否定している。

288 **nommer***
[nɔme] rdonner un nom

m. (_____) 名前・名

❶ 名付ける

☐ (_____) *« le Roi-Soleil ».*
彼（ルイ14世）は「太陽王」と呼ばれた。→ appeler

❷ 任命する・選出する

☐ (_____) *de France au Japon.*
彼は駐日フランス大使に任命された。

---

286 **nettoyage** (nettoie les toilettes) 287 **négation négatif(ve)** (Il nie toute responsabilité) (nie avoir brûlé) 288 **nom** (On l'a nommé) (On l'a nommé ambassadeur)

289 nuire*

[nɥir] faire du mal ou causer un dommage

f. (_____)
(多く複数で)公害

adj. (_____)
(à に)有害な

● (〜を)害する・損なう

à **qn**

☐ *Je ne voudrais pas que* (_____).
そのことが君を害することにならなければいいのですが。

à **qc**

☐ *Le tabac* (_____).
タバコはひどく健康を害する。

290 obéir*

[ɔbeir] 耳を傾け言われた通りにする

f. (_____)
服従 ⇔ désobéissance

● (人の命令や指示に)従う・服従する ⇔ désobéir・résister

à **qn/qc**

☐ *Je n'ai pas l'intention* (_____).
私はその命令に従うつもりはない。

* L'enfant doit obéir à ses parents.「子どもは親の言うことに従わなくてはならない」といった例を見かけるが、その場合は écouter「(言うことを)聞く」を用いる方が自然。

解答 289 **nuisance nuisible** (cela te nuise) (nuit gravement à la santé)
290 **obéissance** (d'obéir à cet ordre)

291 obliger**
[ɔbliʒe] 必要や義務からやむをえずさせる

f. (義務・必要)

adj. (義務の・強制的な)

● （人に〜することを）強いる・義務を負わせる→ forcer・contraindre

qn à + *inf.*

□ ( ) *accepter ce contrat.*
私たちがその契約を受け入れる義務は何もない。

代 être obligé(e)

● 〜せざるを得ない・（〜することを）余儀なくされている

de + *inf.*

□ *Excusez-moi.* ( ) *immédiatement.*
すみません。今すぐ、出発せざるを得ないのです。

＊ C'est obligé (que+*sub.*)「（〜なのは）当然だ」は会話でよく用いられる。

292 observer*
[ɔpsɛrve] じっと注意を保つ

f. (観察)

f. (（規則などを）守ること)

❶ 観察する・観測する→ examiner・（観察して）気づく
❷ （規則などを）守る→ obstruer

□ *Il faut* ( ).
交通法規は守らなくてはならない。

291 **obligation** **obligatoire** (Rien ne nous oblige à) (Je suis obligé(e) de partir)
292 **observation** **observance** (observer le code de la route)

cent trente et un

293 obtenir*

[ɔptənir] réussir à avoir ce qu'on désirait

f. (_____)
取得・入手

❶ 手に入れる・取得する → gagner

qc

□ (_____) *à 0 % d'intérêt pour acheter sa maison.*
彼は自宅を購入するのに無利子の融資を得た。

❷ (〜する) 許可を得る

de + *inf.*

□ (_____) *leur prêt en dix ans.*
彼らは10年で借金を返済する許可を得た。

❸ (〜してもらえるという) 約束を取り付ける・(人から) 〜してもらう

(de *qn*) que + *sub.*

□ (_____) *consulter des documents secrets.*
彼は私たちが機密文書を閲覧できる許可を取り付けた。

294 occuper**

[ɔkype] 場所・地位・時間を占める

f. (_____)
用事・占拠

❶ 占める・占有する

□ *Cette grande entreprise* (_____).
その大企業がビルをまるまる占有している。

❷ (時間を) 費やす → passer

□ (_____) *de la journée.*
この仕事は今日いっぱいかかるだろう。 → remplir

代 s'occuper

❶ (仕事などに) 携わる・(〜に) 関わる・関心を持つ

de *qc*

□ (_____) *mes affaires !*
私のことに口をはさまないでください！

解答 293 **obtention** (Il a obtenu un prêt) (Ils ont obtenu de rembourser) (Il a obtenu que nous puissions)
294 **occupation** (occupe tout l'immeuble) (Ce travail occupera le reste) (Ne vous occupez pas de)

❷ (〜の) 世話をする

de *qn*

☐ Elle (　　　　　　　　　) toute la journée.
彼女は四六時中赤ちゃんの世話をしている。

295 offrir**
[ɔfrir] 相手に何かを差し出す

f. (　申し出・提案　)

❶ 贈る・プレゼントする → donner

qc à *qn*

☐ Ken (　　　　　　　　　) à son amie.
ケンはとてもきれいな指環をガールフレンドに贈った。

❷ (人に〜することを) 申し出る → proposer

à *qn* de + *inf.*

☐ (　　　　　　　　　) chez elle.
彼女は彼に自宅においでくださいと申し出た。

296 s'opposer*
[sɔpoze] 対して「置く」

f. (　反対・対立　)

● (人が〜に) 反対する・対立する ⇔ permettre

à *qn* / *qc*

☐ (　　　　　　　　　) de facilité.
私はその安易な解決策には反対だ。

à ce que + *sub.*

☐ (　　　　　　　　　) seul(e) en Iran.
彼女は私がひとりでイランに出かけることに反対した。

(s'occupe de son bébé)　295 **offre**　(a offert une très jolie bague)　(Elle lui a offert de venir)
296 **opposition**　(Je m'oppose à cette solution)　(Elle s'est opposée à ce que je parte)

297 ordonner*

[ɔrdɔne] 順序だった状態にする

≫ (_____) f. (行政の)命令・処方箋

● 命じる → commander

qc à *qn*

□ *Le médecin* ( ) *de repos.*
医者は彼(彼女)に1ヵ月の休養を命じた。

à *qn* de + *inf.*

□ ( ) *une semaine chez lui.*
上司は彼に1週間自宅にいるように命じた。

298 oser**

[oze] 英 dare に近い

● 思い切って～する・(～する)勇気がある → avoir l'audace [la hardiesse] de + *inf.*

□ ( ) *la vérité.*
私は思い切って彼(彼女)に本当のことが言えなかった。

＊否定文で pas を省略することもある。

299 ôter*

[ote] enlever un objet de l'endroit où il est

❶ (衣服・帽子などを)脱ぐ → enlever・retirer
❷ (数を)引く
❸ (de から)片づける・除去する

□ ( ) *et elle est entrée dans sa chambre.*
彼女は靴を脱いで、部屋に入った。→ se déchausser

解答　297 **ordonnance**　(lui a ordonné un mois)　(Son chef lui a ordonné de rester)
298 (Je n'ai pas osé lui dire)　299　(Elle a ôté ses chaussures)

300 oublier**

[ublije] ne pas garder dans la mémoire

m. (忘却)

❶ 忘れる ⇔ se rappeler・se souvenir

qn / qc

☐ (   ) dans le magasin.
婦人が店に財布を忘れた。

❷ (〜することを) 忘れる

de + inf.

☐ Hier soir, (   ) une lettre.
昨夜、手紙を出すのを忘れた。

❸ (〜であることを) 忘れる

que + ind.

☐ (   ) qu'elle m'attendait.
彼女が私を待っていることをすっかり忘れてしまっていた。

301 ouvrir***

[uvrir] ne pas laisser fermé

f. (開けること・開くこと・開場)

● 開ける・開く・スイッチを入れる ⇔ fermer

☐ (   ) neuf heures.
銀行は9時に開きます。

qc

☐ (   ) pour aérer la chambre !
部屋に風を通すために窓を開けて！

qc à qn

☐ (   ), s'il vous plaît.
ドアを開けてください。

---

300 **oubli** (La dame a oublié son porte-monnaie) (J'ai oublié de poster) (J'avais complètement oublié)
301 **ouverture** (La banque ouvre à) (Ouvre la fenêtre) (Ouvrez-moi la porte)

302 paraître**
[paʀɛtʀ] 人や物の姿が見えてくる

f. (_____)
(本の)発売・刊行

❶ （人や太陽などが）現れる／刊行される・発売される → sortir

☐ (_____) *le jeudi.*
その雑誌は毎週木曜日に刊行される。

❷ （外見上〜に）見える → sembler
＋ 属詞

☐ *Elle ne* (_____)*.*
彼女はそんな年に見えない（若く見える）。

＊たとえば、属詞に形容詞を置いて、Elle paraît triste.「彼女は悲しそうだ」とする例を見かけるが、"avoir l'air ＋ 形容詞" を用いる方が自然。

▶ il paraît

● 〜らしい・（〜という）ことだ・（〜だ）そうだ
que ＋ *ind.*

☐ (_____) *est malade.*
総理大臣は病気らしい。

303 pardonner*
[paʀdɔne] 罪を許す

m. (_____)
(罪や過ちへの)許し

❶ （〜を）許す・大目に見る → excuser
qc à *qn*

☐ (_____) *ce caprice.*
私のこうした我が儘を許してください。

解答 302 **parution** (Ce magazine paraît) (paraît pas son âge) (Il paraît que le Premier ministre)
303 **pardon** (Pardonnez-moi)

❷（過誤・無礼など：〜することを）許す

à *qn* de + *inf.*

☐ (   ) m'avoir menti.
彼(彼女)が私に嘘をついたことを許さない。

304 parler***
[parle] 英 speak, talk に相当

» (_____)
f. 言葉・話すこと・発言

❶ 話す・しゃべる
☐ *Mon fils a commencé à* (   ).
私の息子は18ヶ月で話し始めた。

❷（言語を）話す・話せる
☐ *Beaucoup de gens* (   ).
世界中で、たくさんの人たちが英語を話している。

❸（人に）話す・話しかける

à *qn*

☐ *C'est* (   ).
私はあなたにお話ししているのです。

❹（人と）話す

avec *qn*

☐ (   ) *le directeur de l'école.*
私は小学校の校長と長時間話をした。

＊ longtemps「(行為の時間が) 長い間」の意味。この副詞は動詞が複合形のとき、通常、例文のように過去分詞のうしろに置く。助動詞と過去分詞の間に置いて avoir longtemps parlé とすると longtemps が強調される。なお、類語の longuement は「(自分の意思で)長々、長い時間をかけて」というニュアンスの副詞。

(Je ne lui pardonne pas de) 304 **parole** (parler à 18 mois) (parlent anglais dans le monde)
(à vous que je parle) (J'ai parlé longtemps avec)

❺ (人に〜について) 話す

(à **qn**) de **qn**/**qc**

☐ ( ) *à travers l'Europe.*
あなたのヨーロッパ一周旅行の話を聞かせてください。

❻ (〜するつもりだと) 話している

de + ***inf.***

☐ ( ) *l'année prochaine.*
彼は来年結婚するつもりだと話している。

❼ (ある分野を) 話題にする

de **qc**

☐ ( ) *toute la soirée.*
私たちは一晩中、政治の話をした。

代 se parler

❶ (言語が) 話されている

que + ***ind.***

☐ ( ) *aussi au Canada.*
フランス語はカナダでも話されている。

❷ 話し合う・言葉を交わす

☐ ( ).
彼女たちはもう互いに口をきかない。

305 partager**
Track-305 [paʁtaʒe] 類 share とほぼ同義

» ( ) *m.* 分割・分配

❶ (人と) 分け合う・共有している

qc avec **qn**

☐ ( ) *sa petite sœur.*
彼女は妹と部屋をシェアしている。

解答 304 (Parlez-moi de votre voyage) (Il parle de se marier) (Nous avons parlé de politique) (Le français se parle) (Elles ne se parlent plus) 305 **partage** (Elle partage sa chambre avec)

パート1 | **動詞用法ドリル**
Exercices pour enrichir les verbes

❷ （〜に）分割する

qc en ＋ 数詞

□ (　　　　　　　　　) huit.
彼はケーキを8つに分けた。→ couper *qn* en ＋ 数詞

代 se partager

● （互いに）分け合う

□ (　　　　　　　　　) le travail.
彼らは仕事を分担しあった。

306 participer*
Track-306　[partisipe] 正式に加わる

≫ f. (　参加　)

● （〜に）参加する → prendre part à qc

à *qc*

□ (　　　　　　　　　) un débat télévisé.
大臣がテレビ討論会に参加するだろう。

307 partir**
Track-307　[partir] 英 start, leave などと同義

≫ m. (　出発　)

❶ 出発する ⇔ arriver

□ Le train pour Dijon (　　　　　　　　　) H, voie 15.
ディジョン行きの列車はHホーム、15番線から出発します。

❷ （〜へ）発つ・出かける

pour/à/en ＋ 場所

□ (　　　　　　　　　) la semaine prochaine.
私たちは来週イタリアに出発します。

(Il a partagé le gâteau en) (Ils se sont partagé) 306 **participation** (Le ministre participera à)
307 **départ** (part du quai) (Nous partirons en Italie)

139
cent trente-neuf

308 parvenir*
[parvənir] par + venir「来る」

n. (成金・成りあがり者)

❶ （場所にやっと）たどり着く → atteindre・arriver

☐ *Les alpinistes (　　　　　　　) du Cervin.*
登山家たちはようやくマッターホルンの山頂にたどり着いた。
＊アルプス山脈の標高 4,478m の Matterhorn（ドイツ語）は、フランス語では Le Cervin あるいは Mont Cervin と呼ばれる。

❷ （苦労して）達する・成功する → réussir à

à + *inf.*

☐ *Elle (　　　　　　　) sa mutation.*
彼女はやっと転職の希望がかなった。

309 passer***
[pɑse] 通り過ぎる

m. (通行・通路)

❶ 通る・通り過ぎる・（期間が）過ぎ去る

☐ *C'est déjà la fin des vacances. Comme (　　　　　　　) !*
もうヴァカンスも終わり。何て、時が過ぎるのは早いんだ！

❷ （試験などを）受ける → subir

qc

☐ *Il faut (　　　　　　　) dans cette école.*
その学校に入るには試験を受けなくてはならない。

❸ （人に〜を）手渡す

qc à *qn*

☐ *(　　　　　　　), s'il te plaît !*
塩をとってください！

解答 308 **parvenu(e)** (sont parvenus au sommet) (est parvenue à obtenir) 309 **passage** (le temps passe vite) (passer un examen pour entrer) (Passe-moi le sel)

❹ 通る・通過する

<u>par + 場所</u>

☐ (Cette petite route passe par) *un très joli village.*
この小さな道はとても素敵な村に通じています。

❺ (〜と) 見なされる・(〜で) 通る

<u>pour + 名詞</u>

☐ (Cet artiste passait pour) *un fou, pourtant il était génial !*
その芸術家は狂人とみなされていたが、天才だった。

＊助動詞は avoir を用いる。

代 se passer

❶ 起こる

☐ (Tout se passe bien).
万事順調だ。

❷ 〜なしですます

<u>de + *qc*</u>

☐ (Il ne peut pas se passer) *d'alcool.*
彼はアルコールなしではいられない。

＊ ne pas pouvoir se passer de *qc*「〜なしではすませられない」の意味。

<u>de + *inf.*</u>

☐ (Je me passerai de boire) *ce soir.*
今晩は酒を飲まないでおこう。

310 patienter*
[pasjɑ̃te] pati 「苦しみ」にじっと耐える

》 f. (忍耐・我慢)

● 我慢強く待つ

□ (　　　　　　　) !
少しお待ちください！

* faire patienter **qn** なら「人を待たせる」という熟語。なお、〈Patientez〉「お待ちください」はエレベーターや横断歩道などの掲示板に使われている。

311 payer***
[peje] 英 pay

》 f. (給料)

》 m. (支払い(金額))

● (金を)支払う → régler・acheter

qn

□ *Combien* (　　　　　　　) ?
その万年筆にいくら支払ったの？

qc

□ *Les employés* (　　　　　　　).
使用人たちは週給である。

312 penser***
[pɑ̃se] 英 think

》 f. (考え・意見・思想)

❶ (〜のことを)考える・思う → songer

à **qn**/**qc**

□ (　　　　　　　) ?
何を考えているの？

解答 310 **patience** (Patientez un instant) 311 **paye paiement(payement)** (as-tu payé ce stylo) (sont payés à la semaine) 312 **pensée** (Tu penses à quoi)

パート1 動詞用法ドリル
Exercices pour enrichir les verbes

❷ (〜することを) 考える・忘れないでおく

à + **inf.**

☐ ( ) à la faculté avant le premier avril.
４月１日までに忘れずに学部への入学手続きをしてください。

❸ (〜しようと) 思っている・(〜する) つもりである → compter

+ **inf.**

☐ On ( ) à temps.
定刻にオフィスに着けると思います。

❹ (〜について…と) 思う

de **qn** / **qc**

☐ Que ( ) ?
その俳優をどう思いますか？

❺ (〜だと) 思う → imaginer

que + **ind.**

☐ ( ) cette réforme est indispensable.
その改革はぜひとも必要だと思います。

313 perdre***

[pɛrdr] 英 lose とほぼ同義

( )
f. 失うこと・損失・無駄

❶ 失う ⇔ garder・retrouver

☐ Elle ( ) dans le train.
彼女は電車の中で手袋の片方をなくした。

❷ 負ける ⇔ gagner

☐ ( ) son premier match.
日本のサッカーチームは初戦に負けた。

(Pensez à vous inscrire) (pense arriver au bureau) (pensez-vous de cet acteur) (Je pense que)
313 **perte** (a perdu un de ses gants) (L'équipe japonaise de football a perdu)

143
cent quarante-trois

❸ 損をする ⇔ gagner

☐ (　　　　　　　　　　) cette marchandise.
彼らはその商品で損をした。→ subir une perte

314 permettre**
Track-314 [pɛrmɛtr] 積極的にはっきり許可する

f. (　　許可　　)

● (～することを) 許す・許可する → autoriser ⇔ défendre・interdire

qc à *qn*

☐ (　　　　　　　　　　) un peu de vin.
主治医は少しなら彼(彼女)にお酒を許している。

à *qn* de + *inf.*

☐ (　　　　　　　　　　) M. Yamada.
山田さんを紹介させていただきます。

que + *sub.*

☐ (　　　　　　　　　　) qu'on fume à l'intérieur des espaces publics.
規則で、公共のスペース内での喫煙は禁止です。

315 persister*
Track-315 [pɛrsiste] 頑固に何かにこだわる

f. (　　頑固さ・執拗さ　　)

❶ (dans に) 固執する・(à + *inf.*) ～し続ける
❷ 長引く・持続する

☐ Elle (　　　　　　　　　　) de revoir ses fils.
彼女は息子たちに会うことをあくまで拒否している。

解答 313 (Ils ont perdu sur) 314 **permission** (Son médecin lui permet) (Permettez-moi de vous présenter) (Le règlement ne permet pas) 315 **persistance** (persiste dans son refus)

316 persuader*

[pɛrsɥade] 相手を納得させて何かをさせる

f. (_____)
(説得(力))

● (〜することを人に) 納得させる・説得する → convaincre ⇔ dissuader

qn de + **inf.**

☐ (_____) ses études.
私は彼に学業をあきらめないように説得した。

▶ être persuadé(e)

● (〜であると) 確信している

que + **ind.**

☐ (_____) qu'il a raison.
彼女は彼が正しいと確信している。

317 plaindre*

[plɛ̃dr] 人が人を憐れむ

f. (_____)
(不平・うめき声)

● 気の毒に思う・同情する

qn

☐ Il est très malade. (_____).
彼は病気が重い。彼に大いに同情します。

代 se plaindre

❶ 不平を言う・(不平を) こぼす ⇔ être content(e)

☐ Quel caractère ! Cet homme (_____) !
何て性格なんだ！ あの男はずっと不平ばかり口にしている！

❷ (〜について) 不平を言う・嘆く → se lamenter

de **qc**

☐ (_____) que font les voisins.
彼は隣人たちの立てる騒音に苦情を訴えている。

---

316 **persuasion** (Je l'ai persuadé de ne pas abandonner) (Elle est persuadée)
317 **plainte** (Je le plains beaucoup) (se plaint sans arrêt) (Il se plaint du bruit)

que + *sub.*

☐ *Elle (   ) dans le bureau.*
彼女は会社で歓迎されなかったと嘆いている。

318 **plaire****
[plɛr] s'il vous plaît = if it pleases you

m. (　　楽しみ・喜び　　)

● (人の)気に入る・(人に)好まれる → être agréable à qn

à *qn*

☐ *Est-ce que (   ) vos amis étrangers ?*
あのレストランは外国人の友だちに気に入ってもらえた？

☐ *(   ).*
勘定をお願いします。

319 **pleurer****
[plœre] verser des larmes

m. (　(複数で)涙(larme)・悲しみ　)

● 泣く ⇔ rire

☐ *Cet enfant (   ).*
この子はよく夜中に泣く。

320 **plonger***
[plɔ̃ʒe] enfoncer dans un liquide

f. (　　ダイビング・潜水　　)

m. (　　(水泳の)飛び込み　　)

❶ (dans に)沈む・潜る・飛び込む
❷ (液体に)沈める・つける

☐ *La voiture (   ).*
車が運河の中に飛び込んだ。

解答 317 (se plaint qu'on l'ait mal reçue) 318 **plaisir** (ce restaurant a plu à) (L'addition, s'il vous plaît)
319 **pleurs** (pleure souvent la nuit) 320 **plongée plongeon** (a plongé dans le canal)

パート1 動詞用法ドリル
Exercices pour enrichir les verbes

321 **porter*****
[pɔrte] 男 ポーター（運搬人）

n. (　　　　　　　　) （駅・空港・登山の）ポーター

● 運ぶ→ apporter・emporter・持っている
qc

☐ *Cette valise était si lourde qu'il était impossible de* (　　　　　　).
そのスーツケースは一人では運べないほど重かった。

代 **se porter**

● （bien・mal：身体の調子が）いい・悪い

☐ (　　　　　　　　　) *votre grand-père ?*
あなたのおじいさんの調子はいかがですか？→ aller bien

322 **poser****
[poze] 女 put, lay, land などに相当

f. (　　　　　　　　) 取り付け・設置・ポーズ

● （安定した状態に）置く→ mettre・placer
qc (sur, dans, etc.)

☐ (　　　　　　　　　) *la table de l'entrée.*
玄関のテーブルの上に鍵を置いた。

代 **se poser**

● とまる・着陸する→ atterrir ⇔ décoller

☐ *L'avion en provenance de Narita* (　　　　　　　　) *numéro 3.*
成田発の飛行機はまもなく3番滑走路に着陸します。→ atterrir
＊ en provenance de ～で「～から来た、～発の」となる熟語。

---

321 **porteur(se)**　(la porter seul(e))　(Comment se porte)　322 **pose**　(J'ai posé mes clés sur)　(va se poser sur la piste)

323 posséder*
[pɔsede] avoir complètement à soi

f. (所有・所有物)

● 所有している→ avoir・(〜に) 精通している→ connaître

☐ *Monsieur Verdier (　　　　　　　) en Corse.*
ヴェルディエ氏はコルシカ島に広大な土地を所有している。

324 pousser**
[puse] 英 push

f. (新芽・生えること)

❶ (移動させるように物を) 押す・(人を) 押しのける ⇔ tirer
qc/qn

☐ *Un vieil homme (　　　　　　　) pour passer.*
老人が自分が通るために皆を押しのけた。

❷ (植物などが) 生える・成長する・伸びる

☐ *L'herbe (　　　　　　　) dans le jardin.*
庭に、草がたくさん生えた。

325 pouvoir***
[puvwar] 英 can, be able to, may などに相当

m. (力・能力・権力)

❶ (能力・可能：その場で) 〜することができる

☐ *(　　　　　　　) cette caisse ?*
その箱を持ち上げられますか？

❷ (許可・権利) 〜してもよい

☐ *(　　　　　　　) cette robe ?*
このワンピース (ドレス) を試着してもいいですか？

解答　323 **possession** (possède un vaste terrain)　324 **pousse** (a poussé tout le monde) (a beaucoup poussé)　325 **pouvoir** (Vous pouvez soulever) (Est-ce que je peux essayer)

パート1 **動詞用法ドリル**
Exercices pour enrichir les verbes

❸（依頼：疑問文で）〜してくれますか

+ *inf.*

☐ (　　　　　　　　　　　) *ici* ?
ここで待っててくれる？

▶ il se peut

● （〜することが）あり得る・〜かもしれない

que + *sub.*

☐ (　　　　　　　　　　　) *trompée.*
彼女が間違ったのかもしれない。

326 préférer**
Track-326 [prefere] 比べて良い方を選ぶ

(好み・嗜好) f.

❶（Bに比べてAを）より好む

qc

☐ (　　　　　　　　　　　) *comme vin* ?
ワインは何が好み？

A (*qc*) à *B* (*qc*)

☐ *Je* (　　　　　　　　　) *cinéma.*
私は映画より芝居が好きです。 → aimer mieux *A* que *B*

❷（むしろ）〜するほうを好む・〜するほうがいい

+ *inf.*

☐ *Je* (　　　　　　　　　) *en été.*
夏には山に行く方が好きです。

❸（むしろ〜することのほうを）好む

que + *sub.*

☐ (　　　　　　　　　　　) *à la maison.*
むしろあなたに家にいてもらいたい。

(Tu peux m'attendre) (Il se peut qu'elle se soit) 326 **préférence** (Qu'est-ce que tu préfères)
(préfère le théâtre au) (préfère aller à la montagne) (Je préférerais que vous restiez)

149
cent quarante-neuf

327 prendre***

[prɑ̃dr] 自分の範囲内に取り込む 英 take

f. (取ること・占領・コンセント)

❶ 手に取る・(乗り物に)乗って行く・(食事を)取る・飲む

qn / qc

□ ( ) sur les genoux.
彼女は赤ちゃんを膝に抱き上げた。

qc

□ *Il se fait tard, il vaut mieux ( ).*
夜が遅いので、タクシーを拾ったほうがいい。

qc

□ ( ) *à six heures.*
彼は6時に朝食をとる。

❷ (時間・日数などを)取る・かける

＋ 時間

□ *Aller de Paris à Londres en Eurostar, ( ).*
ユーロスターでパリからロンドンまで行くと2時間半かかる。

❸ (A を B と)取り違える・思い込む

A pour *B*

□ *Ils sont jumeaux. ( ).*
彼らは双子です。どっちがどっちかいつも間違えてしまう。→ confondre

代 se prendre

● (自分を A と)思い込む

pour ＋ *A*

□ *Cet homme ( ) Napoléon.*
あの男はナポレオン気取りだ。

＊ s'y prendre で「振るまう、行動する」という熟語もある。

解答 327 **prise** (Elle a pris son bébé) (prendre un taxi) (Il prend son petit-déjeuner)
(ça prend deux heures et demie) (Je les prends toujours l'un pour l'autre) (se prend pour)

パート1 動詞用法ドリル
Exercices pour enrichir les verbes

328 préparer**
[prepare] 前もって準備する

》 (_____) f. 準備・用意

● 準備する・用意する・支度する

qc

☐ Elle est très occupée (_____).
彼女は試験の準備でとても忙しい。

代 se préparer

❶ 身支度をする → s'habiller

☐ Ma femme met (_____).
妻は支度をするのに時間がかかる。

❷ (〜するための) 準備をする・(〜に向けての) 心構えをする

à [pour] *qc* / à + *inf.*

☐ On (_____) quand tu as sonné.
そろそろ出かけようとしていたら、君がベルを鳴らした。

329 présenter**
[prezɑ̃te] 英 present

》 (_____) f. (多く複数で：人の) 紹介・(論文などの) 説明

❶ 公開する・展示する

qc

☐ Jean-Paul Gaultier (_____) d'hiver.
ジャン=ポール・ゴルチエが冬の新作を発表した。

❷ (A を B に) 紹介する

A (*qn*) à *B* (*qn*)

☐ (_____) mes parents.
フィアンセを両親に紹介した。

---

328 **préparation** (à préparer son examen) (du temps à se préparer) (se préparait à sortir)
329 **présentation** (a présenté sa collection) (J'ai présenté mon fiancé à)

代 se présenter

❶ 自己紹介する

à qn

☐ ( ) : SUZUKI Ichiro.
私は鈴木イチローと言います。

❷ (試験・選挙など)〜の場に出る・受ける

à qc

☐ ( ) élections législatives.
彼はきっと総選挙に立候補するでしょう。

330 prêter**
[prete] 無償で貸す 英 lend

m. (貸すこと・融資)

● (B に A を) 貸す ⇔ emprunter

A (qc) à B (qn)

☐ Il ( ) son ami(e).
彼は友だちに仏英辞典を貸した。

331 prévenir**
[prevnir] pré「先んずる」+ venir

f. (先入観・思い込み・予防)

❶ (前もって)知らせる・予告する → avertir

☐ ( ) si tu es en retard !
遅れるなら前もって私たちに教えて！

＊「知らせる」の最も用いられる一般的な動詞は informer あるいは mettre au courant である。

❷ (〜ということを人に)前もって知らせる・通知する

qn de qc

☐ ( ) l'heure de mon arrivée.
前もってあなたに到着時間を知らせます。

解答 329 (Je me présente) (Il va sûrement se présenter aux) 330 **prêt** (a prêté un dictionnaire français-anglais à) 331 **prévention** (Préviens-nous) (Je vous préviendrai de)

qn que + **ind.**

☐ (　　　　　　　　　　) je ne pourrais pas aller le voir.
私は彼に会いに行けないと知らせておいた。

332 prévoir**
[prevwar] 前もって voir「見る」

≫ f. (　　　　　) 予想・予測

≫ adj. (　　　　　) 予想(予測)できる

❶ 予測する → voir d'avance

qc

☐ (　　　　　　　　　　) pour le week-end.
天気予報では週末は晴れです。

❷ (〜することを) 予測する・予定する・見込む

de + **inf.**

☐ Les Shimizu (　　　　　　　　　　) cet été.
清水家の人たちは今年の夏フランスに行く予定だ。

que + **ind.**

☐ (　　　　　　　　　　) environ deux cents personnes à leur mariage.
彼らは結婚式に約 200 名の人が来るものと見込んでいる。

333 prier**
[prije] 願いが実現されるよう神に祈る

≫ f. (　　　　　) 祈り・懇願

● (人に〜するように) 頼む・懇願する

qn de + **inf.**

☐ Elle (　　　　　　　　　　).
彼女は私に助けてくれるよう懇願する。 → supplier

＊この動詞は「懇願」ではあるが、断固とした命令の意味合いもある。そのため、通常の言い方なら、Elle m'a demandé de l'aider. とするの方が自然。

(Je l'ai prévenu que)　332 **prévision**　**prévisible**　(La météo a prévu du beau temps)
(prévoient d'aller en France)　(Ils prévoient qu'il y aura)　333 **prière**　(me prie de l'aider)

▶ **je vous en prie.**

❶ (ありがとうへの返答) どういたしまして

☐ - Merci, monsieur. - (   ).
ありがとう。　いえ、どういたしまして。→ De rien, Pas de quoi.

❷ (相手から「〜していいか？」と問われて) どうぞ

☐ - Je peux commencer ? - Mais (   ).
始めていいですか？　どうぞ。

334 **procurer***
[prɔkyre] 手を尽くして獲得する

≫ *f.* (　代理・委任状　)

❶ (〜に) 得させる・手に入れさせる
❷ (物が主語で) 引き起こす・もたらす

qc à *qn*

☐ (   ) *une grande joie.*
その知らせは私たちに大きな喜びをもたらした。

代 **se procurer**

● 手に入れる→ obtenir

☐ (   ) *les documents nécessaires.*
必要な書類を手に入れた。

解答 333 (Je vous en prie) (je vous en prie)
334 **procuration** (Cette nouvelle nous a procuré) (On s'est procuré)

パート1 | 動詞用法ドリル
Exercices pour enrichir les verbes

335 produire**
[pʁɔdɥiʁ] 前へと導く、生み出す

» f. (生産)
» m. (生産物)
» n. (生産者)

● 生産する・生じさせる

qc

☐ *Cette région* ( ).
この地域はたくさんのフルーツを生産している。→ fournir

代 se produire

● (事件や現象が) 生じる・起こる → arriver・avoir lieu

☐ *Un tremblement de terre* ( ) *de la France.*
フランスの南部で地震が起きた。

336 profiter*
[pʁɔfite] 前へと利益を生む

» m. (利益)

❶ (〜を好機として) 利用する・活用する

de *qn* / *qc*

☐ ( ) *pour rendre visite à mes grands-parents.*
この機会に祖父母を訪ねてみよう。

❷ (人に) 役立つ・(人の) 得になる

à *qn*

☐ ( ).
その研修は私にとても役立った。→ servir

---

335 production produit producteur(trice) (produit beaucoup de fruits) (s'est produit dans le sud)
336 profit (Je profiterai de l'occasion) (Ce stage m'a bien profité)

337 progresser
[prɔgrɛse] 前に進む → 向上する

m. (進歩)
f. (前進)

❶ 進歩(向上)する・進行(発展)する
❷ 広がる・前進する

☐ L'électronique ( ).
電子工学は長足の進歩をとげている。

* à pas de géant は「大股で」の意味から「非常に速く」。progresser à pas de géant とすると「長足の進歩をとげる」の意味。

338 prolonger*
[prɔlɔ̃ʒe] 前に延ばす

m. ((空間的な)延長)
f. ((時間的な)延長)

● (時間的・空間的に)延長する・延ばす

☐ ( ) de trois jours.
彼女は滞在を3日間延長した。

339 promener*
[prɔmne] aller à pied

f. (散歩)

● (〜を)散歩させる

☐ ( ) tous les matins.
彼は毎朝犬を散歩させる。

代 se promener

● 散歩する → faire une promenade

☐ Tous les soirs, ( ) après le dîner.
毎晩、私たちは夕食後よく庭を散歩したものだ。

解答 337 **progrès progression** (progresse à pas de géant) 338 **prolongement prolongation**
(Elle a prolongé son séjour) 339 **promenade** (Il promène son chien) (nous nous promenions dans le jardin)

340 promettre**

[prɔmɛtr] 人の前に差し出す

>> (_____)
f. 約束

❶ （人に）約束する

qc à *qn*

☐ (_____) *à son ami.*
彼は友人に秘密は守ると約束した。→ faire une promesse

❷ （〜すると）約束する → s'engager

(à *qn*) de + *inf.*

☐ *Elle* (_____) *sur les routes.*
彼女は道では安全運転に努めると私に約束した。

❸ （〜することを）約束する

(à *qn*) que + *ind.*

☐ (_____) *qu'il ne ferait plus l'enfant gâté.*
息子は私にもうダダをこねないと約束した。

341 prononcer*

[prɔnɔ̃se] 前に向かって言う

>> (_____)
f. 発音

● 発音する → articuler

☐ *Elle* (_____) *les « r » en français.*
彼女はフランス語の「r」を発音するのに苦労している。

＊ avoir du mal a + *inf.* で「〜するのが困難だ、なかなか〜できない」の意味。

代 se prononcer

● 発音される

☐ *Comment* (_____) *?*
これはどう発音するのですか？

---

340 **promesse** (Il a promis le secret) (m'a promis d'être prudente) (Mon fils m'a promis)
341 **prononciation** (a du mal à prononcer) (ça se prononce)

342 proposer*
[prɔpoze] 前に置く

» f. (_____) 提案・命題
» m. (_____) (多く複数で) 言葉・決心・意図

❶ (方策・行動などを人に) 提案する・申し出る → suggérer

qc (à *qn*)

☐ (_____) à ma femme.
私は妻を散歩に誘った。

❷ (人に・～することを) 提案する

à *qn* de + *inf.*

☐ (_____) un appartement ensemble.
私は彼（彼女）に一緒にマンションを借りようと提案した。

❸ (～することを) 提案する

(à *qn*) que + *sub.*

☐ (_____) la retrouver en Bretagne.
彼女はブルターニュで再会しようと提案する。

343 protéger*
[prɔteʒe] 前を覆って中身を守る

» f. (_____) 保護

● (～から) 保護する・守る → défendre

qn / *qc*

☐ (_____).
動物を愛護しよう。

qn / *qc* contre / de *qc*

☐ Ces gants (_____) le froid.
この手袋は寒さからあなたの手を守ってくれる。

＊直接目的語の les mains は省略してもよい。

解答 342 proposition propos (J'ai proposé une promenade) (Je lui ai proposé de louer) (Elle propose qu'on aille) 343 protection (Protégeons les animaux) (protègent bien les mains contre)

344 protester*

[prɔtɛste] 前で証言する

f. (_____)
(contre に対する) 抗議

● (〜に対して) 抗議する・反対する → réclamer ⇔ approuver

contre qc

☐ *Des manifestants (* _____ *) la réforme fiscale.*
デモの参加者は税制改革に抗議した。

345 provenir*

[prɔvnir] avoir comme source ou comme origine

f. (_____)
出どころ・産地

● (de から) 来る・由来する → venir

de + 場所

☐ *Ces oranges (* _____ *).*
そのオレンジはスペイン産です。

Q

346 questionner*

[kɛstjɔne] question「質問」する

f. (_____)
質問・問題

● (〜について) 質問する → interroger

qn sur qc / qn

☐ *Cette actrice n'aime pas qu'on (* _____ *).*
その女優は私生活に関して質問されることを好まない。

---

344 **protestation** (ont protesté contre)　345 **provenance** (proviennent d'Espagne)
346 **question** (la questionne sur sa vie privée)

347 quitter**
[kite] 英 leave に相当

❶（電話で切らずに）そのままお待ちください
- ( ), je vous la passe !
  お待ちください、今彼女と代わります。

❷（人と）別れる・去る
- Bon, ( ).
  では、ここで失礼します。

❸（場所を）去る・離れる
- ( ) pour nous installer à Kyoto.
  京都に身を落ち着けるので１週間後にパリを離れます。

348 raconter**
[rakɔ̃te] faire un récit avec des détails

» (_____) m. でたらめな話・うわさ話

❶（〜に話して）聞かせる

qc (à *qn*)
- ( ) à ses petits-enfants.
  彼女はよく孫たちにお話を聞かせている。

❷（〜だと）言う・（〜という風に）語る → rapporter

que + *ind.*
- ( ) des fantômes dans ce château.
  あの城には幽霊がいるという話だ。

解答　347（Ne quittez pas）（je vous quitte ici）（On quittera Paris dans une semaine）
348 **racontar**（Elle raconte souvent des histoires）（On raconte qu'il y a）

349 ralentir*

[ralɑ̃tir] lent「ゆっくり」

m. (減速・低下)

❶ スピードを落とす ⇔ accélérer
❷ 速度を遅くする・ペースを鈍らせる

□ ( ) à l'approche de la gare.
駅に近づくにつれて電車はスピードを落とした。→ réduire

＊ a l'approche de 〜で「〜が近づくにつれて、〜に近づくと」という意味。

350 ranger**

[rɑ̃ʒe] mettre en rang / mettre en ordre

m. (片づけ・整理)

● 整理する・(きちんと)並べる ⇔ déranger

□ ( ) sur l'étagère.
棚におもちゃを片づけなさい。

351 rappeler**

[raple]「再び」+ appler「呼ぶ」

m. ((人を)呼び戻すこと・喚起・想起)

❶ (人を)呼び戻す・(電話を)かけなおす
qn

□ *Il est absent, ( ).*
彼は留守にしておりますので、後で、もう一度お電話ください。

❷ (人に)思い出させる・思い起こさせる
qc à *qn*

□ ( ), *je l'ai oublié.*
もう一度電話番号を言ってください、忘れてしまいましたので。

❸ (〜することを)思い出させる
(à *qn*) que + *ind.*

□ ( ) *nous devons partir avant midi.*
昼までには出かけなくてはならないことをお忘れなく。

---

349 **ralentissement** (Le train ralentit) 350 **rangement** (Rangez vos jouets) 351 **rappel** (rappelez-le plus tard) (Rappelez-moi votre numéro de téléphone) (Je te rappelle que)

代 se rappeler

❶ 思い出す・覚えている → se souvenir de ⇔ oublier

qn / qc

☐ *Je n'arrive pas à (　　　　　　　) de ce chanteur.*
どうしてもその歌手の名前を思い出せない。

❷ (〜することを) 思い出す・覚えている

que + *ind.*

☐ *(　　　　　　　) il y a dix ans.*
10年前に私たちが引越したことを覚えています。

352 rapporter*
[rapɔrte] 「元へ」+ porter「運ぶ」

m. (　　　　　　　)
利益・関係・報告書

❶ (元の場所に) 戻す・返す → rendre・持ち帰る
❷ (利益を) もたらす・生む

qc à qn

☐ *Vous devez (　　　　　　　).*
その本を図書館員に返さなくてはなりません。→ rendre

353 rapprocher*
[raprɔʃe] placer plus près

m. (　　　　　　　)
接近・歩み寄り

● (A を B にもっと) 近づける・接近させる ⇔ éloigner

A (*qc*) de **B** (*qc*)

☐ *On va (　　　　　　　).*
机を壁に寄せましょう。

解答 351 (me rappeler le nom) (Je me rappelle que nous avons déménagé)
352 **rapport** (rapporter ce livre à la bibliothécaire) 353 **rapprochement** (rapprocher le bureau du mur)

se rapprocher

● (de にもっと) 近づく → s'éloigner

☐ (　　　　　　　　　　) ! Je ne t'entends pas bien.
もっと私の近くに来て！　話がよく聞こえません。

354 rater*
[rate] manquer un but / ne pas réussir

● (計画などが) 失敗する・しくじる・(乗り物に) 乗りそこなう

qc

☐ (　　　　　　　　　　), il va le repasser en septembre.
彼は6月のバカロレアに失敗したので、9月に再受験します。→ échouer à

355 recevoir**
[rəs(ə)vwr] 受動的に受け取る

 f. (　　　　　　　　　　)
受け取ること・もてなし・レセプション・フロント

❶ 受け取る・もらう

qc

☐ *Je n'ai (　　　　　　　　　　).*
私はまだ給与を受け取っていなかった。→ toucher un salaire

❷ (客などを) 迎える・受け入れる

qn

☐ (　　　　　　　　　　) pour le réveillon de Noël.
彼らはクリスマスパーティーのために10人を受け入れた。

＊ recevoir は目的語なしで「(客を)迎える、もてなす」の意味で使われるケースがある(例「母は客のもてなし方を心得ている」Ma mère sait recevoir.)。

(Rapproche-toi de moi)　354 (Il a raté son bac en juin)
355 **réception** (pas encore reçu mon salaire)　(Ils ont reçu dix personnes)

代 être reçu(e)

● 試験に合格する⇔ refuser

à + 試験

☐ Elle (   ) d'entrée.
彼女は入試に合格した。

356 réchauffer*
[reʃofe] 「再び」+ chauffer 「温める」

m. ((再び) 温めること   )

❶ (冷えた物を) 温めなおす⇔ refroidir

☐ (   ) au four à micro-ondes.
彼は電子レンジでポタージュを温め直なおした。

❷ (体を) 温める

☐ La marche, (   ).
歩くと体が温かくなるよ。

357 réclamer*
[reklame] 権利として強く求める

f. (苦情・クレーム   )

❶ (近くにいてほしくて人を) 呼び求める・会いたがる

qn

☐ Le malade (   ).
病人が繰り返し看護師を呼んでいた。

❷ (当然の権利・必要なものとして人に) 要求する→ exiger

qc à qn

☐ Après l'accident, (   ) la compagnie d'assurances.
事故後、私は保険会社に賠償金を請求した。

解答 355 (a été reçue au concours) 356 **réchauffement** (Il a fait réchauffer du potage) (ça réchauffe)
357 **réclamation** (réclamait souvent son infirmière) (j'ai réclamé une indemnité à)

358 recommander**

[r(ə)kɔmɑ̃de] 「繰り返し」褒める

f. (_____)
(人の)推薦・勧告

❶ （人・物・方法などを）推薦する → appuyer

qc / *qn* à *qn*

☐ (_____) ; il est très bon et pas cher.
君にこのレストランを薦めます、とても美味しいし安いです。

❷ （人に〜するように強く）勧める

à *qn* de + *inf.*

☐ (_____) se faire vacciner contre la grippe.
高齢者はインフルエンザの予防注射を受けるよう勧められている。

359 recommencer*

[r(ə)kɔmɑ̃se] 「再び」+ commencer「始める」

m. (_____)
再開・やり直し

❶ 再び始める・再び始まる → reprendre

☐ *Une pluie fine* (_____).
また小雨が降り出した。

❷ （また）〜し始める

à + *inf.*

☐ *Il* (_____).
また雪が降りだした。

---

358 **recommandation** (Je te recommande ce restaurant) (On recommande aux personnes âgées de)
359 **recommencement** (recommence à tomber) (a recommencé à neiger)

360 **reconnaître****

[r(ə)kɔnɛtr]「再び」+ connaître「知る」

f. (感謝・見て覚えていること)

❶（見覚えや聞き覚えがあってそれだと）分かる

qn / qc

☐ *Est-ce que* ( )*?*
私が誰だか分かりますか？

❷（〜ということを）認める→ admettre

que + *ind.*

☐ ( ) *de se méfier.*
私は彼らが警戒するのはもっともなことだと認める。

361 **reculer***

[r(ə)kyle] aller en arrière

m. (後退)

❶ うしろへさがる→ avancer・(devant に) しり込みする→ hésiter
❷ うしろへさげる

☐ *Il n'y a plus* ( )*.*
今となっては後へ引けない。

＊ il n'y a pas moyen de + *inf.* で「〜できない」という意味。

362 **redouter***

[r(ə)dute] craindre *qn* ou *qc* de dangereux

adj. (恐るべき・手強い)

●（〜であることを）恐れる・危惧する→ craindre・appréhender

de + *inf.*

☐ ( ) *d'être découverte.*
彼女は正体が見破られるのを恐れている。

解答 360 **reconnaissance**（vous me reconnaissez）(Je reconnais qu'ils ont raison)
361 **recul**（moyen de reculer） 362 **redoutable**（Elle redoute）

パート1 動詞用法ドリル
Exercices pour enrichir les verbes

que + **sub.**

☐ ( ) *la vérité.*
私は両親が真実を知るのを恐れている。
＊ que 以下に虚辞の ne を用いることもある。

363 **redouter**＊
Track-363 [r(ə)drese] remettre dans la position verticale

m. (立て直し・再建)

❶（状況を）回復・再建する
❷（傾いていた物を）まっすぐにする

☐ *Elle (　　　　).*
彼女はしゃんと顔をあげた。⇔ baisser

364 **réduire**＊
Track-364 [redɥir] ramener à un état plus petit

f. (縮小・値引き)

❶ 縮小する・値引きする

☐ ( ) *les effectifs de cinq pour cent.*
彼らは人員を5％減らすことに決めた。

❷（*A* en *B*）A を B に細かくする・変えられる

☐ *Le feu (　　　　) cendres.*
火事で彼（彼女）の別荘は灰と化した。

❸（〜に）追いこむ

qn à (en) *qc*

☐ *Sa maladie (　　　　) l'inactivité.*
彼は病気のせいで活動休止に追い込まれた。

(Je redoute que mes parents apprennent)　363 **redressement**　(a redressé la tête)
364 **réduction**　(Ils ont décidé de réduire)　(a réduit sa villa en)　(l'a réduit à)

167
cent soixante-sept

365 réfléchir*

[refleʃir] うしろへ曲げる → 行いを省みる

f. (熟慮・考察)

❶ しっかり考える・熟慮する・頭を使う

☐ ( ) répondre.
返事をする前にちゃんと考えてください。→ méditer

❷ (〜のことを) しっかり考える・熟慮検討する

à *qc*

☐ On doit ( ) dans Tokyo.
東京の交通問題について熟慮検討しなくてはならない。

366 refuser**

[r(ə)fyze] 受け取りなどをきっぱり拒む

m. (拒絶・拒否)

❶ 拒む・断る ⇔ accépter

qc

☐ Mon oncle ( ) cette promotion.
おじはその昇進をきっと断るでしょう。

❷ (〜することを) 拒む・許さない

de + *inf.*

☐ ( ) à une question si indiscrète.
そんなぶしつけな質問への回答は拒否します。

que + *sub.*

☐ Les parents de Marine ( ) le soir.
マリーヌの親は彼女が夜外出するのを許さない。

解答 365 **réflexion** (Réfléchissez bien avant de) (réfléchir aux problèmes de circulation)
366 **refus** (refusera sûrement) (Je refuse de répondre) (refusent qu'elle sorte)

367 regarder***
[r(ə)garde] 英 look at や concern に相当

m. (視線・目つき)

❶ 見る・眺める

qn / qc

☐ Les passants aiment (　　　　　　　　) des magasins.
道行く人たちは店のウインドーを眺めるのが好きだ。

＊意志をもって「見る」regarder に対して、voir は「見える」と訳されることが多い。écouter「聞く」と entendre「聞こえる」と同じ関係。

❷ 関係ある → concerner

qn

☐ Ma vie privée (　　　　　　　　) !
私の私生活はあなたとは関係ない！

368 régler*
[regle] soumettre à des règles

f. (定規・ルール・(複数形で)生理)

m. (法規・規定・(一定の範囲内の)規則)

f. (統制・規制)

❶ (機械などを) 調整する・(*A* sur *B*：A を B に) 合わせる
❷ (事件等を) 解決する → résoudre
❸ (勘定を) 支払う → payer

☐ (　　　　　　　　) sans délai.
今すぐにその問題を解決しなくてはならない。

---

367 **regard** (regarder les vitrines) (ne vous regarde pas)
368 **règle règlement réglementation** (Il faut régler ce problème)

369 régner*
[reɲe] exercer le pouvoir

m. ((王の)君臨・統治)

❶ 君臨(統治)する → gouverner
❷ (風潮などが)支配する

☐ *Le roi règne mais (　　　　　).*
王は君臨すれども統治せず。

＊この政体を表現した名言は、mais を et とすることもあるが、肯定文と肯定文をつなぐので mais が通例。

370 regretter*
[r(ə)grete] re +「嘆く」

m. (後悔・未練)

adj. (残念な・遺憾な)

❶ (〜したことを)後悔する・悔やむ

de + *inf.*

☐ (　　　　　) *lui avoir dit ça.*
私は彼(彼女)にそう言ったことをきっと後悔するだろう。→ se repentir

❷ (〜を)懐かしむ・惜しむ

qc

☐ *Ma mère (　　　　　) où elle était jeune.*
母は若かった時代を懐かしんでいる。

❸ 残念に思う・遺憾に思う

qc

☐ *On (　　　　　).*
あなたがいないと皆残念に思います。

que + *sub.*

☐ *Nous (　　　　　) venir avec nous.*
あなたが一緒に来られないことを実に残念に思います。

解答 369 **règne** (ne gouverne pas) 370 **regret regrettable** (Je regretterai sûrement de) (regrette l'époque) (regrette votre absence) (regrettons beaucoup que vous ne puissiez pas)

パート1 動詞用法ドリル
Exercices pour enrichir les verbes

371 réjouir*
Track-371 [reʒwir] donner de la joie

f. (祝い・祝賀)

● 喜ばせる
qn

☐ *La naissance de cette petite fille (   ).*
そのかわいい娘が生まれて家族中で喜んだ。

代 se réjouir

● （心から）喜ぶ
de *qc*

☐ *Nous (   ) votre succès.*
私たちはあなたの成功をうれしく思います。

372 relâcher*
Track-372 [r(ə)lɑʃe] cesser de tendre un objet

m. (ゆるみ・弛緩)

● （緊張などを）ゆるめる → détendre・釈放する → libérer

☐ *(   ) tes muscles !*
筋肉の力を全部抜いて！

373 relever**
Track-373 [rəlve] remettre debout *qn* ou *qc*

m. (起こすこと・復興)

● （倒れた人・物を）起こす・立て直す → redresser

☐ *(   ) qui était tombée.*
彼女は転んだ幼い娘を起こしてやった。

代 se relever

● （倒れたあと）起き上がる・立ち直る

☐ *(   ) son opération.*
彼女は手術からしっかり立ち直った。

---

371 **réjouissance** (a réjoui toute la famille) (nous réjouissons de) 372 **relâchement**
(Relâche complètement) 373 **relèvement** (Elle a relevé sa petite fille) (Elle s'est bien relevée de)

374 remarquer**

Track-374 [r(ə)marke] 強く記す → しっかりと知る

≫ f. (_____)
注意・指南

❶ (〜に) 気づく → observer

qn / qc

☐ (_____) *de mon petit-fils à la fête de famille.*
私は家族のパーティーに孫息子がいないことに気づいた。

❷ (〜であることに) 気づく

que + *ind.*

☐ (_____) *le professeur a changé de coiffure ?*
先生がヘアスタイルを変えたのに気づいた？

代 se faire remarquer

● 人目を引く・目立つ

☐ *Il est sorti (* _____ *).*
彼は誰にも気づかれずに出て行った。

* faire remarquer は「〜に注意をうながす；注目させる」の意味。

375 rembourser*

Track-375 [rãburse] 再び元の財布へと返す

≫ f. (_____)
返済

● (借りた金を) 返す・払い戻す

☐ (_____) *le livre que tu as acheté pour moi.*
君が立て替えてくれた本の代金を返したい。 → rendre

解答 374 **remarque** (J'ai remarqué l'absence) (Tu as remarqué que) (sans se faire remarquer)
375 **remboursement** (Je voudrais te rembourser)

パート1 動詞用法ドリル
Exercices pour enrichir les verbes

376 **remercier****
[r(ə)mɛrsje] dire merci

» (_____) *m.* 感謝

● （人に）感謝する・礼を言う

qn
☐ *Je ne sais pas* (_____).
何とお礼を申し上げたらよいかわかりません。

qn de *qc*
☐ (_____) *votre aide.*
お手伝いいただいて感謝いたします。

qn de + *inf.*
☐ (_____) *l'avoir aidée à déménager.*
母は引越を手伝ってもらったことに対して近所の人たちに礼を言った。

377 **remettre****
[r(ə)mɛtr] re + mettre「置く」

» (_____) *f.* （元に）戻すこと・割引・延期

❶ もとの所へ置く → reporter
☐ (_____) *à sa place.*
辞書をもとの所に戻しておきました。
＊ remettre *qc* en place も「～をもとの場所に戻す」の意味。

❷ 延期する → différer
☐ (_____) *ce que vous pouvez faire aujourd'hui.*
今日できることを明日に延ばしてはいけません。

代 **se remettre**

● （また・再び）～し始める → recommencer
à + *qc* / *inf.*
☐ (_____).
（休憩後）彼はまた働き始めた。

---

376 **remerciement** (comment vous remercier) (Je vous remercie de) (Ma mère a remercié ses voisins de)
377 **remise** (J'ai remis le dictionnaire) (Ne remettez pas à demain) (Il s'est remis au travail)

173
cent soixante-treize

378 remonter*

[r(ə)mɔ̃te] re + monter「上がる」

f. (再上昇・(スキーの)リフト)

● 再び上がる ⇔ redescendre

☐ *L'ascenseur était en panne : (　　　　　　) à pied.*
エレベーターが故障中だったので、私は歩いて家まで上がらなくてはならなかった。

379 remplacer**

[rɑ̃plase] 代わりのものをまた置く

m. (取り替え・交換)

❶ (人・物に)代わる・代理をする

qn / qc

☐ *Vous êtes fatigué(e), (　　　　　　).*
お疲れでしょうから、私が代わりましょう。

❷ (同じ役割を果たすために A を B に)替える・取り替える → changer

B par *A*

☐ *Un jour, il faudra (　　　　　　) l'énergie solaire.*
いつかは、原子力エネルギーを太陽エネルギーに切換えなくてはなるまい。

380 remplir**

[rɑ̃plir] rendre plein jusqu'aux bords

f. ((容器などを)満たすこと)

❶ (容器などを)満たすこと ⇔ vider

qc de *qc*

☐ *(　　　　　　) d'aliments surgelés.*
彼は冷凍庫(フリーザー)を冷凍食品でいっぱいにしている。

❷ (書類に必要事項を)書き込む・記入する

☐ *Pour obtenir un visa, il faut (　　　　　　).*
ヴィザを取得するには、たくさんの書類に必要事項を書き込まなくてはならない。

解答 378 **remontée** (j'ai dû remonter chez moi) 379 **remplacement** (je vais vous remplacer) (remplacer l'énergie nucléaire par) 380 **remplissage** (Il remplit le congélateur) (remplir beaucoup de papiers)

パート1 | **動詞用法ドリル**
Exercices pour enrichir les verbes

381 rencontrer**
[rɑ̃kɔ̃tre] 英 meet とほぼ同義

f. (出会い・(スポーツの)試合)

● (人と偶然に)会う・出会う・(約束して)会う

qn

☐ ( ) *en faisant ses courses.*
彼女は買物をしているときに、前の夫に会った。

代 se rencontrer

● (偶然に)出会う・会う・知り合う

☐ ( ) *à une soirée chez des amis communs.*
私たちは共通の友人宅でのパーティーで出会った。

382 rendre***
[rɑ̃dr]「元へ戻す、返す」→「(ある状態に)する」

m. (会う約束・デート)

❶ (人に)返す→ remettre

qc à *qn*

☐ ( ) *la valise qu'il m'avait prêtée pour ce voyage.*
旅行用に借りていたスーツケースを兄(弟)に返した。

❷ (人をある状態に)する

qn / *qc* ＋ 属詞

☐ *Son divorce* ( ).
彼は離婚してからとても不幸になった。

代 se rendre

● (場所・会合・仕事などに)赴く・行く→ aller

☐ *Patrick* ( ) *en moto.*
パトリックはバイクで会社に行く。

---

381 **rencontre** (Elle a rencontré son ex-mari) (Nous nous sommes rencontré(e)s)
382 **rendez-vous** (J'ai rendu à mon frère) (l'a rendu très malheureux) (se rend à son travail)

代 se rendre compte

● （〜に思い至って）気がつく・（〜が）分かる → comprendre・remarquer

de *qc*

☐ ( ) *son erreur.*
彼は自分のミスに気づかなかった。

que + *ind.*

☐ ( ) *qu'elle s'était trompée.*
彼女は自分が間違っていたことに気づくのが遅すぎた。

383 renoncer*
[r(ə)nɔ̃se] 放棄・断念をはっきり口にする

f. (放棄・断念)

● （〜を・〜するのを）断念する・あきらめる → abandonner

à *qc*

☐ *Après son accident, (   ).*
事故の後で、彼女はスキーをあきらめなくてはならなかった。

à + *inf.*

☐ ( ) *en voyage.*
彼は旅行に行くのをあきらめた。

384 renouveler*
[r(ə)nuvle] re + nouveler「新しくする」

adj. (更新できる)

m. (新しくすること・更新)

❶ 新しくする・更新する
❷ 繰り返す

☐ *Tu devras (   ) quand il ne sera plus valide.*
有効期限が切れたらパスポートを更新しないと。

解答 382 (Il ne s'est pas rendu compte de) (Elle s'est rendu compte trop tard) 383 **renonciation** (elle a dû renoncer au ski) (Il a renoncé à partir) 384 **renouvelable renouvellement** (renouveler ton passeport)

385 renseigner*

[rɑ̃seɲe] donner un renseignement à *qn*

m. (_____)
（情報・(複数で)案内所）

● (〜について人に実用的な)情報を与える・教える → informer

qn sur *qc*

☐ La secrétaire (_____) les formalités à remplir pour obtenir un visa.
秘書がヴィザを取得するのに踏まなくてはならない所定の手続きについて私に教えてくれた。

 se renseigner

● 情報を得る・調べる・問い合わせる

☐ (_____) pour connaître les tarifs de location d'un appartement.
マンションの家賃を知るためにインターネットで調べた。

386 rentrer***

[rɑ̃tre] ne pas laisser dehors

f. (_____)
（(夏休み後の)新学期・(活動の)再開）

❶ (〜へ)帰る・帰宅する・戻る → revenir

☐ Ce soir, (_____) 23 heures.
今晩、私は23時までには戻りません。

❷ 入れる・(物を中に)しまう

qc

☐ Il faut (_____) ; il va pleuvoir.
庭の椅子をしまわないと、雨になりそうだ。

---

385 **renseignement** (m'a renseigné(e) sur) (Je me suis renseigné(e) sur internet)
386 **rentrée** (je ne rentrerai pas avant) (rentrer les chaises du jardin)

387 répandre*

[repɑ̃dr] faire couler sur une surface

❶ （液体などを）こぼす・まき散らす → renverser
❷ （噂などを）広める
❸ （光・匂いなどを）放つ → émettre

☐ (   ) dans toute la ville.
彼女は町中に誤った情報を広めた。

388 réparer**

[repare] 元の通りに直し整える

f. (_____)
　　　修理・償い

❶ 修理・修繕する → arranger
❷ 償う

☐ (   ) moi-même.
私は大抵のものは自分で修理する。

389 répartir*

[r(ə)partir] 明確な協約によって配分する

f. (_____)
　　　分配

● （財産などを）分配する・配分する → partager

☐ (   ) entre les membres de l'équipe.
主任が仕事をチームのメンバーに割り振った。

390 répéter**

[repete] 「繰り返し」+「求める」

f. (_____)
　　　繰返し・反復

❶ 繰り返して言う → redire

qc

☐ (   ) la même chose.
彼女はいつも同じことを言う。

解答 387 (Elle a répandu une fausse nouvelle) 388 **réparation** (Je répare la plupart des choses)
389 **répartition** (Le chef a réparti le travail) 390 **répétition** (Elle répète toujours)

パート1 **動詞用法ドリル**
Exercices pour enrichir les verbes

❷ （人に〜と）繰り返して言う

à **qn** que + **ind.**

☐ (　　　　　　　　　) qu'il devrait changer d'emploi.
私は彼に職を変えるべきだとさらに繰り返し言った。

代 se répéter

● 繰り返される

☐ (　　　　　　　　　).
歴史は繰り返す。

391 répondre**
Track-391 [repɔ̃dr] 「元へ」+「応じる」

》 f. (　　返事・応答　　)

❶ （〜に）答える・返事をする

à **qn** / **qc**

☐ Je dois (　　　　　　　　　) aujourd'hui.
今日、その手紙に絶対に返事をしなければならない。

❷ （〜に…であると）答える

que + **ind.**

☐ (　　　　　　　　　) tout allait très bien.
私はすべて順調だと返事をした。

à **qn** que + **ind.**

☐ (　　　　　　　　　) mon offre.
彼は申し出を引き受けると私に返事をした。

(Je lui ai encore répété) (L'histoire se répète) 391 **réponse** (absolument répondre à cette lettre)
(J'ai répondu que) (Il m'a répondu qu'il accepterait)

392 reprendre**
[r(ə)prɑ̃dr] prendre de nouveau / recommencer　*f.* (再開・回復)

❶ 再び始める
- ( ) à partir de la semaine prochaine.
  彼女は来週から再び仕事をはじめます。

❷ 再び始まる
- ( ) le 20 septembre.
  講義は9月20日からまた始まる。→ recommencer

393 représenter**
[r(ə)prezɑ̃te] 絵などが何かの代わりを表す　*f.* (代表・表現・(芝居の)上演)

● 表す・代表する・上演する → jouer
- *Ce signe* ( ) *un château.*
  地図上のこの記号は城を表している。→ figurer

394 reprocher*
[r(ə)prɔʃe] 強く詰め寄る　*m.* (非難)

❶ (B の A を) 非難する → blâmer・critiquer・とがめる
  B (*qc*) à **A** (*qn*)
- *Le directeur* ( ) *à son secrétaire.*
  部長は秘書の欠勤を非難した。

❷ (〜することを) 非難する → blâmer・critiquer・とがめる
  à *qn* de + *inf.*
- *Son patron* ( ) *absente.*
  雇用主は彼女が休みすぎるととがめた。

解答 392 **reprise** (Elle reprendra son travail) (Les cours reprendront)　393 **représentation** (sur la carte représente)　394 **reproche** (a reproché ses absences) (lui a reproché d'être trop souvent)

パート1 動詞用法ドリル
Exercices pour enrichir les verbes

395 résister*
Track-395 [reziste] 抗して立つ

f. (抵抗・耐久力)

● (à に) 抵抗する・耐える
☐ Ce bâtiment est fait pour (　　　　　).
このビルは地震に耐えられるように作られている。

396 ressembler**
Track-396 [r(ə)sɑ̃ble] re「とても」+ sembler「似ている」

f. (似ていること・類似点)

❶ (〜に) 似ている
à *qn*
☐ Caroline (　　　　　) sa tante.
カロリーヌはおばにとてもよく似ている。

❷ (à に) 似つかわしい
à *qn*
☐ Ça (　　　　　) !
それは彼(彼女)にはまったく似つかわしくない！

代 se ressembler

● (互いに) 似ている
☐ (　　　　　) deux gouttes d'eau.
彼らは瓜二つだ。

397 rester***
Track-397 [rɛste] 変化が起こらずにいる

m. (残り)

● (そのままの場所に) とどまる・居続ける・残る → demeurer
☐ Est-ce que je peux (　　　　　) avec vous ?
もう少しあなたといてもいいですか？

---

395 **résistance** (résister aux tremblements de terre)　396 **ressemblance** (ressemble beaucoup à)
(ne lui ressemble pas du tout) (Ils se ressemblent comme)　397 **reste** (rester encore un peu)

181
cent quatre-vingt-un

\+ 場所

☐ *Nathalie* (   ).
ナタリーは5月までニースにいるつもりだ。

▶ **il reste**

● (〜が) 残る・残されている

qn / qc

☐ (   ) *dix euros.*
私には10ユーロしか残っていない。

398 résulter*

[rezylte] 特定の原因・理由に由来する

m. (　結果・(多く複数で) 成果　)

● (物が主語で：de の) 結果から生じる・(〜に) 由来する → provenir

☐ *Votre fatigue* (   ).
あなたの疲れは働きすぎによるものです。

▶ **il résulte**

● その結果…ということになる

de *qc* que + *ind.*

☐ (   ) *la catastrophe est inévitable.*
その分析の結果、大災害は避けられない。

399 retenir**

[rətnir] re + tenir「つかまえる」

f. (　抑制・(給与からの) 控除　)

❶ 記憶にとどめる・覚える → se souvenir de

☐ *Il faut* (   ).
この電話番号を覚えておかねばなりません。

解答　397 (restera à Nice jusqu'en mai) (Il ne me reste plus que)　398 **résultat** (résulte d'un excès de travail) (Il résulte de cette analyse que)　399 **retenue** (retenir ce numéro de téléphone)

❷ （部屋や席を）予約する→ réserver

☐ (   ) *à l'hôtel ?*
もうホテルの部屋を予約しましたか？

代 se retenir

● （～しそうになるのを）こらえる・抑える

de + *inf.*

☐ *Je n'ai pas pu (*   *).*
私は笑いをこらえることはできなかった。→ s'empêcher

400 retourner**

Track-400 [r(ə)turne] 方向をうしろ向きに変える

m. (   )
帰ること・復帰

❶ （手紙・荷物などを）返送する→ renvoyer

qc

☐ (   ) *à son expéditeur.*
私はその小包を差出人に返送した。

❷ （もと居たところに）帰る・戻る・（一度行った所にもう一度）行く

＋ 場所

☐ (   ) *dans le village où il est né.*
彼は自分が生まれた村には一度も戻らなかった。

代 se retourner

● （うしろを）振り向く・ひっくり返る

☐ *Les spectateurs (*   *) quand l'actrice est passée.*
通行人たちは皆、女優が通り過ぎたときに振り向いた。

＊ s'en retourner は「（家や故国へ）帰る、戻る」という熟語。

(Vous avez déjà retenu une chambre) (me retenir de rire) 400 **retour** (J'ai retourné ce paquet)
(Il n'est jamais retourné) (se sont tous retournés)

401 retrouver**
[r(ə)truve] re + trouver「見出す」

» (_____)
f. (複数)再会

❶ (なくした物・見失った人を) 見つけ出す
☐ (_____) tes clés ?
鍵は見つかった？

❷ 再開する
☐ *Je suis très heureux(se) de* (_____).
またお目にかかれて大変嬉しいです。

代 se retrouver

● また会う・再会する
☐ (_____) *sur le quai.*
ホームで落ち合おう。

402 réussir**
[reysir] obtenir du succès

» (_____)
f. 成功(succès)

❶ (首尾よく) 成功する ⇔ échouer・(試験に) 合格する

qc
☐ (_____) *le permis de conduire.*
彼女はやっと運転免許の試験に合格した。

❷ (〜するのに) 成功する

à + inf.
☐ (_____) *une nouvelle technologie.*
彼は新しい技術を開発することに成功した。

＊ mettre au point で「(新製品などを) 開発する」の意味。

解答 401 **retrouvailles** (Tu as retrouvé) (vous retrouver) (On se retrouve)
402 **réussite** (Elle a enfin réussi) (Il a réussi à mettre au point)

403 revenir***

[rəvnir] re + venir「やって来る」

» (_____) m. (収入・所得)

❶ 戻って来る・また来る
- (_____) cinq minutes.
  5分で戻ります。

❷ （価格・費用が〜に）なる
  à + 金額
- (_____) à 80 euros par personne.
  夕食代はひとり80ユーロかかった。

404 rêver*

[rεve] faire un rêve pendant le sommeil

» (_____) m. 夢・夢想

❶ （〜の）夢を見る
  de qn / de qc
- (_____) cette nuit.
  昨夜、君の夢を見た。

❷ 夢想する
- Pendant les cours, (_____).
  講義中、彼女は講義を聞く代わりに夢想している。

❸ （夢想して〜に）思いをはせる・（ぼんやり）考える
  à qc
- Ce parfum (_____) exotiques.
  この香りは、私にエキゾチックな国々を思い起こさせる。

❹ （〜を）夢見る・（夢に見るほど）切望する
  de + inf.
- (_____) alpiniste.
  彼は登山家になることを夢見ている。

403 **revenu** (Je reviens dans) (Le dîner nous est revenu) 404 **rêve** (J'ai rêvé de toi) (elle rêve au lieu d'écouter) (me fait rêver aux pays) (Il rêve de devenir)

405 revoir***
[r(ə)vwar] re + voir「会う」

m. (再会)

● (人に)再び会う／思い出す
□ ( ) bientôt.
またすぐあなたにお目にかかりたいですね。

406 révolter*
[revɔlte] 感情を逆に回転させる

f. (反乱・反抗)

● (事柄が人を)立腹させる・激怒させる→ indigner
□ Son attitude ( ).
彼(彼女)の態度に私たちはひどく腹が立つ。

407 ridiculiser
[ridikylize] 笑って見下げる

adj. m. (滑稽な・馬鹿げた・滑稽さ)

● 物笑いにする・馬鹿にする→ railler
□ ( ) devant tout le monde.
彼は皆の前で物笑いにされた。

408 rincer*
[rɛ̃se] 🔲 リンス(すすぐこと)

f. (土砂降り)

● (食器を)洗う・(洗濯物を)すすぐ→ laver
□ Elle ( ) après l'apéritif.
彼女は食前酒のあとでグラスを洗った。

解答 405 **revoir** (Je voudrais vous revoir) 406 **révolte** (nous révolte) 407 **ridicule** (Il a été ridiculisé)
408 **rincée** (a rincé les verres)

▶ être rincé(e)

● (雨で) ずぶ濡れになる

☐ *Il est arrivé (　　　　　　　　)*.
彼は台風でずぶ濡れになってやって来た。
＊主に会話で用いられる。se faire rincer でも同じ意味。

409 rire***
[rir] 英 laugh とほぼ同義

》(　　　　笑い　　　　) m.

❶ 笑う⇔ pleurer

☐ *Elle ne pouvait (　　　　　　　　)*.
彼女は笑わざるを得なかった。
＊ pouvoir は文章語のとき、否定文で pas を省くことができる。

❷ あざ笑う → ricaner・se moquer
de *qn* / *qc*

☐ (　　　　　　　　) *de français !*
私のフランス語のミスを茶化さないで！

410 risquer*
[riske] 日 リスク (危険)

》(　（予想される）危険・恐れ　) m.

❶ (あえて失う) 危険を冒す・危険にさらす → hasarder
qc

☐ *Il (　　　　　　　　) une personne qui se noyait.*
彼は溺れている人を助けようと命を危険にさらした。

❷ (〜する) 恐れがある・〜しかねない
de + *inf.*

☐ *Attention ! Tu (　　　　　　　　)*.
気をつけて！ 落ちるかもしれないよ。

(tout rincé par le typhon)　409 **rire**　(s'empêcher de rire)　(Ne riez pas de mes fautes)
410 **risque**　(a risqué sa vie pour sauver)　(risques de tomber)

411 rivaliser*

[rivalize] 田 ライバル（好敵手）

n. adj. (ライバル（の）)
f. (競争・対抗)

● (人と〜を) 競う・張り合う → être en concurrence avec *qn*

avec *qn* de *qc*

☐ *Elle* ( ) *sa sœur.*
彼女は姉（妹）と優美さを競い合っている。

412 rouler**

[rule] 英 drive, roll に相当

m. (転がすこと・回転)
f. (（家具などの）キャスター)

❶ (車・列車が) 走る・(人が) 車に乗って走る
❷ (物が) 転がる・(物を) 巻く・転がす

☐ *Tu ne crois pas que* ( ) *?*
ちょっとスピードが出すぎだと思わないの？

S

413 saisir**

[sezir] いきなりつかみ取る

f. (（法律で）差し押さえ・押収)
m. (強い驚き・感動)

❶ つかむ・つかまえる・(チャンスを) とらえる

☐ *Il* ( ) *par le bras.*
彼は私の腕をつかまえた。 → prendre *qn* par le bras

＊相手のつかむ部分（身体部）は "par [à] ＋ 身体" の形で示す。なお saisir は「（手できちんと）つかむ」ことを指し、類語の empoigner は「（荒々しく、強く）つかむ」の意味。

解答 411 **rival(ale) rivalité** (rivalise d'élégance avec)　412 **roulement roulette** (tu roules un peu trop vite)　413 **saisie saisissement** (m'a saisi(e))

❷ （コンピューターでデータを）入力する

☐ ( ) d'accès.
アクセスコードを入力してください。

414 saluer**
[salɥe] dire bonjour

m. ( ) 挨拶・救い

● 挨拶をする → faire un salut à qn

qn

☐ Elle ( ) de français.
彼女はフランス語の先生に挨拶した。

415 sauter**
[sote] se lancer en l'air

m. ( ) ジャンプ・跳躍

● 跳ぶ・飛び降りる

☐ Il ( ) parce qu'il n'avait pas sa clé.
彼は鍵がなかったので門を跳び越えた。

416 sauver**
[sove] 窮地に陥らないようにする

m. ( ) 救助

● 救う・援助する

qn

☐ ( ) le vieil homme dans son appartement en feu.
消防士が火に包まれたマンションにいる老人を助けた。

代 se sauver

● （さっさと・あわてて）逃げだす → s'enfuir

☐ ( ) ! Il y a un risque de tsunami.
急いで逃げて！ 津波が来る恐れがある。

(Saisissez votre code)　414 **salut**　(a salué son professeur)　415 **saut**　(a sauté par-dessus le portail)
416 **sauvetage**　(Le pompier a sauvé)　(Sauvez-vous vite)

417 savoir***

[savwar] 他 know, be able to などに相当

m. (知識・学問)
m. (ノウハウ・技量)
m. (礼儀作法・処世術)

❶ （事実・情報を）知っている・知る ⇔ ignorer

qc

□ Toute la ville (　　　　　　　　).
　町中の人がそのニュースを知っていた。

　＊人名や地名を目的語にとる場合には connaître を用いる。なお、ville は集合的に「町の人々、市民」の意味で用いられる。

❷ ～することができる・（～の）やり方を知っている

+ *inf.*

□ Est-ce que (　　　　　　　　) ?
　クレープの作り方をご存知ですか？

❸ （～ということを）知っている

que + *ind.*

□ (　　　　　　　　) tu jouais de la guitare.
　君がギターが弾けるとは知らなかった。

❹ （～であるのかを）知っている

+ 間接疑問

□ Pardon Madame, (　　　　　　　　) la rue de Vaugirard ?
　すみませんマダム、ヴォージラール通りがどこかご存知ですか？

解答　417 savoir savoir-faire savoir-vivre (savait la nouvelle) (vous savez faire les crêpes) (Je ne savais pas que) (savez-vous où se trouve)

パート1 動詞用法ドリル
Exercices pour enrichir les verbes

418 sélectionner*
[selɛksjɔne] 多くのなかから慎重に選ぶ

f. (選択)

● 選択する・選び出す

☐ On doit (　　　　　　　　　) pour le festival de l'automne prochain.
今度の秋の映画祭のためにフィルムを選ばなくてはならない。

419 sembler***
[sɑ̃ble] avoir l'apparence de *qc*

adj. (同じような)

❶ (人には〜であるように) 見える・思われる
＋ 形容詞

☐ (　　　　　　　　　) inquiet(ète).
ご心配のようですね。

＊「私にはあなたが心配しているように見える」が直訳。なお、類語の paraître が「外見からそう思える」を意味するのに対し、sembler は主観的に「そう思われる」の意味合いで用いられる。

❷ (人には〜するように) 見える・思われる
＋ *inf.*

☐ (　　　　　　　　　) son nouveau travail.
彼女は新しい仕事を大いに気に入っているようだ。

▶ **il semble**

● (〜である) ようだ・(〜の) 様子だ
que ＋ *sub.*

☐ (　　　　　　　　　) cette information soit fausse.
その情報は間違っているようだ。

▶ **Il me [te, lui…] semble**

● (人には〜のように) 思われる
que ＋ *ind.*

☐ (　　　　　　　　　) que tu as mal compris ce que j'ai dit.
君は私の言ったことを誤解したような気がする。

---

418 **sélection** (sélectionner des films)　419 **semblable** (Vous me semblez)
(Elle semble beaucoup aimer)　(Il semble que)　(Il me semble)

420 sentir***

[sãtir] 英 feel, smell などに相当

》 m. (感情・意識)
》 m. (感覚・分別・方向・意味)
》 f. (感覚・感じ)

❶ （視覚・聴覚以外の感覚で）感じる

qc

☐ (   ) *de pain grillé.*
焼けたパンの美味しいにおいがする。

❷ においがする

bon / mauvais

☐ (   ) *!*
いいにおい！

❸ （〜という）感じがする・（〜のような）気がする

que + *ind.*

☐ (   ) *parler de ses soucis.*
彼は心配事を口にしたくないのだと感じた。

代 se sentir

● （自分が〜と）感じる

bien / mal

☐ *Il fait vraiment trop chaud.* (   ).
本当に暑すぎる。気分が悪い。

解答 420 sentiment sens sensation (Je sens une bonne odeur) (Ça sent bon) (J'ai senti qu'il ne voulait pas) (Je me sens mal)

421 séparer**

[separe] 日 セパレート（分離）

f. (分けること)

● 分ける
- Le Rhin ( ).
  ライン河がフランスとドイツを分けている。

代 se séparer

● (de と) 別れる → se réunir・s'assembler
- Elle ( ) son fiancé.
  彼女はフィアンセと別れた。

422 serrer**

[sere] tenir en pressant fortement

m. (握りしめること)

❶ 抱きしめる・握りしめる
- ( ) dans ses bras avant le départ.
  彼女は出発前に自分の子どもをきつく腕に抱きしめた。→ embrasser

❷ （緩んでいるものを）締める ⇔ desserrer
- ( ) la vis ?
  ネジをちゃんと締めましたか？
  ＊「シートベルトをお締めください」は Attachez vos ceintures. が通常の言い方。

代 se serrer la main

● 握手を交わす
- Ils ( ).
  彼らは互いに握手する。

---

421 **séparation** (sépare la France de l'Allemagne) (s'est séparée de)
422 **serrement** (Elle a serré très fort son enfant) (Vous avez bien serré) (se serrent la main)

423 servir***

[sɛrvir] サービス（人のために役立つ）

m. (_____) サービス・手助け・勤務

❶ （人に）仕える・奉仕する・料理を出す

qn

☐ Le garçon de café (_____) le plus vite possible.
カフェのウェイターはできるだけ早く客に給仕をしようと努める。

❷ （食卓で人のために）よそう・つぐ

qc à *qn*

☐ (_____) à mes amis.
私は友人たちに美味しいワインをついだ。→ verser

❸ （〜するのに）役立つ

à + *inf.*

☐ Ce couteau (_____) le pain.
このナイフはパンを切るのに役に立つ。

❹ （〜として）役立つ

de *qc*

☐ Ce canapé peut (_____).
このソファはベッドの代わりになる。

代 se servir

● （道具として〜を）利用する・使う

de *qc*

☐ (_____) ce fax.
そのファックスは使わないで。

解答 423 **service** (s'efforce de servir les clients) (J'ai servi un bon vin) (sert à couper) (servir de lit) (Ne te sers pas de)

パート1 動詞用法ドリル
Exercices pour enrichir les verbes

424 **simuler**
[simyle] 似ている様にする

f. (シミュレーション)

● 装う・(〜のように)見せかける
□ ( ).
彼は仮病を使う。→ feindre

425 **solliciter***
[sɔ(l)lisite] demander *qc* de façon officielle

f. (懇願)

● 懇願する・(de + *inf.* : 〜するよう)頼む → prier
□ ( ) pour trouver un emploi.
私は仕事を探すのに彼(彼女)の助けを頼んだ。

426 **songer***
[sɔ̃ʒe] 英 think, dream に相当

m. (夢・夢想)

● (à を)考える → penser・思う・夢想する
□ *Il faudra que* ( ).
娘は将来のことを考えなくてはならないだろう。

427 **sortir*****
[sɔrtir] faire aller hors d'un lieu

f. (外出・出口 ⇔ entrée)

❶ 外出する・出かける ⇔ rentrer
□ *Le directeur n'est pas là,* ( ).
部長はおりません、出かけております。

* sortir avec **qn** なら「人と付き合う、デートする」、あるいは「人と良い仲である」の意味。

---

424 **simulation** (Il simule la maladie)　425 **sollicitation** (J'ai sollicité son aide)　426 **songe** (ma fille songe à son avenir)　427 **sortie** (il est sorti)

❷ (～から) 外に出る ⇔ entrer

de + 場所

☐ *Les employés (   ) vers 18 heures.*
従業員は 18 時頃事務所を出た。

❸ (～から物を) 取りだす

qc (de + 場所)

☐ *Il faut que (   ).*
ガレージから車を出さなくてはならない。

428 se soucier
Track-428 [səsusje] 英 worry, care に相当

》 *m.* (心配・気がかり)

● (多くは否定文で：de のことを) 気にかける・心配する

☐ *Pierre (   ) sa retraite.*
ピエールは退職のことを気にかけていない。

429 souffrir**
Track-429 [sufrir] 被害・痛みなどを与えられて苦しむ

》 *f.* (苦しみ・苦悩)

❶ (～で) 苦しむ

☐ *L'amour (   ).*
恋は人を大いに苦しませる。

＊ faire souffrir *qn* で「人を苦しめる」の意味。

❷ (de のために) 苦しむ

de *qc*

☐ *En ce moment, tout le monde (   ).*
現在、皆、暑さでまいっている。

解答 427 (sont sortis du bureau) (je sorte la voiture du garage) 428 **souci** (ne se soucie pas de)
429 **souffrance** (fait beaucoup souffrir) (souffre de la chaleur)

430 souhaiter*

[swɛte] 何か良いことを望む

m. (願い)

adj. (望ましい)

❶ 願う・望む → désirer

qc

☐ ( ) *avec vue sur la mer.*
海に面した部屋をお願いします。

❷ (人に〜の)祝いを述べる

qc à *qn*

☐ ( ) *une bonne année.*
新年おめでとうございます。

❸ (人に〜するよう)祈る

à *qn* de + *inf.*

☐ ( ) *réussir.*
君の成功を祈るよ。

❹ (〜することを)望む・〜したいと思う → vouloir

+ *inf.*

☐ *Il* ( ).
彼は仕事を変わりたいと思っている。

❺ (〜であることを)願う・望む

que + *sub.*

☐ ( ) *beaucoup de succès.*
あなたの小説が大ヒットするように願っています。

---

430 **souhait souhaitable** (Je souhaite une chambre) (Je vous souhaite) (Je te souhaite de) (souhaite changer de travail) (Je souhaite que votre roman ait)

431 soulager*

[sulaʒe] 肉体的・精神的負荷を軽くする

m. (軽減・安堵)

❶ （人を）楽にする・（不安などを）和らげる → calmer・apaiser
❷ （負担を）軽くする

▶ **être soulagé(e) de + *inf*.**

● （～したために）気が楽になる

☐ *Cécile (   ) une réponse favorable.*
セシルは好意的な返事をもらって気が楽になっていた。

432 sourire**

[surir] 英 smile とほぼ同義

m. (微笑)

● （～に向かって）ほほえむ・微笑する・薄笑いする

☐ *Sur cette photo, (   ).*
その写真は、全員がほほ笑んでいる。

433 soutenir*

[sutnir] 倒れないように支える

m. (支え・支持(者))

❶ 支える → supporter・支持する・支援する

qn

☐ *La majorité (   ) le Premier ministre.*
大半の議員が首相を支持した。

qc

☐ *Les colonnes (   ) du temple.*
円柱が神殿の丸天井を支えている。

解答 431 **soulagement** (était soulagée d'avoir reçu) 432 **sourire** (tous les gens sourient)
433 **soutien** (des députés ont soutenu) (soutiennent la voûte)

❷ （〜であると）主張する → **affirmer**・**prétendre**

que + ***ind.***

☐ (　　　　　　　　　　) ce projet n'est pas faisable économiquement.
その計画は経済的に実現できないと彼は主張している

434 **se souvenir****
Track-434　[s(ə) suvnir] 英 remember

» (_____)
m. 思い出・記憶（力）・土産

❶ 覚えている・思い出す → **se rappeler** ⇔ **oublier**

de ***qn*** / ***qc***

☐ (　　　　　　　　　　) des vacances de 2005 ?
2005年の夏のヴァカンスのことを覚えてる？

❷ （〜したことを）覚えている

que + ***ind.***

☐ (　　　　　　　　　　) qu'elle portait une magnifique robe rouge ce jour-là.
私は彼女があの日、素晴らしい赤のドレス（ワンピース）を着ていたことを覚えている。

❸ （自分が〜したことを）覚えている

de + ***inf.***（複合形）

☐ Je (　　　　　　　　　　) ce film.
その映画を見たことを覚えていない。

435 **succéder***
Track-435　[syksede] 続いていく

» (_____)
f. 相次いで起こること・連続・相続

● （〜の）後を継ぐ → **remplacer** ／後に来る → **suivre**

à ***qn***

☐ (　　　　　　　　　　) ses parents.
彼女は親の後を継いだ。

(Il soutient que)　434 **souvenir**　(Te souviens-tu)　(Je me souviens très bien)
(ne me souviens pas d'avoir vu)　435 **succession**　(Elle a succédé à)

199
cent quatre-vingt-dix-neuf

代 se succéder

● （次々に）後を継ぐ／相次ぐ → se suivre

☐ En France, (　　　　　　　　　　) pendant mille ans.
フランスでは、1000年の間、王が次々と交替した。
＊複合時制で過去分詞は一致しない。

436 suffire*
[syfir] ある目的を十分に満たす

f. (　尊大・思い上がり　)

adj. (　十分な　)

● （〜にとっては）十分である・足りる

☐ Vingt minutes (　　　　　　　) ce gâteau.
このケーキを作るのに20分あれば十分だ。

☐ (　　　　　　　　) !
もうたくさんだ！

▶ il suffit

● 〜だけでいい・十分だ

à qn de + inf.

☐ (　　　　　　　　　) cinq heures par nuit pour récupérer.
彼（彼女）は元気を回復するのに夜5時間寝れば十分だ。

que + sub.

☐ (　　　　　　　　) là.
あなたがそこにいてくれるだけで十分だ。

解答 435 (les rois se sont succédé) 436 **suffisance suffisant(e)** (suffisent pour faire) (Ça suffit) (Il lui suffit de dormir) (Il suffit que vous restiez)

437 suggérer*
[sygʒere] 下から控えめに差し出す

f. (提案・示唆)

❶ (案や意見を人に)提案する・ほのめかす → proposer
qc à *qn*
☐ Le rédacteur lui ( ) pour son livre.
編集者は著書ために別のタイトルを彼(彼女)に提案した。

❷ (〜してみてはどうかと)勧める → conseiller
à *qn* de + *inf.*
☐ Le sommelier ( ) un vin blanc avec le poisson.
ソムリエは彼らに魚に白ワインを合わせてみたらと勧めた。

438 suivre**
[sɥivr] 英 follow

f. (続き・連続・(多く複数で)結果)

❶ 後について行く・(〜の)後を追う ⇔ précéder
☐ Des paparazzi ( ) nuit et jour.
パパラッチが昼夜あの女優の後につきまとっている。

❷ (授業・治療などを)受ける
☐ Il ( ) de français.
彼はフランス語の授業を受けている。

439 supporter*
[sypɔrte] 下から支える

m. (支え)

adj. (耐えられる・我慢できる)

❶ 我慢する・耐える
qn / *qc*
☐ Il faut ( ) encore quelques jours.
さらに数日この猛暑に耐えなくてはならない。

---

437 **suggestion** (a suggéré un autre titre) (leur a suggéré de prendre)
438 **suite** (suivent cette actrice) (suit un cours) 439 **support** **supportable** (supporter la canicule)

❷ （否定文で：〜であることが）耐えられない・我慢できない

ne pas ... de + **inf.**

☐ Je (　　　　　　　　　) à côté d'un fumeur.
私は喫煙者の隣に座ることに耐えられない。

ne pas ... que + **sub.**

☐ (　　　　　　　　　) qu'on le contredise.
彼は自分の意見に異議を唱えられることに我慢ならない。

440 supposer*
Track-440　[sypoze] 下に置く → そっと考えを置く

f. (　推測・仮定　)

❶ （〜であると）考える

que + **ind.**

☐ (　　　　　　　　　) la vérité.
あなたは本当のことを言っていたと思います。→ croire

❷ （物が〜を）前提とする・必要とする

qc

☐ Cet exploit (　　　　　　　　　) et une grande résistance.
大いなる勇気と持久力がなければこの偉業はなし得ない。

❸ 仮定する

命令 + que + **sub.**

☐ (　　　　　　　　　) une maladie grave.
重病になったと仮定してみて。

解答　439 (ne supporte pas d'être assis(e))　(Il ne supporte pas)　440 **supposition**　(Je suppose que vous avez dit)　(suppose un grand courage)　(Suppose que tu aies)

441 surprendre*

[syrprɑ̃dr] 予期せぬことで不意をつく

f. (_____) 驚き・(思いがけない) 喜び

❶ (〜を) 驚かせる・びっくりさせる → étonner

qn

☐ *Son abandon au milieu de la course (   ).*
レースの途中で彼(彼女)が棄権したので皆が驚いた。

❷ (〜している) 現場を押さえる

qn a + *inf.*

☐ *On (   ) tricher.*
彼女はカンニングをしている現場を押さえられた。

代 être surpris(e)

● (知らせ・出来事に意表をつかれて) 驚いている・意外に思う

de *qc*

☐ *(   ) son refus.*
私は彼(彼女)が断ったことに驚いている。

de + *inf.*

☐ *(   ) recevoir cette lettre.*
彼はあの手紙を受け取って驚いていた。

que + *sub.*

☐ *(   ) ma réponse.*
彼女は私がまだ返事を送っていなかったことに驚いている。

---

441 **surprise** (a surpris tout le monde) (l'a surprise à) (Je suis surpris(e) de) (Il a été surpris de) (Elle est surprise que je n'aie pas encore envoyé)

442 surveiller*
[syrvεje] 上から見る → 見張る

f. (....................) 監視・監督

❶ 見守る・監視・監督する
❷ (言動や身なりに) 気をつける

□ (....................) *qui jouent dans la cour.*
彼は子どもたちが中庭で遊んでいるのを見守っている。

443 suspendre*
[syspɑ̃dr] 「下へ」 + pendre「吊るす」

f. (....................) 中断・吊るすこと

m. (....................) (en suspens という成句で)中断された・未解決の

● (活動などを) 中断する→ arrêter・吊るす→ accrocher

qc

□ (....................) *pour se reposer.*
会議を中断して休憩した。

T

444 tarder*
[tarde] tard「遅く、遅れて」

adv. (....................) 遅く・夜遅くに

adj. (....................) (時間の)遅い・遅れた

● (〜するのに) 手間取る・ぐずぐずする

à + *inf.*

□ *Pierre ne va pas* (....................).
ピエールはもうじき戻ります。

解答 442 **surveillance** (Il surveille les enfants)　443 **suspension suspens** (On a suspendu la séance)
444 **tard tardif(ve)** (tarder à rentrer)

▶ il me [te, lui] tarde

● (〜が) 待ち遠しい

de + **inf.**

☐ Il ( ) de mon examen.
私は試験の結果を知りたくてうずうずしている。

que + **sub.**

☐ ( ) l'hiver finisse.
私たちは冬が早く終わらないかとやきもきしている。

445 téléphoner**
[telefɔne] 遠くへ声を運ぶ

» *m.* (電話)

● (〜に) 電話する → donner un coup de têlêphone à *qn*

à *qn*

☐ ( ) Nicolas pour l'inviter dimanche.
私は日曜にニコラを招待するために電話した。

446 tendre**
[tɑ̃dr] 英 stretch に近い

» *f.* (性向・傾向)

» *f.* (張り・緊張)

❶ (引っ張って) 伸ばす・ぴんと張る

☐ Elle ( ) de son violon avant de jouer.
彼女は演奏前にヴァイオリンの弦をぴんと張った。

❷ (人に) 差し出す

qc

☐ En France, on ( ) pour dire bonjour.
フランスでは、挨拶をするのに手を差し出す。
＊この動作のあとに「握手する」ことになる。

(me tarde d'avoir le résultat) (Il nous tarde que) 445 **téléphone** (J'ai téléphoné à)
446 **tendance tension** (a tendu les cordes) (tend la main)

qc à *qn*

☐ *Je (   ) qu'il a accepté avec plaisir.*
私が彼に一杯のワインを差し出したら、喜んで受け取ってくれた。

❸ (〜する) 傾向がある・〜しつつある

à + *inf.*

☐ *Le centre de la ville (   ) se dépeupler.*
都心は人口が減りつつある。→ avoir tendance à + *inf.*

447 tenir***
Track-447 [t(ə)nir] おおむね 英 hold に相当

≫ f. (   )
服装・行儀・姿勢

❶ (〜を手に) 持っている・(しっかり) 付いている・もつ・もちこたえる

qn / *qc*

☐ *Il est gaucher ; (   ) de la main gauche.*
彼は左利きなので、左ボールペンを持っている。

❷ (〜を…の) 状態にしておく

qn / *qc* + 属詞

☐ *Elle (   ) pendant tout le voyage.*
彼女は旅行中ずっとバッグを抱きしめたままでいた。

❸ (〜に) 執着する・(〜に強い) 愛情を持っている → s'attacher à

à *qn* / *qc*

☐ *Je (   ).*
私はあなたの訪問を心待ちにしています。

❹ (何としても) 〜したがる・(〜を強く) 望む

à + *inf.*

☐ *Je (   ) à ton mariage !*
私はぜひ君の結婚式に出席したい！

解答 446 (lui ai tendu un verre de vin) (tend à) 447 **tenue** (il tient son Bic) ＊Bic：stylo à bille の商標名
(a tenu son sac serré contre elle) (tiens à votre visite) (tiens à assister)

代 se tenir

❶ （自分を〜と）みなす・（〜と）思う

pour + 属詞

☐ *Je (   ) responsable.*
私は自分に責任があるとは思わなかった。

❷ （落ちたり、転んだりしないように〜に）つかまる・くっつく

à *qn* / *qc*

☐ *(   ), s'il vous plaît !*
手すりにおつかまりください！

448 tenter*

[tɑ̃te] 英 attempt に近い

» *f.* (   ) (de を) したい気持ち・誘惑

» *f.* (   ) 試み・企て

❶ （思いきって）やってみる・（〜しようと）試みる → essayer

qc

☐ *Il (   ) de la Manche à la nage.*
彼は英仏海峡を泳いで渡ろうとした。

de + *inf.*

☐ *(   ) réparer l'aspirateur.*
掃除機を修理しようとしたが無駄だった。

❷ 気をそそる・誘惑する

qn

☐ *(   ), mais elle est vraiment chère.*
その家にはそそられますが、本当に高いです。

(ne me tenais pas pour)　(Tenez-vous à la rampe)　448 **tentation**　**tentative**　(a tenté la traversée)
(J'ai tenté en vain de)　(Cette maison nous tente)

449 terminer*

[tɛrmine] termin-「終点」の意味

» m. (_____) 期日・終り・詞

» m. (_____) 終着駅(terminus)

❶ 終える→ finir・achever ⇔ commencer

☐ (_____) à deux heures du matin.
朝の２時にパーティーは終わった。

❷ (par で) 終える・おしまいにする

☐ On (_____) une salade de fruits.
夕飯の最後にフルーツサラダをとろう。

代 se terminer

● 終わる

☐ La Seconde Guerre mondiale (_____) en 1945.
第２次世界大戦は1945年に終わった。

450 tirer**

[tire] 英 pull, draw などに相当

» m. (_____) くじ引き・印刷・(写真の)プリント

» m. (_____) 引き出し

● 引く・引っ張る ⇔ pousser

☐ (_____) pour traverser la rue.
彼女は子どもの手を引いて道路を渡った。

解答 449 **terme** **terminal** (On a terminé la soirée) (terminera le dîner par) (s'est terminée)
450 **tirage** **tiroir** (Elle a tiré son enfant par la main)

451 tomber***

[tɔ̃be] 英 fall, drop に対応

f. (_____)
(日が)暮れること

❶ (雨・雷などが)降る・落ちる・(日が)暮れる

☐ *C'est l'hiver, (   ).*
冬です、雪が降っています。 → neiger

❷ (偶然～に)行き当たる

sur *qn*

☐ *En me promenant le long de la Seine, (   ) sur un ami d'enfance.*
セーヌ川沿いを歩いていたら、不意に、幼友達に出会った。

▶ **laisser tomber**

● (～をうっかり)落とす・(～を)見捨てる

☐ (   ) *pour une autre.*
彼は妻を捨てて、別の女性に走った。

452 toucher**

[tuʃe] 目 タッチ（接触）

f. (_____)
（パソコンなどの）キー・（絵画の）タッチ

❶ さわる・(～に)触れる

à *qc*

☐ *Le bébé (   ).*
赤ん坊は目に入るものすべてに触る。

❷ (心を)打つ

qn

☐ *Cette histoire (   ).*
その話は大いに私たちの心を打った。 → émouvoir

---

451 **tombée** (il tombe de la neige) (je suis tombé(e)) (Il a laissé tomber sa femme)
452 **touche** (touche à tout ce qu'il voit) (nous a beaucoup touché(e)s)

453 tourner***
Track-453　[turne] グーッと曲がる

≫ m. (一周・回転・周囲・順番)
≫ m. (曲がり角・カーブ・(重大な)転換)
≫ f. (巡回・(カフェなどでの)おごり)

❶ 曲がる・向きを変える
☐ *Cette route de montagne* (　　　　　　　).
この山道はくねくね曲がっている。

❷ (映画を) 撮影する
qc
☐ *François Truffaut* (　　　　　　　) *en studio.*
フランソワ・トリュフォーはその場面をスタジオで撮影した。

454 traduire*
Track-454　[tradɥir] 言葉や考えを移し替える

≫ f. (翻訳・訳書)

● (A を B に) 翻訳する・通訳する・表現する → exprimer
A en *B*
☐ *On m'a demandé de* (　　　　　　　) *anglais.*
この記事を英語に翻訳するように頼まれた。

455 traîner*
Track-455　[trɛne] tirer derrière soi

≫ f. ((服の)引き裾)
≫ f. (細長い跡・帯状のもの)

❶ 引きずる ⇔ pousser
qc
☐ *Elle* (　　　　　　　) *derrière elle.*
彼女は重いスーツケースをうしろに引きずっていた。

解答　453 **tour　tournant　tournée** (tourne beaucoup) (a tourné cette scène)　454 **traduction** (traduire cet article en)　455 **traîne　traînée** (traînait une lourde valise)

パート1 動詞用法ドリル
Exercices pour enrichir les verbes

❷ ぐずぐずする → traînasser・lambiner

☐ (   ) *comme ça !*
ぐずぐずしないで！

456 traiter*
[trete] 特定のやり方で対処する

≫ *m.* (   )
(待遇・治療)

❶（テーマを）論じる → discuter・（人を）取り扱う

qc

☐ *Le conférencier (*  *).*
講師はそのテーマを見事に論じた。

＊ traiter un sujet は「（学生などが）試験問題に答える」の意味になることもある。

❷ 〜呼ばわりする・〜扱いする

qn de ＋ 属詞（蔑称）

☐ *Elle (*   *) d'idiot.*
彼女は弟を馬鹿呼ばわりする。

457 transmettre*
[trɑ̃smɛtr]「越えて」送る→離れた所へ届かせる

≫ *f.* (   )
(情報などの) 伝達

❶（情報・命令などを）伝える → communiquer
❷（病気を）うつす
❸ 放送する

☐ (   ) *à vos parents.*
ご両親にくれぐれもよろしくお伝えください。

(Ne traîne pas) 456 **traitement** (a très bien traité le sujet) (traite son petit frère)
457 **transmission** (Transmettez mes meilleurs souvenirs)

458 travailler***
[travaje] 英 work, study とほぼ同義

m. (仕事・(複数で)工事・(多くは複数で)研究)

● 仕事をする・働く・勉強する → étudier

☐ ( ) par semaine.
彼らは週に50時間働いている。

* travailler だけで「バイトする」（= avoir un job、travailler à mi-temps）の感覚で訳せるケースも多い。

459 traverser**
[travɛrse] passer d'un côté à l'autre

f. (横断)

● 横切る・横断する

☐ ( ) en bicyclette.
彼はアメリカ大陸を自転車で横断した。

460 trembler***
[trɑ̃ble] 小刻みに動く

m. (震え・震動)

● 震える・揺れる

☐ *Hier soir, la terre ( ).*
昨夜、あの地方で地震があった。

* Hier soir, il y a eu un tremblement de terre dans cette région. と書き換えられる。

解答 458 **travail** (Ils travaillent 50 heures) 459 **traversée** (Il a traversé le continent américain)
460 **tremblement** (a tremblé dans cette région)

461 tromper*

[trɔ̃pe] 真実でないことを信じさせる

» m. (だまし絵)

» f. (欺瞞・ごまかし)

● (人を)だます

qn

□ ( ) *les gens.*
彼(彼女)の見かけが人をだます。

＊ tromper son mari [sa femme] は「浮気をする」「不貞を働く」の意味。

代 se tromper

❶ 間違える・思い違いをする

□ ( ) *elle.*
私は彼女を誤解していた(あんな人だとは思わなかった)。

❷ 取り違える・間違える → confondre

de *qc*（無冠詞名詞）

□ ( ) *date.*
彼女は日付を間違えた。

462 trouver***

[truve] 英 find とほぼ同義

» f. ((思いがけない)発見・(うまい)着想)

❶ 見つける → découvrir ⇔ perdre

qn / qc

□ ( ) *dans la forêt.*
森でたくさんキノコを見つけた。

---

461 **trompe-l'œil tromperie** (Son apparence trompe) (Je me suis trompé(e) sur) (Elle s'est trompée de) 462 **trouvaille** (On a trouvé beaucoup de champignons)

❷（見たり経験したりして人を〜と）思う

qn + *adj.*（属詞）

☐ (   ) dans le rôle de Carmen.
あの女優はカルメン役として素晴らしいと思う。

❸（見たり経験したりして〜であると）思う

que + *ind.*

☐ (   ) à Bangkok.
バンコクは車が多すぎると思う。

代 se trouver

● （〜に）ある・いる

☐ Le musée d'Orsay (   ), sur la rive gauche de la Seine.
オルセー美術館はセーヌ左岸、パリの中央にある。→ être +［場所］

463 tuer**
[tɥe] 英 kill とほぼ同義

≫ f. (　　大量殺戮　　)

● 殺す

☐ Au cours de la dernière guerre, beaucoup de jeunes gens (   ).
この間の戦争の最中、多くの若者たちが殺された。

＊ tuer le temps なら「暇をつぶす」という成句。

代 se tuer

● 自殺する → se suicider・（事故で）死ぬ

☐ (   ) de révolver.
彼はピストル自殺した。

解答 462 (Je trouve cette actrice excellente) (Je trouve qu'il y a trop de voitures) (se trouve au centre de Paris) 463 **tuerie** (ont été tués) (Il s'est tué d'un coup)

パート1 動詞用法ドリル
Exercices pour enrichir les verbes

464 uniformiser
Track-464 [yniɔrmize] 日 ユニフォーム（制服）

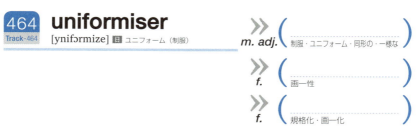

m. adj. 制服・ユニフォーム・同形の・一様な
f. 画一性
f. 規格化・画一化

● 均一にする・画一化する
□ Les normes (　　　　　　) en Europe.
製品の規格はヨーロッパですべて統一されている。

465 utiliser*
Track-465 [ytilize] 無駄なく効果的に使う

adj. 役立つ・有効な
f. 利用・使用

● 利用する・活用する → employer
□ (　　　　　　) ton imprimante ?
あなたのプリンターを使っていいですか？

---

464 **uniforme uniformité uniformisation** (sont toutes uniformisées)
465 **utile utilisation** (Est-ce que je peux utiliser)

466 valoir**

[valwar] avoir un certain mérite, un certain prix

f. (価値・(人間の)価値)

● (〜の)価値がある・値段である

☐ En ce moment, un euro ( ) un dollar.
現在、1ユーロがだいたい1ドルと同じ価値だ。

▶ **il vaut mieux**

● 〜するほうがいい

+ *inf.*

☐ ( ) pour dîner dans ce restaurant.
あのレストランで夕食を食べるなら事前に予約しておいたほうがいい。

que + *sub.*

☐ ( ) de votre heure d'arrivée.
あなたは彼に到着時間を事前に知らせておいた方がいい。

467 vendre***

[vãdr] 英 sell とほぼ同義

f. (販売 ⇔ achat・売上げ)

n. (店員・売り手)

● 売る ⇔ acheter

qc

☐ Il ne faut pas ( ) avant de l'avoir tué.
捕らぬタヌキの皮算用(熊をしとめる前から皮を売る)。

解答 466 **valeur** (vaut à peu près) (Il vaut mieux réserver à l'avance) (Il vaut mieux que vous le préveniez)
467 **vente vendeur(se)** (vendre la peau de l'ours)

qc à *qn*

☐ En France, le premier mai, (on vend du muguet porte-bonheur aux) passants dans la rue.
フランスでは、5月1日、街で道行く人に幸せをもたらすスズランを売っている。

代 se vendre

● 売れる

☐ Les livres sur le développement personnel (se vendent bien).
自己啓発に関する本はよく売れる。

468 venir**
[v(ə)nir] 英 come とほぼ同義

f. (venue)
来ること・到来

❶ 来る・(話し相手の方・話題の場所に) 行く ⇔ aller

☐ (Tous mes amis sont venus) à mon anniversaire.
友だちが全員私の誕生日に来てくれた。

＋ 場所

☐ (Il est venu en Allemagne) pour étudier la médecine.
彼は医学を学びにドイツに行った。

❷ (de から) 来る・(de の) 出身である

de ＋ 場所

☐ Ma famille (vient du nord de la France).
私の家族はフランス北部の出身です。

❸ (近接過去) 〜したばかりだ

de ＋ *inf.*

☐ Ce film japonais (vient de sortir) sur les écrans parisiens.
その邦画はパリのスクリーンで封切られたばかりだ。

469 visiter*
[vizite] 英 visit と類義

f. (........訪問........)

● (場所を)訪れる・見物する
□ ( ) de Versailles hier.
彼女は昨日ヴェルサイユ宮殿を見学した。

＊「人を訪れる」には rendre visite à **qn** の形を用いる。

470 vivre***
[vivr] vie「生」, vif「生き生きした」

f. (........生活・人生........)

❶ 生きる・生きている／暮らす→ habiter
□ *Ma grand-mère (   ).*
私の祖母は100歳まで生きた。

□ *Mon oncle (   ) à Paris.*
おじはパリで一人暮らしをしている。

❷ (〜で)生計を立てる
de **qc**
□ *Les habitants de ce petit port (   ).*
その小さな港の住人は漁業で生計を立てている。

＊ De quoi vivez-vous ? で「お仕事はなんですか？」の意味になる。

❸ (〜を)体験する・味わう→ éprouver
qc
□ *Il (   ) le divorce de ses parents.*
彼は親の離婚で深く傷ついた。

解答　469 **visite** (Elle a visité le château)　470 **vie** (a vécu cent ans) (vit seul) (vivent de la pêche) (a très mal vécu)

471 voir***

[vwar] 目にする・見える：regarder「注視する」とは違う

» (_____) f. 視覚・眺め・考え方

» (_____) f. 視力・見ること・ビジョン

» (_____) adj. 目に見える

❶ 見る

qn / qc

☐ Hier, (_____) qui manifestaient dans la rue.
昨日、私は若者たちが街頭でデモをしているのを見た。

❷ 見てとる・分かる

que + ind.

☐ (_____) je veux dire ?
私の言っている意味がおわかり？

472 vouloir***

[vulwar] 英 want, wish あるいは will に相当

» (_____) f. 意志・意欲

❶ 欲しい・望む → désirer・souhaiter

qc

☐ (_____) pour notre anniversaire de mariage ?
ぼくたちの結婚記念日に君は何が欲しい？

❷ 〜したい

+ inf.

☐ (_____) ce soir.
今晩は彼女に会いたくない。

---

471 vue vision visible (j'ai vu des jeunes gens) (Tu vois ce que) 472 volonté (Qu'est-ce que tu veux) (Je ne veux pas la voir)

❸ (〜であることを) 求める・〜して欲しい

que + *sub.*

☐ ( ) *passer le week-end au bord de la mer ?*
週末を海岸で過ごしましょうか？

＊ Tu veux bien que ...? で「〜してあげましょうか？」と相手に尋ねる言い回し。

解答 472 (Tu veux bien qu'on aille)

85 Exercices pour enrichir le vocabulaire essentiel

重要表現
精選85ドリル

- このパートでは「前置詞」「動詞」「名詞中心で、副詞・形容詞も」というヒントをたよりに、フランス語の3例文の空欄に、共通して入る単語を答えてもらいます。問題を解くカギになるのは、いくつかの語句がまとまって意味を成している「重要表現」の知識です。

- 3例文のうち、一つでも確実に分かれば、残りの二つに入る語も分かるはずですが、その場合でも、該当する語句がどのような用法で使われているかに注意して問題を解いていきましょう。簡単な用法と難しい用法を結びつけながら、まとまりのある知識を獲得することで、中級にふさわしい、表現の広がりを手に入れられます。

1 共通に入る前置詞

それぞれ1〜3に共通に入る前置詞を答えてください。

001

1. Quand nous sommes ensemble, je vois tout (　　) rose.

2. Je n'ai pas du tout cette histoire (　　) mémoire.

3. (　　) quoi est cette table ?

002

1. Tu la connais (　　) longtemps ?

2. Je me porte mieux (　　) que je me suis arrêté(e) de boire.

3. Elle est partie (　　) dix minutes.

001 (en)

1. 二人で一緒にいると、何もかもがバラ色に(明るく)見える。

en rose は「バラ色に」という意味であるが (Elle s'habite en rose.「彼女はバラ色の服を着ている」)、比喩的に「楽観的に、明るく」という意味でも用いられる (例「バラ色の人生」la vie en rose)。反意になるのは、en noir「黒を着て」→「暗く、悲観的に」。

2. その話はまったく記憶にありません。

avoir *qc* en mémoire で「~を覚えている」の意味。garder *qc* dans sa mémoire なら「記憶にとどめておく」となる。

3. そのテーブルは何でできていますか？

en が材料・素材「~でできた」を意味する例。

002 (depuis)

1. 君は彼女をずっと以前から知っている？

depuis longtemps で「ずっと以前から」の意味。類語の depuis toujours は「常日頃から」というニュアンス。

2. 酒をやめてから私は体調が良い。

〈depuis que＋直説法〉で「~して以来(から)」の意味。

3. 彼女は 10 分前に出かけた。

出かけた時点にポイントを置く il y a dix minutes「10 分前に」と類義だが、「~前から」を意味する depuis は「出かけてしまっていて今いない」という状態の継続にポイントを置く。

003

1. (   ) l'instant, il n'y a aucun problème.

2. Ils ont du respect (   ) les personnes âgées.

3. Cet ordinateur est fait (   ) les malvoyants.

004

1. Il menait une vie (   ) intérêt.

2. Tu ne peux pas traduire ce texte de chanson (   ) dictionnaire ?

3. Téléphone-moi demain matin, (   ) faute.

005

1. Ma mère a pleuré (   ) elle.

2. (   ) le mauvais temps, le match de football a eu lieu comme prévu.

3. Elle m'aime, (   ) tout.

003 (pour)

1. 今のところ、何の問題もない。

pour l'instant で「今のところ、さしあたって」の意味。英語の for the moment に相当する言い回し。

2. 彼らはお年寄りを尊敬している。

avoir du respect pour *qn* で「人を尊敬する」。respecter *qn*、estimer *qn* あるいは vénérer などと同じ意味。

3. このパソコンは弱視者用である。

fait(e) pour *qn/qc* [+ *inf.*] で「〜向きにできている、〜に適した」の意味。

004 (sans)

1. 彼は面白みのない暮らしをしていた。

sans intérêt「面白くない、価値のない」の意味。

2. 辞書がなくてはその歌詞は訳せませんか？

英語の二重否定の構文 can't *A* without *B* と同じ表現。ne pas pouvoir *A* sans *B* で「B がなくては A できない」の意味。

3. 明朝、かならず電話して。

sans faute「(忘れずに) 必ず、間違いなく」。

005 (malgré)

1. 母は思わず泣いてしまった。

malgré は「(人の) 意に反して、不本意ながら」の意味。malgré soi で「いやいや、思わず」の意味になる。

2. 悪天候にもかかわらず、サッカーの試合は予定通り行われた。

英語の in spite of「〜にもかかわらず」に相当する前置詞。

3. それでもやっぱり彼女は僕を愛している。

malgré tout で「それでもやはり」（英語の in spite of everything）という熟語。quand même も類義。

006

1. Il dormait (　　) le dos.

2. Mon oncle va (　　) les 80 ans.

3. Le bus est (　　) le point de partir.

007

1. Les enfants couraient après le ballon (　　) tous les sens.

2. Elle travaille maintenant (　　) le privé.

3. Vous travaillez (　　) les assurances ?

008

1. Je l'ai eu(e) (　　) rien.

2. Cette jupe est trop petite (　　) moi.

3. J'ai à terminer ce travail (　　) lundi matin.

006 (sur)

1. **彼は仰向けに寝ていた。**
   sur le dos で「仰向けに」(= à la renverse)。sur le ventre, à plat ventre なら「うつぶせに」の意味。

2. **私のおじは 80 代にさしかかっている（迎える）。**
   この sur は時間の流れに乗って事態が「〜にさしかかって」とか「〜の頃」を意味する。

3. **バスはまさに出発しようとしている。**
   être sur le point de + *inf.* で「まさに〜しようとしている」という熟語。

007 (dans)

1. **子どもたちはボールのあとを追ってあちらこちらに走って行った。**
   dans tous les sens で「あらゆる方向に」。dans toutes les directions とほぼ同義。

2. **彼女は現在民間企業で働いている。**
   この dans le privé は「民間（企業・部門）で」の意味（反意は dans le public）。dans le privé は他に「私生活で」という意味でも用いられる。なお、en privé は「個人的に、プライベートで」の意味で用いられる。

3. **あなたは保険会社で働いていますか？**
   travailler dans *qc* で「〜関係の仕事をしている」という意味。

008 (pour)

1. **それをただ同然で手に入れた。**
   pour rien「ただで、ただ同然で」の意味。英語の for free に相当する表現で、類義は gratuitement や à titre gratuit など。

2. **このスカートは私には小さすぎる。**
   〈trop ... pour + *inf.*〉で「〜にはあまりにも…だ、あまりに〜なので…だ」という相関句。英語の too...to do に相当する言いまわし。

3. **月曜日の朝を目処にこの仕事を仕上げなくてはならない。**
   〈pour ＋時間〉で、予定の時間を指す。「〜の予定で、〜を目標に」の意味。avant lundi matin なら「月曜の朝までに」の意味になる。なお、avoir à + *inf.* で「〜しなければならない」の意味。

009

1. Tu sais compter (　　) cent en français ?

2. Il a usé ses chaussurres (　　) la corde.

3. On attendra (　　) ce qu'elle revienne.

010

1. Pierre était (　　) le point de sortir.

2. (　　) ce point, vous avez raison.

3. On ne peut pas compter (　　) Jérémie.

011

1. Elle t'aimait (　　) silence.

2. (　　) somme, c'est lui qui a raison.

3. M. Abe était (　　) jeans dans un cocktail.

009 (jusqu'à)

1. **フランス語で 100 まで数えられる？**
   〈compter jusqu'à ＋数字〉で「～まで数える」の意味。

2. **彼はぼろぼろになるまで靴を履いた。**
   jusqu'à la corde は直訳は「生地がすり切れて織り糸（地糸）が見えるまで」という程度を表す言い方。

3. **彼女が戻るまで待ちましょう。**
   〈jusqu'à ce que ＋接続法〉で「～するまで」の意味。英語の接続詞 till、until に相当。類似の表現に〈jusqu'au moment où ＋直説法〉「～する時まで」がある。

010 (sur)

1. **ピエールはちょうど出かけるところだった。**
   〈être sur le point de ＋*inf.*〉で「今にも～しようとしている」（＝être près de ＋*inf.*）の意味。

2. **この点については、あなたが正しい。**
   sur ce point「この点については」の意味（＝ à cet égard）。

3. **ジェレミを当てにできない。**
   compter sur *qn*/*qc* で「～を当てにする」。類義に mettre sa confiance dans [en] *qn*、se fier à *qn* がある。

011 (en)

1. **彼女は密かにあなたをしたっていた。**
   en silence で「黙って、音をたてずに、密かに」という状態を言う。aimer *qn* en silence で「～を密かに愛する」の意味。en colère「怒っている」、en fleurs「花ざかり」なども同じく状態を表現する熟語。

2. **要するに、正しいのは彼だ。**
   en somme で「要するに、結局のところ」。類義の言い回しに après tout、au bout du compte、en conclusion などがある。

3. **阿部さんはカクテルパーティーでジーンズを履いていた。**
   〈en ＋服装〉で「～を着て、身につけて」の意味。

012

1. Julien a gagné le match (   ) difficulté.

2. Entrez (   ) frapper !

3. Mes parents se disputent (   ) cesse.

013

1. J'aime tous les fromages (   ) le chèvre.

2. Le mois prochain, nous ferons de l'alpinisme d'hiver ensemble, (   ) imprévu.

3. (   ) erreur, Michel a le même âge que toi.

014

1. Tu aimes bien marcher (   ) la pluie ?

2. Charles n'est pas venu (   ) prétexte que sa femme était malade.

3. On va passer ce scandale (   ) silence.

012 (sans)

1. **ジュリアンは難なく試合に勝った。**
   sans difficulté で「難なく」。avec difficulté は反意「苦労して、やっとのことで」の意味。

2. **（ドアの貼り紙）ノックせずにお入りください！**
   sans frapper「ノックせずに」。frapper (à la porte) で「(ドアを)ノックする」の意味。

3. **私の両親はたえず喧嘩している。**
   sans cesse で「たえず」（= continuellement）。

013 (sauf)

1. **シェーヴル（山羊乳のチーズ）を除いてチーズはみんな好きです。**
   前置詞 sauf で「〜を除いて、〜以外」（= excepté）の意味。

2. **来月、不測の事態が起きない限り、一緒に冬山登山をしましょう。**
   sauf imprévu で「不測の事態が起きない限り」。en cas d'imprévu なら「万一の場合は」の意味。

3. **間違っていなければ、ミシェルは君と同い年のはずだ。**
   sauf erreur「思い違いでないなら」。言葉をプラスした、sauf erreur de ma part「私の思い違いでなければ」という表現もある。

014 (sous)

1. **雨に中を歩くのは好き？**
   sous は「〜の下に」「〜の中に」と訳せる。marcher sous la pluie で「雨の中を歩く」の意味。sous un parapluie なら「傘のなかに、傘をさして」と訳せる。

2. **シャルルは妻が病気だとかなんとか言って来なかった。**
   この sous は「(名目・手段・条件を表し) 〜で、〜を用いて」という意味。〈sous prétexte de + *inf.* / que + 直説法〉で「〜を口実にして」の意味。

3. **そのスキャンダルは黙って見過ごそう。**
   passer *qc* sous silence で「〜には触れないでおく、黙殺する」という熟語。ちなみに、前頁 011 で扱った en silence は「密かに、静かに」の意味。

015

1. (   ) nous, sa mère était malade depuis longtemps.

2. On doit choisir (   ) plusieurs solutions.

3. Il y a une grande différence (   ) les rumeurs et la réalité.

016

1. Elle est fragile (   ) nature.

2. Il était là (   ) hasard.

3. Où est-ce que tu vas (   ) le froid qu'il fait ?

017

1. (   ) toute façon, on ne peut pas y aller.

2. Défense (   ) faire demi-tour.

3. Il est patron, mais seulement (   ) nom.

015 (entre)

1. 内緒ですが、彼の母親はずっと病気でした。
   entre nous「ここだけの話だけど、内緒ですが」(「私たちの間」が直訳)の意味。

2. たくさんの解決策の中から選ばなくてはならない。
   〈entre＋複数名詞(代名詞)〉「〜の中から(に)(で)」(英語の among に相当)の意味 (例)「彼女たちの大半(大部分)」la plupart d'entre elles)。

3. 噂と現実には大きな違いがある(聞くと見るとでは大違い)。
   entre A et B (英語の between A and B) の形。「A と B との違いを見分ける」の意味なら faire la [une] différence entre A et B を用いる。

016 (par)

1. 彼女は生まれつき体が弱い。
   par nature で「生まれつき」、de nature あるいは de naissance でも同義。

2. 彼はたまたまそこにいた。
   par hasard は「たまたま、偶然」の意味。par occasion も同義。1. 2. とも〈par＋無冠詞名詞〉で副詞句になる例 (例)「たとえば」par exemple、「誤って」par erreur、「前もって、あらかじめ」par avance)。

3. こんな寒い日にどこに行くの？
   〈par＋天候・時間〉で「〜の中を、〜の時に」の意味になる (例)「夏の晴れた朝に」par un beau matin d'été)。

017 (de)

1. いずれにしても、そこに行くことができません。
   de toute(s) façon(s) は「いずれにせよ、ともかく」の意味。類義の表現に en tout cas がある。定冠詞のついた de toutes les façons は「あらゆる仕方で」という意味。

2. (交通標識) U ターン禁止。
   「禁止」défense、interdiction、あるいは prohibition、「〜に[〜することを]禁止する」は défendre [interdire] à *qn/qc* [de＋*inf.*] という。《Défense d'entrer》は「(掲示) 立ち入り禁止」。

3. 彼は店主だが、名ばかりだ。
   de nom で「名前だけで、名前で」(英語の by name にあたる)。connaître *qn* de nom なら「人を名前でだけ知っている」の意味。例文は、Il n'est patron que de nom. でも同義。

018

1. Partagez ce gâteau au chocolat (   ) moitié.

2. J'ai appris ma leçon (   ) cœur.

3. (   ) où commencer ?

019

1. Vous pourriez m'expliquer ce plan (   ) détail ?

2. On a pris le TGV (   ) direction de Lyon.

3. Mon oncle devait être là à sept heures ; (   ) fait, il est arrivé à huit heures passées.

020

1. Il s'est conduit (   ) courage.

2. (   ) le temps, on s'habitue à tout.

3. Mon père a ouvert la porte (   ) sa double clé.

018 (par)

1. そのチョコレートを半分に分けてください。
「〜を半分に分ける」は partager [diviser] *qc* par (la) moitié というが、partager *qc* en deux も会話では頻度が高い。moitié-moitié で「半分ずつにする」。à moitié prix なら「半額で」。

2. 私は課題を暗記した。
par cœur「暗記して」、英語の by heart に相当。de mémoire は類義。〈par＋無冠詞名詞〉の形で作られる熟語。apprendre *qc* par cœur は「暗記する」。

3. さあ、どこからはじめようか？
par は「行為の始まり、終り」を指して「〜から、〜で」。commencer par＋*inf.*「〜からはじめる」、finir par＋*inf.*「ついに〜する」。

019 (en)

1. その計画について私に詳しく説明していただけますか？
expliquer *qc* en détail で「〜を詳細に（詳しく）説明する」（= détailler *qc*) の意味。

2. リヨン行きの TGV に乗った。
〈en direction de＋場所〉で「〜に向かって、〜の方に」の意味。なお、〈Quelle est la direction de＋場所？〉は方向をたずねる定番（例「神田はどちらの方向ですか？」Quelle est la direction de Kanda ?)。

3. おじは 7 時にそこに来る予定だったが、実際には、8 時過ぎに着いた。
en fait「ところが、実際には」が導く文は、前文（前提）の内容に反する展開。

020 (avec)

1. 彼は勇気を持って行動した。
〈avec＋無冠詞抽象名詞〉で様態の副詞に相当。avec courage = courageusement「勇敢に」、別例、avec attention = attentivement「注意して、用心深く」など。

2. 時が経つにつれて、人はあらゆることに慣れるものだ。
avec le temps「時が経つにつれて、時とともに」（= au fur et à mesure que le temps passe）。英語の in time に相当する言い方。

3. 父は合鍵でドアを開けた。
avec が「用具・方法・手段」を表す例文（例「カードで支払う」payer avec une [sa] carte、「万年筆で書く」écrire avec un stylo）。

021

1. Cette voiture rouge roule (　　) 200 km à l'heure.

2. Cette couleur n'est plus (　　) la mode.

3. Ce soir, ils ont mangé (　　) la carte.

022

1. C'est (　　).

2. (　　) la météo, il devrait neiger.

3. Le résultat change (　　) les circonstances.

023

1. Faites comme (　　) vous.

2. Allô, je suis bien (　　) Madame Martin ?

3. On ne parle pas anglais (　　) nous.

021 (à)

1. **その赤い車は時速200キロで走る。**
   faire du 200 à l'heure とも言う。à l'heure は「1時間につき」の意味。

2. **この色はもうすたれてしまっている。**
   à la mode で「流行している、流行に合った」の意味。en vogue は類義語。なお、tendance は「流行の」という意味で、形容詞（不変）として用いられることがある（例「流行のネクタイ」cravate tendance）。

3. **今晩、彼らはアラカルトで食事をした。**
   manger à la carte は「一品ずつ選んで食事をする方式」を指し、prendre le menu「コース料理をとる」と区別される。

022 (selon)

1. **場合による。**
   くだけた言い方。Ça dépend. と同義。

2. **天気予報によれば、雪が降るはずなんだが。**
   selon で「～によれば」（= d'après）の意味。

3. **結果は状況に応じて変わる。**
   selon で「～に応じて」（= en proportion de）。

023 (chez)

1. **（自分の家にいるように）どうぞくつろいでください。**
   Mettez-vous donc à votre aise. という同義の言い回しも覚えたい。

2. **もしもし、マルタンさんのお宅ですか？**
   電話の定番の言い回し。

3. **私たちの国では英語は話されません。**
   一般に「～の家へ」「～の店へ」を意味する chez が「～の国（地方）で、～時代に（は）」の語義になるケースがある。

024

1. Il a lutté (   ) la maladie pendant longtemps.

2. Vous prenez parti (   ) ce projet ?

3. On ne pourra pas venir demain ; par (   ), on sera libre après demain.

025

1. (   ) lieu de l'avion, elle a pris le bateau.

2. (   ) contraire de son grand frère, Nicolas est réservé.

3. La supérette est (   ) coin de la rue.

026

1. François a demandé Anne (   ) mariage.

2. Il ne s'y connaît pas (   ) informatique.

3. Elle est partie (   ) douce.

024 (contre)

1. **彼は病と長い間戦っている。**
   lutter contre **qn/qc**「〜に対して戦う」の意味。

2. **あなたはこの計画に反対の立場ですか？**
   prendre parti contre **qn/qc** で「〜に反対する」。賛成なら前置詞は pour を用いる。

3. **明日はうかがえませんが、でも、明後日なら暇です。**
   par contre「それに反して、その代わり」。この表現では contre は「反対して」の意味になる副詞。

025 (au)

1. **彼女は飛行機の代わりに船に乗った。**
   au lieu de **qn/qc**「〜の代わりに」。類語に à la place de **qn/qc** がある。英語の instead of に相当。

2. **兄に反して、ニコラは控え目だ。**
   au contraire de **qn/qc** で「〜に反し、〜とは反対に」。contraire は男性名詞で「反対、逆」の意味。英語の contrary to、unlike などに相当する。

3. **コンビニは通りの角にある。**
   coin は男性名詞で「片隅、角」。例えば、au coin du bureau なら「机の角に」（= à l'angle du bureau）、tourner à gauche au coin de la rue なら「通りの角を左に曲がる」の意味。

026 (en)

1. **フランソワさんはアンヌに求婚した。**
   demander **qn** en mariage で「〜に求婚する」。faire une demande en mariage à **qn** も同義。

2. **彼は情報科学には詳しくない。**
   s'y connaître en **qc** で「(分野に) 詳しい」の意味。

3. **彼女はこっそり立ち去った。**
   en douce で「こっそり、目立たないように」の意味。この douce は doux の女性形。文法上は形容詞。en cachette、discrètement などが類義。

027

1. On quittera Narita (　　) une heure.

2. Il n'y a personne (　　) la salle de classe.

3. Elle habite (　　) la banlieue.

028

1. J'ai envie (　　) dormir profondément.

2. Signez au bas (　　) la page, s'il vous plaît.

3. Ma mère a changé (　　) coiffure.

029

1. Autrefois, j'allais souvent (　　) la pêche.

2. Je n'arrive pas (　　) croire que ma tante a déjà 80 ans.

3. J'ai beaucoup de choses (　　) faire aujourd'hui.

027 (dans)

1. **1時間後に成田を発ちます。**
「(今から) 〜後(に)」を意味する前置詞 dans を入れる。après deux heures は「2時間以降」の意味、en deux heures は「期間の持続」を表し「2時間で」のこと (例「2時間でそこに着くだろう」On y arrivera en deux heures.)。

2. **教室には誰もいない。**
「〜の中に(で)」を意味する基本語 dans を入れる。ただし、英語の in にあたる「静止」のケースと (例 She is in her bedroom. / Elle est dans sa chambre.) と英語の into にあたる「移動」のケース (例 Paul came into my office. / Paul est entré dans mon bureau.) がある。

3. **彼女は郊外に住んでいる。**
「〜の郊外に住む」は habiter dans la banlieue と表現する。habiter en banlieue なら「郊外に住む」という意味。なお、フランス語で la banlieue と言えば la banlieue parisienne「パリ郊外」を指すケースが多い。

028 (de)

1. **私はぐっすり眠りたい。**
avoir envie de + *inf.*「〜したい」という熟語。女性名詞 une envie は「欲求、生理的な欲求」のこと。なお、「ぐっすり眠る」という表現には dormir à poings fermés (ぎゅっと手を握って眠る) という言い回しもある。

2. **ページの下にサインしてください。**
bas は名詞、〈au bas de + 場所〉で「〜の下部に」の意味。

3. **母はヘアスタイルを変えた。**
〈changer de + 無冠詞名詞〉で「〜を変える」の意味。ほかに、changer d'avis「意見を変える」、changer de vêtements「着替える」、changer de domicile「転居する」(= changer d'adresse) など。

029 (à)

1. **昔、よく釣りに行ったものだ。**
aller à la pêche「釣りに行く」を直説法半過去で用いて過去の習慣を表す言い回しにしたもの。なお、autrefois と半過去の対応関係は仏検で頻度の高い語句の組み合わせ。

2. **おばがもう80歳だなんて信じられない。**
arriver à + *inf.*「(どうにか) 〜できる」は、主に否定文で用いられて「どうしても〜できない」の意味になる表現。

3. **今日は、やらなくてはいけないことがたくさんある。**
〈beaucoup de + 無冠詞名詞〉「たくさんの〜」という基本の表現。例文で、beaucoup を名詞的に「多くの物事」と考え、avoir beaucoup à faire として de choses を省くケースもある。

030

1. Elle va finir (　　) regretter d'avoir déménagé.

2. Quelqu'un m'a saisi (　　) le bras.

3. Il est mort (　　) accident.

031

1. Eric travaille (　　) le boucher.

2. Faites comme (　　) vous.

3. C'est une coutume bien de (　　) nous.

032

1. Nathan a abandonné ses études (　　) l'avis de ses parents.

2. Louis est sorti (　　) l'orage.

3. (　　) tout, il est vrai qu'ils ont échoué.

030 (par)

1. **彼女は引越したことをいずれ後悔することになるでしょう。**
finir par + ***inf.*** で「ついに（終わりに）〜する」の意味（反意語は commencer par + ***inf.*** で「はじめに〜する」）。なお、finir de + ***inf.*** は、現在形なら「（間もなく）〜するところです」(例)「私は仕事を終えるところです」Je finis de travailler.）、複合過去なら「〜し終えた」(例)「私たちは食事を終えました」Nous avons fini de manger.）の意味。

2. **誰かが私の腕をつかんだ。**
saisir [prendre] ***qn*** par le bras で「〜の腕をつかまえる」という表現。手段・道具「〜によって、〜で」を表すケース。

3. **彼は事故死した。**
この par は原因・動機「〜がもとで、〜で」を意味する語。ただし、「"〜で"死ぬ」という言い回しがすべて par になるわけではない。例えば、「癌で死ぬ」mourir d'un cancer、「飢え死にする」mourir de faim などという。

031 (chez)

1. **エリックは肉屋で働いている。**
「〜の家に」だけでなく、「〜の店で」も前置詞 chez で表現できる。

2. **気楽にしてください。**
「あなたの家にいるようにしてください」が直訳。Elle est partout chez elle.「彼女はどこでも気兼ねしない（彼女はどこでも自宅にいるようだ）」も類義の用法。

3. **それはいかにも我が国らしい習慣だ。**
bien de chez nous で「我が国らしい」、あるいは皮肉で「いかにもフランス的な」という意味合いでも用いられる言い回し。

032 (malgré)

1. **ナタンは親の意見を押し切って中退した。**
〈malgré＋人〉は「（人の）意に反して」の意味。なお、malgré soi（人称代名詞強勢形）は「いやいやながら」あるいは「つい（思わず）〜」の意味になる(例)「彼女はついふき出してしまった」Elle a éclaté de rire malgré elle.）。なお、この例文だけなら空欄に contre「〜に反して」を入れられる。

2. **ルイは雷雨を押して外出した。**
〈malgré ***qc***〉で「〜にもかかわらず」の意味。

3. **ともかく彼らが失敗したのは確かだ。**
malgré tout で「とにかく、いずれにせよ」の意味（＝ en tout cas、de toute façon、en fin de compte）。

033

1. Ça a bien marché (   ) le début ?

2. (   ) son plus jeune âge, il aimait les mathématiques.

3. On partira (   ) qu'elle sera arrivée.

034

1. J'ai aperçu Nathalie (   ) la foule.

2. (   ) toutes les solutions, Jacques a choisi la plus facile.

3. Ce vocabulaire est très répandu (   ) les jeunes.

035

1. Je ne comprends pas la différence (   ) ces deux mots.

2. Elle viendra (   ) midi et une heure.

3. (   ) nous.

033 (dès) ＊仏検準2級レベル以上では出題回数が多い。

1. **最初からそれはうまく行ったのですか？**
　（早くも）〜の時点で、〜からすでに」を意味する前置詞。

2. **彼はずいぶん幼い頃から数学が好きだった。**
　〈dès＋時にかかわる名詞〉で「〜のときからすでに」の意味。

3. **彼女が着いたらすぐに出発しよう。**
　〈dès que＋直説法〉で英語の as soon as に相当する熟語「〜するとすぐに」を意味する。〈aussitôt que＋直説法〉は類義の言い回し。

034 (parmi)

1. **私は人ごみの中にナタリーの姿を見かけた。**
　「（三つ以上、3人以上の）中で、中から」を意味する前置詞が入る。なお、foule「人ごみ、群衆」を使った、se mêler à la foule「人ごみにまぎれる」、en foule「たくさん、群れをなして」も記憶したい。

2. **すべての解決策のなかで、ジャックは一番安易なものを選んだ。**
　〈parmi＋名詞（複数）〉で「〜の中から」の意味。

3. **その言葉づかいは若者の間ですごく流行っている。**
　1. 2. と同じく、三つ以上、3人以上の「間で」を意味する parmi が入る。

035 (entre)

1. **私にはその2つの単語の違いが分からない。**
　「二つの物の"間に（の）"」を意味する前置詞 entre。

2. **彼女は昼から1時の間にやって来ます。**
　「二つの時間の"間に（の）"」を意味する entre を入れる。なお、三つ以上の複数名詞（あるいは集合名詞）が対象なら parmi を用いる（例「木々に囲まれた家」une maison située parmi les arbres）。

3. **ここだけの話です（内緒です）。**
　〈entre＋複数〉で「〜の内輪で」「〜の間だけで」を意味する（cf. p.233, 015）。entre quatre yeux、entre quatre-z-yeux「差しで、二人きりで」も類義表現。

036

1. Tout le monde, (   ) ses rivaux, respecte M. Suzuki.

2. Elle ne sait pas encore (   ) quand elle sera au Japon.

3. J'ai gardé le silence (   ) la fin.

037

1. Nous sommes collègues (   ) des années.

2. (   ) la chambre, on entend tout.

3. (   ) qu'il est étudiant, il habite à Ochanomizu.

038

1. La chance est (   ) toi.

2. Il a changé des euros (   ) des yens.

3. Elle a pris son enfant (   ) son cœur.

036 (jusqu'à)

1. **全員、ライバルさえも、鈴木さんを尊敬している。**
    副詞 même に類した用法で「～でさえ、～までも」を意味する前置詞。

2. **彼女はいつまで日本にいるか分からない。**
    〈jusqu'à＋時間〉で「～まで」を表す例。jusqu'à quand なら「いつまで」の意味だが、この例は後ろに時間を表す文章が置かれた形。

3. **私は最後まで黙っていた。**
    「程度・限界」を表す用例。jusqu'à la fin で「最後まで、ぎりぎりまで」の意味。

037 (depuis)

1. **僕たちは何年も前からの同僚です。**
    過去からある時点までに「時間・期間」を指して「～以来、～前から」（英語の since に相当）を意味する前置詞 depuis を入れる。

2. **部屋から、丸聞こえだ。**
    場所「～から」を意味する例。depuis *A* jusqu'à *B* で範囲を表して「A から B まで」。

3. **彼は学生のときから、御茶の水に住んでいる。**
    〈depuis que＋直説法〉で「～してから（以来）」の意味。

038 (contre)

1. **君は運が良くない。**
    この contre は「～に対抗して、反して」のニュアンス。

2. **彼はユーロを円に両替した。**
    この changer *A* contre *B* は「A を B に交換する、両替する」の意味で、前置詞 contre は「～と引き換えに」の意味。この例文は、前置詞を pour や en に置き換えることもできる。ただし、en を用いると後ろの冠詞は不要なので、Il a changé des euros en yens. となる。

3. **彼女はわが子を胸にひしと抱きしめた。**
    contre が「接触」のニュアンス「～にぴたりとくっつけて」で使われている文章（例）「机を壁に押しつける」pousser le bureau contre le mur）。

039

1. Nous avons mis une heure (　　) aller à l'aéroport.

2. M. Tanaka passe (　　) un bon médecin dans ce quartier.

3. Ma fille est petite (　　) son âge.

040

1. Elle s'est levée (　　) tout le monde.

2. Tournez à droite (　　) la supérette, s'il vous plaît.

3. (　　) vous, je vous en prie !

039 (pour)

1. 空港へ行くのに1時間かかった。
「時間・金」が「かかる」の意味。Il nous a fallu une heure pour y aller. と同義になる。

2. 田中さんはこの界隈では名医で通っている。
passer pour **A**「(適用・承認) A で通っている、みなされる」。

3. 娘は年の割には背が低い。
「〜にしては、〜の割には」を意味する前置詞 pour (例「この季節にしては暑い」Il fait chaud pour la saison.) にからむ決まり文句。

040 (après)

1. 彼女は皆のあとに起きた。
時間的に「〜のあとに、〜に続いて」を意味する après を入れる。

2. コンビニの先を右に曲がってください。
場所・位置を後ろに置いて「〜の次を、〜を過ぎた後で」を意味する après が入る。

3. どうぞお先に。
「あなたの次に (後で)」が直訳。人に順番を譲る際の定番のひと言。ちなみに英語でも、After you! となる。

2 共通に入る動詞

それぞれ1～3に共通に入る動詞を答えてください。

041 ▼ 不定法

1. Il va sans (　　　) que c'est un grand romancier.

2. Marie est pour ainsi (　　　) une mère pour moi.

3. C'est lâche de (　　　) du mal de vos amis.

042 ▼ 不定法

1. Je vais (　　　) contact avec vous dès mon arrivée.

2. Pierre va (　　　) son temps pour répondre à ta lettre.

3. Ma femme a fini par s'en (　　　) à moi.

041 (dire)

1. あの人が偉大な作家であることは言うまでもない。
   〈Cela [Il] va sans dire que＋直説法〉で、「〜ということは言うまでもない」の意味。英語の it goes without saying that にあたる。

2. 私にとってマリーは言うなれば母親のような人だ。
   pour ainsi dire で「言うならば」。同義の表現に en quelque sorte がある。

3. あなたの友だちの悪口を言うのは卑怯だ。
   dire du mal de *qn* で「人の悪口を言う」(＝ médire de *qn*)。penser du mal de *qn* なら「人のことを悪く思う」の意味。

042 (prendre)

1. 到着したらすぐあなたに連絡します。
   prendre contact avec *qn* で「人と連絡をとる」(＝ contacter *qn*)。perdre le contact avec *qn* なら「〜と連絡(交際)が途絶える」の意味。

2. ピエールは時間をかけて君の手紙に返事をするつもりだ。
   prendre son temps pour ＋ *inf.* で「ゆっくり時間をかける〜する」という熟語。

3. 妻はついには私に食ってかかった。
   s'en prendre à *qn* で「(相手のせいだとして) 人に食ってかかる、非難する」の意味、s'attaquer à *qn*、critiquer *qn* などが類義。

043 ▼ 不定法

1. Ma femme vient de (　　) au monde un enfant.

2. Mon frère aime (　　) ses affaires en ordre.

3. On va (　　) en vente un nouveau modèle de voiture prochainement.

044 ▼ 不定法

1. On ne peut pas (　　) facilement.

2. Avec cette pluie, mon fils est trempé et il doit (　　).

3. Elle est allée faire du shopping pour (　　) les idées.

045 ▼ 直説法複合過去

1. Il (　　) de grand progrès en anglais.

2. C'est mon oncle qui nous (　　) connaître M. Dupont.

3. Elle (　　) un tour dans le quartier.

043 (mettre)

1. 妻は子どもを産んだばかりだ。
   mettre au monde は、「出産する」を表す accoucher de **qn** や donner naissance à **qn/qc** と同義（動物の出産は mettre bas という）。比喩的に「（作品などを）生み出す」の意味でも用いられる。

2. 兄(弟)は身の回り品が整理整頓されているのが好きだ。
   mettre **qc** en ordre は「～を整理(整頓)する」の意味。en ordre は英語の in order に相当。mettre de l'ordre dans **qc** としてもいい。

3. 近いうちに新型車が発売される。
   en vente は「売りに出された、発売中の」という熟語。mettre **qc** en vente で「～を発売する」の意味になる。

044 (se changer)

1. 人はなかなか自分を変えることはできない。
   代名動詞 se changer で「自分を変える」の意味。

2. この雨で息子はずぶぬれ。着替えないと。
   se changer で「着替える」（= changer de vêtement）の意味。

3. 彼女は気分転換をするため、ショッピングに行った。
   se changer les idées で「気分転換をする」の意味。changer d'idée は「考えを変える」という意味。

045 (a fait)

1. 彼は英語がとても上達した。
   faire des progrès は動詞 progresser と同義で「進歩(上達、進行)する」の意味。なお、進歩している」という状態は être en progrès で表す。

2. 私たちにデュポンさんを紹介したのは私のおじです。
   faire connaître **qn/qc** à **qn**「人に～を知らせる、紹介する」の意味。

3. 彼女はその界隈をひと巡りした。
   faire un tour で「(辺りを)一周する、(近くを)散歩する」の意味。

046 ▼ 直説法現在

1. Je n'(   ) pas à trouver mes lunettes.

2. Elle (   ) toujours en avance.

3. Il (   ) que nous sortions après le dîner.

047 ▼ 直説法現在

1. La décoration (   ) à désirer.

2. Je (   ) tomber !

3. Je vous (   ).

048 ▼ 直説法複合過去

1. Juste avant son vote, il (   ) d'avis.

2. Après sa maladie, cet acteur (   ) de vie.

3. Mon oncle (   ) des dollars en euros.

046 (arrive)

1. どうしてもメガネが見つからない。
   arriver à + *inf.*「（どうにか）～することができる」の否定で「どうしても～できない」。

2. 彼女はいつも早めに到着している。
   arriver「着く」と en avance「進んで、先んじて」によってできている表現。「遅れてくる」なら arriver en retard。

3. 私たちは夕食後に外出することもある。
   〈Il arrive que +接続法〉で「～ということもある」の意味。Il nous arrive de sortir après le dîner. と書き換えられる。

047 (laisse)

1. その装飾では不十分だ。
   laisser à désirer「不十分である、改善の余地がある」。強調して「大いに不十分である」なら laisser beaucoup à désirer となる。ne laisser rien à désirer なら「申し分ない」という意味。

2. （諦めて）やめた！
   laisser tomber は「（持っていた物をうっかり）落とす」あるいは「～を見捨てる、放棄する、やめる」（= abandonner）の意味。J'abandonne !、Je renonce ! なども類義表現。

3. 失礼します。
   人と別れる際、あるいは電話を切る際に用いられる決まり文句。類義の表現に Je vous quitte. がある。

048 (a changé)

1. 投票の直前になって、彼は意見を変えた。
2. 病気のあと、その俳優は生活態度をあらためた。
   1. 2. ともに〈changer de +単数無冠詞名詞〉で「～を変える」という定番の言い回し。

3. おじはドルをユーロに替えた。
   changer *A* en [contre] *B*「A を B に替える（両替する）」の意味。ただし contre を使うケースでは、冠詞を添えて Il a changé des dollars contre des euros. とする。

049 ▼ 直説法複合過去

1. Il (　　　) le train ce matin.

2. Il (　　　) son coup.

3. Elle (　　　) de se faire écraser.

050 ▼ 直説法複合過去

1. Elle (　　　) le tour de cette question.

2. Il (　　　) des efforts pour plaire à sa femme.

3. Dans la cuisine, elle (　　　) la vaisselle toute la nuit.

049 (a manqué)

1. 彼は今朝列車に乗り遅れた。
manquer le [son] train で「列車に乗り遅れる」の意味。

2. 彼はへまをしでかした。
この manquer は「失敗する」の意味。manquer son coup で「へまをやらかす」の意味（文脈によっては「襲撃に失敗する」などとも訳せる）。

3. 彼女はあやうく車に引かれそうになった。
manquer de + *inf.* で「（危うく、もう少しで）～しそうになる」という熟語。de は省かれるケースもある。なお、否定にすると、「必ず（忘れずに）～する」の意味になる（例「忘れずに事前に連絡してください」Ne manquez pas de prévenir.）。

050 (a fait)

1. 彼女はこの問題をひと通り検討してみた。
faire le tour de *qc* で「（場所を）一周する、一回りする」（例「世界一周する」faire le tour du monde）、あるいは「～をひと通り検討する」（例「問題をひと通り検討する」faire le tour de la question) の意味。

2. 彼は妻に気に入られようと努力した。
faire des efforts pour + *inf.* で「～しようと努力する」の意味。s'efforcer de + *inf.*、tâcher de + *inf.* などの類義表現がある。

3. 厨房で、彼女は一晩中皿を洗った。
faire la vaisselle で「皿を洗う」。

3 共通に入る単語(名詞中心で、副詞・形容詞なども)

それぞれ1～3に共通に入る単語(名詞中心)を答えてください。

051

1. Mon fils a une bonne (　　　).

2. Je dois écrire un (　　　) sur Balzac.

3. Ma tante avait cette histoire en (　　　).

052

1. Il a visité Kyoto au (　　　) de son voyage au Japon.

2. Vous avez (　　　) cet après-midi ?

3. La réunion est en (　　　).

051 (mémoire)

1. うちの息子は物覚えがいい。

   avoir une bonne mémoire で「記憶力がいい」（= avoir de la mémoire）の意味。

2. バルザックについて論文を書かなくてはならない。

   男性名詞 mémoire で「(修士)論文（= un mémoire de maîtrise）」のこと。雑誌に掲載する「論文」なら un article、「博士論文」は une thèse を用いる。

3. おばはその話を記憶していた。

   avoir **qc** en mémoire で「〜を記憶している」の意味。de mémoire なら「暗記して、そらで」。

052 (cours)

1. 彼は日本を旅行中に京都を訪れた．

   au cours de **qc** で「〜の間（期間中）に」の意味。cours は男性名詞で「(時、物事の)流れ、経過」。dans le cours de **qc** とも表現できる。

2. 今日の午後に授業がありますか？

   avoir cours で「授業がある」の意味。avoir classe も類義。

3. 集会が開催中だ。

   en cours で「(物事が)進行中の、流通している」の意味。

053

1. Oh, pardon, je vous ai fait (　　) ?

2. L'économie de ce pays se porte (　　).

3. Ce roman policier n'est pas (　　).

054

1. Aller à l'étranger sans passeport ?　Pas (　　) !

2. Quelle (　　) !

3. Vous connaissez la personne en (　　) ?

055

1. Il a achevé ce travail sans (　　).

2. Mon grand-père a de la (　　) à marcher.

3. En France, la (　　) de mort a été abolie en 1981.

053 (mal)

1. あっ、すみません、痛くありませんでした？

faire mal で「痛みを与える」の意味。例文は、人の足を踏んだり、バッグなどが強く当たったときなどに用いる。

2. その国の経済の具合がよくない。

se porter bien [mal] で「元気である（= aller bien）［健康がすぐれない（= aller mal）］」の意味だが、人以外の主語にも比喩的に展開できる。

3. この推理小説はなかなかです。

ne ... pas mal でプラスの評価で「かなりいい、悪くない」の意味。pas mal の形からマイナスの評価になる印象だが「なかなかよい」という含意。

054 (question)

1. パスポートなしで海外へ行くですって？ 話になりません！

Il n'est pas question de...「〜することは論外だ」（英語の It's out of the question.）の省略形。「とんでもない！」と相手の発言を一蹴するときに用いる。なお、Pas question de + *inf.* ! なら「〜するなんて問題外だ！」という意味。

2. 何という質問だ！

「話にならない、愚問」というニュアンス。Cette question ! あるいは反語的に Belle question ! とも言う。

3. あなたは当の本人をご存知ですか？

en question で「話題・問題になっている、当該の」の意味。être en question なら「（今まさに）問題になっている」（être hors de question は反意で「問題外である、問題にならない」）の意味。

055 (peine)

1. 彼は苦もなくその仕事を成し遂げた。

sans peine で「苦もなく、やすやすと」の意味。sans difficulté, sans effort あるいは sans problème などが類義。avec peine は反意で「苦労して、やっとのことで」。

2. 私の祖父は歩行が困難だ。

avoir (de la) peine à + *inf.* で「〜するのに苦労する」の意味。peiner à + *inf.* や avoir du mal à + *inf.*「〜するのに苦労する」は類義。

3. フランスでは死刑は 1981 年に廃止された。

この peine は「刑罰」の意味。la peine de mort で「死刑」。

056

1. Il a peur de perdre la (   ).

2. Dites-moi en (   ) ce que vous en pensez.

3. On doit faire (   ) au marasme économique.

057

1. Il prend son (   ) à neuf heures.

2. Dans ce petit restaurant, le (   ) est rapide.

3. Ma tante travaille au (   ) des postes.

058

1. Le P.D.G. va y assister en (   ).

2. Je ne connais (   ) de plus gentil que mon mari.

3. On a doit à 20 kilos de bagages par (   ), n'est-ce pas ?

056 (face)

1. 彼はメンツを失うことを恐れている。

perdre la face で「メンツを失う」。se déshonorer は類義、sauver la face「面子を立てる(保つ)」は反意の表現。

2. その点についてどう思っているか私に面と向かって言ってください。

dire à *qn qc* en face で「人に面と向かって～と言う」という熟語。en face で「正面に、面と向って」の意味。

3. 経済不景気に立ち向かわなければならない。

faire face à *qn/qc* で「～に立ち向かう」あるいは「～と向かい合う」(例「そのホテルは駅の向かいにある」Cet hôtel fait face à la gare.)。

057 (service)

1. 彼は9時に勤務に就く。

prendre son service で「勤務に就く」という熟語。この service は「(主に役所での)勤務、仕事」の意味。être de service なら「勤務中である」の意味。

2. この小さなレストランは、サービスが早い。

この service は「食事を出すこと、給仕」の意味。

3. 私のおばは郵便局で働いている

この service は「(役所や会社の)部局、公共業務」のこと、たとえば、travailler au service des impôts なら「税務署で働く」の意味。

058 (personne)

1. 社長自ら出席します。

en personne は「(本人)自ら、自分で」の意味で、英語の in person、personally に相当する表現。P.D.G. は président-directeur général の略称。

2. 夫より優しい人は誰もいない。

〈personne de ＋形容詞(男性単数形)〉で「誰も～な人はいない」という意味。不定代名詞に形容詞をつけるときは"de ＋男性単数形"を用いる(例「何か面白いこと」quelque chose d'intéressant)。

3. 一人20キロまで荷物は認められていますよね？

par personne で「一人当たり、一人につき」の意味。

059

1. Elle est belle (　　) tout !

2. Il me considère (　　) son fils.

3. Ils se ressemblent (　　) deux gouttes d'eau.

060

1. Ma mère a l'(　　) en colère.

2. Hier soir, le concert a eu lieu en plein (　　).

3. Il ne supporte pas l'(　　) de la ville.

061

1. La (　　) moyenne de cet hiver était supérieure à la normale.

2. Vous avez de la (　　) depuis hier ?

3. Elle a pris la (　　) d'un malade.

059 (comme)

1. 彼女は実に美しい！

comme tout で「非常に、実に」。形容詞のうしろに置き、意味を強調する。

2. 彼は私を自分の息子のように思ってくれている。

considérer *A* comme *B* で「A を B と見なす」。類義の表現に regarder *A* comme *B* や tenir *A* pour *B* がある。

3. 彼らは瓜二つだ。

se ressembler comme deux gouttes d'eau で「二つの水滴のように似ている」の意味。つまり、強調 se ressembler beaucoup「よく似ている」の意味になる慣用句。

060 (air)

1. 母は怒っているようだ。

〈avoir l'air ＋形容詞(句)〉で「～のようである、～のように見える」という基本熟語。

2. 昨夜、野外でコンサートが行われた。

en plein air「野外で、屋外で」（読みは［アンプレネール］）。de plein air なら「野外の、屋外の」の意味で sports de plein air であれば「屋外スポーツ」となる。

3. 彼は都会の空気に耐えられない。

l'air は「空気」あるいは「雰囲気 (＝ atmosphère)」の意味。changer d'air（空気を変える）なら「転地する、気分を変える」の意味、prendre l'air なら「(戸外で) 新鮮な空気を吸う」という意味合い。

061 (température)

1. 今年の冬の平均気温は例年より高かった。

気温・温度の意味。mesurer la température で「温度を計る」の意味。la température maximale [minimale] で「最高[最低]気温」。

2. 昨日から熱があるのですか？

avoir [faire] de la température で「熱がある」。avoir la fièvre, avoir de la fièvre も同義。

3. 彼女は病人の体温を計った。

prendre sa température de *qn* で「～の体温を計る」の意味。なお、フランス人の感覚からすると、2. と 3. の température に意味の違いがあるようには感じられないらしい。確かに日本語でも「熱を計る」と言う。

062

1. Sonia est mignonne, sans (   ).

2. Cette rumeur est (   ) ou moins fondée.

3. Il fait très froid ; de (   ), il s'est mis à neiger.

063

1. Il neige de (   ).

2. Nous examinerons cette question à (   ) demain.

3. Il y a du (   ) depuis le mois dernier ?

064

1. Je ne sais pas si elle reste mais en tout (   ), je pars tout de suite.

2. Elle fait grand (   ) de sa parole.

3. La manifestation sportive sera annulée en (   ) de pluie.

062 (plus)

1. **ソニアはかわいいけれど、ただそれだけだ。**
   sans plus で「ただそれだけ」という意味の熟語。

2. **その噂は多少とも根拠がある。**
   plus ou moins「多少とも、多かれ少なかれ」。英語の more or less に相当する表現。

3. **とても寒い、それに雪が降り出した。**
   de plus「その上、さらに」の意味。数詞表現の後に使う例もある（例「彼は私より3歳年上だ」Il a trois ans de plus que moi.)。

063 (nouveau)

1. **また雪だ。**
   de nouveau で「もう一度、再び」の意味。類義語は encore あるいは une fois de plus。

2. **明日、その問題を一から点検しましょう。**
   à nouveau で「改めてまた、新たに」の意味。1. も 2. も nouveau は副詞に分類される。

3. **先月から何か変わったことはある？**
   du nouveau で「新しいもの、斬新なもの」。この nouveau は「新しいもの（こと）」を意味する名詞。

064 (cas)

1. **彼女がここに残るかどうかはわからないが、ともかく、私はすぐに行きます。**
   en tout cas「ともかく、いずれにせよ」は英語の in any case、at any rate に相当する。de toute façon も類義。

2. **彼女は約束を重んじる。**
   faire (grand) cas de *qn/qc* で「〜を重んじる」の意味。donner de l'importance à *qc* や respecter *qn/qc* が類義。

3. **雨天の場合、運動会（スポーツ・イベント）は中止です。**
   〈en cas de ＋無冠詞名詞〉で「〜の場合には、もし〜なら」。en cas de besoin「もし必要なら」、en cas d'urgence「緊急の場合」など。英語の in case of に相当する。

065

1. J'ai laissé son portable à portée de (　　).

2. Elle a reçu de l'argent de la (　　) de son patron.

3. Vous devriez prendre cette affaire en (　　).

066

1. Qu'est-ce qu'elles ont en (　　) ?

2. J'ai la (　　) à l'envers.

3. Mon mari a fait la (　　) toute la journée.

067

1. Hier, il s'est absenté pour (　　) de santé.

2. Ils ont (　　) en principe.

3. André a refusé cette proposition sans (　　).

065 (main)

1. 私は彼(彼女)の手の届くところに携帯電話を置いた。

à portée de main「手の届くところに」、à portée de voix「声の届くところに」、à portée de vue「見えるところに」。

2. 彼女は主人から直接お金をもらった。

de la main de qn で「〜の手から」の意味。「〜の手になる」という意味でも用いられる（例）「モネの風景画」paysage de la main de Monet）。

3. あなたはその仕事を引き受けるべきです。

prendre qc en main で「〜を引き受ける」という熟語。

066 (tête)

1. 彼女たちは何を考えているのだろう？

en tête で「頭の中に、内心（= dans le fond de son cœur）」あるいは「先頭に（で）」という熟語。

2. 気が動転している。

avoir la tête [l'esprit] à l'envers（逆さまの頭[精神]を持つ）で「気が動転している」の意味。「気が動転する」なら être ébranlé(e)、être bouleversé(e) といった言い方が使われる。

3. 夫は一日中ぶすっとしていた。

faire la tête で「ふくれっ面をする」（= faire la moue、bouder）という熟語。

067 (raison)

1. 昨日、彼は健康上の理由で欠席した。

〈pour raison de + 無冠詞名詞〉で「〜の理由で」（= en raison de qc）という熟語。なお、pour quelle raison「どういう理由で」は pourquoi「なぜ」の類義。

2. 理屈の上では彼らは正しい。

avoir raison で「正しい」。en principe は théoriquement「理論的には」という意味合い。

3. アンドレはその提案を理由もなく拒否した。

〈avec + 無冠詞抽象名詞〉で副詞になる例。sans raison は「理由なしに、理由なく」という反意語。

068

1. Ce projet commence à prendre (   ).

2. Elle a un pendentif en (   ) de croix.

3. Ma mère est en pleine (   ) ce matin.

069

1. Le gouvernement a trouvé le (   ) de sortir de la crise.

2. Il y a (   ) de la contacter ?

3. Cela dépasse mes (s).

070

1. Comme il a pris le TGV, il y est arrivé à (   ).

2. Ils sont allés au pachinko pour tuer le (   ).

3. En cas de mauvais (   ), on rentrera plus tôt.

068 (forme)

1. **その計画が固まりはじめた。**
   prendre forme「具体化する、形をなす」(= se former) の意味。

2. **彼女は十字架のかっこうをしたペンダントをしている。**
   〈en forme de ＋無冠詞名詞〉で物の「形状」を伝える表現。「〜の形をした」。ちなみに、「〜状の」の意味で、物の「状態」を示す〈sous forme de ＋無冠詞名詞〉とは区別される。

3. **母は今朝は絶好調だ。**
   en forme で「元気（好調）な」の意味。この forme は「体調」を意味する。

069 (moyen)

1. **政府は危機を回避する手段を見つけた。**
   le moyen「手段、方法」を用いて、moyen de ＋ *inf.* とすると「〜する手段（方法）」の意味。〈moyen de ＋無冠詞名詞〉「〜の手段」も覚えたい（les moyens de transport「交通手段」）。

2. **彼女と連絡ができますか？**
   il y a moyen de ＋ *inf.* で「〜できる」の意味。

3. **それは高すぎて私には手が出ない。**
   直訳は「それは私の資力を超えている」となる。複数形の moyens は「富、資力」の意味合い。avoir les moyens で「お金がある、金持ちだ」の意味になる。

070 (temps)

1. **彼は TGV に乗ったので、時間どおりそこに着いた。**
   à temps「ちょうど間に合って、定刻に、遅れずに」の意味。英語の in time にあたる。à l'heure も類義。

2. **彼らは暇つぶしにパチンコに行った。**
   英語でも kill time というが、フランス語でも tuer le temps「時間を殺す」という表現で「暇つぶしをする」という意味になる。

3. **悪天候の場合には、もっと早く戻りましょう。**
   le mauvais temps で「悪天候」。ちなみに、par tous les temps なら「どんな天気でも」の意味。なお、continuer à ＋ *inf.*「〜し続ける」は de ＋ *inf.* も用いられるが、de を用いると改まった言い方になる。

071

1. Ils marchaient la main dans la (   ).

2. Il m'a montré un timbre précieux qui lui est tombé sous la (   ).

3. Quand on s'est rencontré pour la première fois, il m'a serré la (   ).

072

1. Mon père fait la cuisine pour son (   ).

2. Le Père Noël fait (   ) aux enfants.

3. Avec (   ).

073

1. C'est du (   ) !

2. Jean a (   ) étudier, il ne réussit pas ses examens.

3. Elle est arrivée chez moi un (   ) jour.

071 (main)

1. **彼らは手に手を取って歩いていた。**
   la main dans la main で「手に手を取って」の意味。

2. **彼はたまたま手に入った貴重な切手を私に見せた。**
   tomber sous la main「偶然手に入る」。類似の言い回しに、tomber sous les yeux「偶然目に入る」という熟語もある。

3. **初めて出会ったとき、彼は私と握手した。**
   serrer la main à *qn*「人に握手する」。se serrer la main は「(互いに)握手を交わす」の意味。

072 (plaisir)

1. **父は気晴らしに料理をする。**
   英語の for pleasure に相当する語。pour son plaisir で「気晴らしに、趣味で」の意味。par plaisir とも言える。

2. **サンタクロースは子どもたちを喜ばせる。**
   faire plaisir à *qn* で「人を喜ばせる」の意味。

3. **喜んで。**
   avec plaisir「喜んで」(= volontiers)。

073 (beau)

1. **何やってるの！**
   この beau は「立派なこと」の反語。とくに子どもに向かって用いられる。

2. **ジャンはいくら勉強しても無駄だ、どうせ試験に落ちるんだから。**
   avoir beau + *inf.*「(するのはかまわないが)いくら〜しても無駄である」の意味で、なぜ無駄かを説明する文が続く。

3. **彼女がある日ひょっこり我が家にやって来た。**
   un beau jour で「ある日」、un beau matin [soir] で「ある朝[晩]」。予期しない出来事を背景に「ある印象的な」の意味がこの beau。une belle saison「美しい季節」などの用法とは意味合いが違う。

074

1. Mon petit frère a mis son pull à l'(   ).

2. L'infirmière est très polie (   ) les personnes handicapées.

3. C'est l'(   ) de la vérité.

075

1. Bonne (   ) !

2. On a fait fausse (   ).

3. Mets le moteur en (   ) !

076

1. Mon fils mange deux (   ) plus que moi.

2. Une (   ) réveillée, je ne peux plus me rendormir.

3. Mon père est à la (   ) gentil et sévère.

074 (envers)

1. 弟はセーターを裏表逆に着ていた。

à l'envers は「裏返しに、逆さまに、ごちゃごちゃに」。mettre **qc** à l'envers で「～を逆さまに着る」(= mettre **qc** sens devant derrière)、avoir la tête [l'esprit] à l'envers ならば「頭が混乱している、気が動転している」となる。この envers は「裏、裏側 (反意は endroit)」を意味する男性名詞。

2. 看護師さんは身体障害者に対してとても丁寧だ。

英語の towards あるいは to に相当する前置詞で、envers **qn**「～に対して」の意味。

3. これは真実とは反対だ。

「逆、反対」(= le contraire、l'inverse) の意味。

075 (route)

1. いってらっしゃい (気をつけて)！

特に車で出かける人に用いる。Bon voyage！と同義になるケースもある。

2. 道を間違えた。

faire fausse route で「道を間違える」あるいは比喩的に「判断 (手段) を誤る」の意味になる。

3. エンジンをかけろ！

mettre **qc** en route で「(機械や計画を) 始動させる」の意味。en route は「進行中」のこと (ただし、En route！なら「さあ、出発！」の意味)。s'arrêter en route なら「(やりかけたことを) 途中でやめる」の意味になる。

076 (fois)

1. 息子は私の倍食べる。

比較〈数詞＋ fois plus... (que ～)〉で「(～より)…倍多く」の意味（例）「5倍の本を持っている」avoir cinq fois plus de livres)。moins「より少なく」も置ける。

2. ひとたび目が醒めると、私はもう眠れない。

〈une fois ＋過去分詞〉で、「1度～すると」の意味。

3. 父は親切であると同時に厳しい。

à la fois **A** et **B** で「**A** であると同時に **B** である」の意味になる相関句。à la fois だけで「同時に」en même temps の意味でも使われる。

077

1. Il faut à tout (　　　) que nous soyons demain à Kyoto.

2. Il a eu le premier (　　　) de piano.

3. Quel est le (　　　) de cette robe ?

078

1. Il y a douze heures environ de (　　　) entre Tokyo et Paris.

2. Vingt euros un café, c'est du (　　　) !

3. Combien de kilomètres y a-t-il d'ici à Disney Land à (　　　) d'oiseau ?

079

1. Tu as pris (　　　) à cette réunion ?

2. Chacun a payé sa (　　　) au restaurant.

3. J'ai déjà lu cela quelque (　　　).

077 (prix)

1. 明日、私たちはどうしても京都にいなくてはならない。
à tout prix（どんな代価を払っても）から「どうしても、何としても」（＝ impérativement）の意味で使われる。

2. 彼はピアノで1等賞をもらった（1位になった）。
prix は「賞」の意味（例「ノーベル賞」le prix Nobel）。

3. このワンピース（ドレス）はいくらですか？
この prix は「値段、価格」の意味。ただし、日常の会話では Ça coûte combien ?「これいくらですか？」とたずねるのが通例の言い回し。

078 (vol)

1. 東京 - パリ間はほぼ12時間の飛行だ。
vol は「(飛行機の) 飛行、フライト」の意味。

2. コーヒー1杯で20ユーロ、それは泥棒だ！
この vol は「盗み、窃盗」の意味から広がり「暴利」を意味する語。不当に高い値段を前にして用いるひと言。

3. ここからディズニーランドまで直線距離で何キロですか？
à vol d'oiseau（鳥の飛行で）で「直線距離で」(en ligne droite, en droite ligne)、あるいは「最短距離で」という熟語になる。なお、「上空から見て、鳥瞰して」の意味にもなる（例「鳥瞰図」la perspective à vol d'oiseau）。

079 (part)

1. あの集会に参加した？
prendre part à *qc*「〜に参加する」の意味で、英語の take part in something に相当する。類義に participer à *qc* がある。

2. レストランで各人、自分の分を支払った。
payer sa part で「自分の分を支払う」という熟語。

3. 私はどこかでそれをすでに読みました。
quelque part で「どこかで(に)」の意味。

080

1. Ils ont mis un (   ) à leurs discussions.

2. Pourquoi êtes-vous en mauvais (   ) avec votre femme ?

3. Les économistes font des prévisions économiques à long (   ).

081

1. Les (   ) ont voté à main levée.

2. Il était (   ) aux cours du matin.

3. A (   ), il habite en Bretagne.

082

1. Le (   ) à rebours a commencé.

2. Avez-vous un (   ) en banque ?

3. Je travaille à mon (   ).

080 (terme)

1. 彼らは議論に終止符を打った。
「終り」を意味する terme を用いて、mettre un terme à **qc** で「〜に終止符を打つ」という熟語。

2. どうしてあなたは奥さんと仲が悪いの？
être en bons [mauvais] termes avec **qn** の形で「人と仲が良い [悪い]」という熟語（英語の be on good [bad] terms with に相当）。

3. エコノミストたちは長期の（遠い将来の）経済予測をしている。
「期限」を意味する terme（例「期限を決める」fixer un terme）を使って、à long [court, moyen] terme とすると「長期 [短期、中期] の」を意味する熟語になる。

081 (présent)

1. 出席者たちは挙手で採決を行なった。
この présent は名詞で「出席者」の意味。voter à main(s) levée(s) で「挙手で採決する」の意味になる熟語。

2. 彼は午前中の授業には出席していた。
形容詞で「出席している」の意味（反意は absent(e)）。

3. 今では、彼はブルターニュに住んでいる
à présent で「現在は、今では」の意味。maintenant で言い換えられるが、à présent はやや改まった熟語で「(過去の事実と対比して) 現在では、今や」という含意。

082 (compte)

1. 秒読みの体勢に入った。
英語の count-down の仏語訳、compte à rebours で「秒読み、逆算」のこと。

2. 銀行口座はお持ちですか？
avoir un compte en banque で「銀行に口座がある」の意味。avoir un compte à la banque としても同義。

3. 私は自営業です。
travailler à son compte で「自分の責任で働く、自前で働く」あるいは「自立している」という意味合い。

083

1. D'ici on a une belle (   ) sur le lac Léman.

2. Je la connais seulement de (   ).

3. Elle expose, dans sa thèse, une grande richesse de

    (s).

084

1. L'(   ) de santé de votre fils est bon.

2. Quand prévoyez-vous de faire enregistrer votre mariage sur l'(   ) civil ?

3. Cette voiture n'est plus en (   ) de rouler.

085

1. Il n'y a pas le (   ) !

2. J'ai la bouche en (   ).

3. Tournez à gauche au prochain (   ), s'il vous plaît.

083 (vue)

1. **ここからレマン湖が美しく見渡せる。**
「眺望」を意味する vue を、avoir vue sur *qc* の形で用いて「〜を見晴らす、〜に臨む」の意味。例文はそこに形容詞を置き、une belle vue「美しい眺望、良い眺め」としたもの。

2. **彼女の顔だけは知っています。**
de vue で「目で見て」という意味。perdre *qn/qc* de vue なら「〜を見失う、忘れる、会っていない」という熟語。

3. **彼女は論文のなかで、実に豊かな見解を示している。**
vue は「見方、見解」の意味。point de vue なら「視点、観点」となる。

084 (état)

1. **息子さんの健康状態は良好です。**
この état は「(心身の)健康状態」を指す。

2. **入籍はいつの予定ですか？**
état civil で「戸籍」の意味。直訳は「戸籍に結婚を記入してもらう」となる。なお、les registres de l'etat civil は「戸籍原簿」のこと。

3. **この車はもう走れる状態ではない。**
en état de *qc* で「〜ができる(状態にある)」という意味。en état は「(物が)使える状態で、正常な」の意味。反意は、hors d'état で「(物が)使えない状態で、故障した(= en panne)」という意味。

085 (feu)

1. **慌てることはない！**
直訳は「火はない→火事ではない」となることから「慌てなくていい」という意味のくだけた言い回し。会話では Y a pas le feu ! と略して使われるケースも少なくない。

2. **(辛い物を食べて) 口の中が燃えているようだ。**
feu は「顔などのほてり」の意味にもなる (例「かみそり負け」le feu du rasoir)。en feu で「燃えている、ほてっている」の意味。

3. **つぎの信号を左に曲がってください。**
feu が「信号」を指す例。ちなみに、フランス式の信号表記は、「赤」「オレンジ」「緑」feu rouge、feu orange、feu vert となる。

索引

この索引は、パート１「動詞用法ドリル」の語義・例文の中から見出し語を抽出し、あいうえお順にまとめたものです。

※数字は動詞の見出し番号（トラックナンバーも同じ）で、掲載ページではありません。

－例文からの見出し語抽出例－

例：001
「彼は 財産を 子どもたちに 譲る つもりだ。」
この例文からは、上記下線部の３箇所が下記の見出し語で索引の対象となっています。

(1) 財産　(2)（財産などを）譲る　(3)（〜する）つもり（である）

単語索引に、あるいは日本語から発想して仏作文をする際に役立つ「和仏」として活用頂けます。また、該当項目の例文・構文を参考にして、自分でフランス語の文を作ってみることは、表現の定着をよりいっそう深めてくれるでしょう。

(注)「子どもたち」など、初級で学ぶ名詞の多くは「索引対象外」としています。

あ

語	番号
愛	59
相変わらず	223
挨拶	414
挨拶をする	414, 446
(à への) 愛情	49
(〜に強い) 愛情を持っている	447
愛する	22, 182
愛想のいい	22
会いたがる	357
(〜の) 間	435
愛着	49
(〜に) 愛着を持つ	49
相次いで現れる	124
相次いで起こること	435
相次いで来る	124
相次ぐ	435
とても愛らしい	17
会う	136, 193, 246, 315, 331, 381, 472
(危険な目に) 遭う	110
(人と偶然に) 会う	381
(約束して) 会う	381
会う約束	382
赤信号	287
赤ちゃん	73, 294, 327
明かり	196
上がる	165, 278
上げる	119
赤ん坊	452
あきらめないで続ける	246
あきらめる	316
(〜を、〜するのを) あきらめる	383
握手を交わす	422
アクセス	413
アクセスコード	413
開ける	41, 301
(場所を) あける	125
(上に) あげる	278
(身体の一部を) 上げる	259
開けること	301
あざけり	280
あざ笑う	409
足	64
(〜を) 味わう	470
(危険な場所にあえて) 足を踏み入れる	56
預ける	95
(お金を) 預ける	134
預けること	134
遊び	253
遊ぶ	30, 253, 442
(賞罰などを受けるに) 値する	274
(〜するに) 値する	274
与える	9
(〜について人に実用的な情報を) 与える	385
(〜を…に) 与える	154
暖かい	10
温めなおす	58
(冷えた物を) 温めなおす	356
(体を) 温める	356
(再び) 温めること	356
頭がいい	115
頭を使う	365
新しい	121, 177, 238, 247, 402, 419
新しくする	384
新しくすること	384
暑い	420
悪化	138
〜扱いする	456
扱う	20
悪化させる	138
悪化する	138
暑さ	2, 429
(〜を) 当てにする	91, 212

索引 Index

（〜の）あとで	408	
後（に）	118	
後に来る	435	
後について行く	438	
アドバイス	99	
アドバイスする	99	
アドレス	18	
（〜の）後を追う	438	
（次々に）後を継ぐ	435	
（〜の）後を継ぐ	435	
あの日	434	
アパルトマン ▶マンション		
（非難などを）浴びせる	18	
油	269	
アプローチ	40	
あまりに…	113	
雨	33, 220	
雨が降る	57, 103	
雨になる	386	
アメリカ（の）	459	
誤った	387	
（〜のことについて）謝る	202	
歩み寄り	353	
（食器を）洗う	408	
争い	262	
あらまし	34	
あらゆる	63, 243, 287	
表す	393	
（急に・思いがけなく）現れる	35	
（人や太陽などが）現れる	302	
（〜することが）あり得る	325	
ありがとう	333	
歩いて	276, 378, 451	
歩く	265	
歩く（こと）	356	
歩くこと	265	
アルコール	309	
（〜ということが）ある	44	
（〜に）ある	198, 462	
アレルギー	227	
合わせる	437	
（AをBに）合わせる	368	
安易な	296	
暗算（で）	72	
安堵	431	
案内所	385	
あんな風に	12

い

(àに) 居合わせる	47
いい気になる	201
言い足す	23
いいにおい！	420
言い訳	202
言い渡す	119
言う	154, 298, 370, 440, 471
（〜に…するように）言う	147
（〜だと）言う	348
（〜に…と）言う	147
（〜に）言う	147
家	29, 106, 111, 257, 326, 448
癒える	227
意外な	197
意外な出来事	56
意外に思う	441
医学	468
威嚇する	271
遺憾な	370
遺憾に思う	370
行き	25
異議	149
（偶然〜に）行き当たる	451
意気消沈	2
意気消沈させる	120
意気消沈する	120
偉業	440
生きている	470
生きる	470
異議を唱える	439
（〜に）異議を唱える	149
行く	276, 331, 383
（場所・会合・仕事などに）行く	382
（話し相手の方、話題の場所に）行く	468
（〜へ）行く	25
（一度行った所にもう一度）行く	400
胃薬	20
いくら	311
意見	147, 312
意向	144
〜以降	16
遺産	231
意志	472
石	258
意識	420
医者	123, 242, 248, 297

（〜と）意志を伝えあう	87
椅子	386
急いで	416
急いで〜する	130
忙しい	328
急ぐ	130
依存	131
（〜に）依存する	131
痛み	73
（物が）痛む	3
痛める	3, 74
一度も〜ない	400
一日	155
一様な	464
いつかは	379
いつから	17
一考	274
一切の	125
一週	453
1週間	297
一緒に	147, 342
（人と）一緒に行く	7
一致	9
(avecと) 一致させる	9
（〜と）一致する	82
居続ける	397
（ある場所から）行ってしまう	25
一杯の	446
一般公開する	118
一般に	39
一方通行	54
いつも	11, 88, 89, 106, 149, 202, 327, 390
いつもの	229
意図	342
（物の）移動	133
移動させる	133
移動する	133
田舎	81, 228
（人が）いなくなる	150
稲妻	159
委任状	334
犬	339
命	410
祈り	333
（人に〜するよう）祈る	430
今	118
今すぐ	291
今すぐに	368

意味	420	
意欲	472	
依頼人	123	
入口	186	
いる	326, 436	
(〜に) いる	198, 462	
入れる	67, 276, 386	
(à, dans に) 入れる	241	
祝い	371	
(人に〜の) 祝いを述べる	430	
印刷	450	
(〜に強い) 印象を与える	216	
インターネット	87, 385	
インフルエンザ	282, 358	

う

ヴァイオリン	▶ は の項目を参照	
ヴァカンス	▶ は の項目を参照	
ヴァカンス (には)	▶ は の項目を参照	
ヴィザ	▶ ひ の項目を参照	
ウインドー	367	
ウェイター	423	
(〜の) 上に	322	
受かる	115	
請け合う	222	
受け入れ	10, 246	
受け入れられる	6	
受け入れる	10, 291, 355	
(拒否しないで) 受け入れる	6	
(〜することを) 受け入れる	6	
受け入れることのできる	16	
受け継ぐ	231	
受け取る	355, 441, 446	
受け取ること	6, 355	
受ける	329	
(試験などを) 受ける	309	
(授業・治療などを) 受ける	438	
(人や組織を) 動かす	272	
(機械などが) 動く	265	
失う	313	
失うこと	313	
失わずにおく	223	
(〜の) 後ろに	455	
後ろへさがる	361	
後ろへさげる	361	
薄笑いする	432	
嘘	255, 273	

嘘をつく	11, 90, 303	
(〜に) 嘘をつく	273	
歌 (chanson より重厚な音楽)	78	
疑い	156	
(〜のことを) 疑う	156	
(〜ということを) 疑わしく思う	156	
歌を歌う	78	
(ロケットの) 打ち上げ	258	
打ち明け話	59, 95	
打ち明ける	59	
(内密に) 打ち明ける	95	
(獲物などを) 打ち落とす	2	
(釘などを) 打ち込む	176	
打ち込むこと	176	
打ちすえる	62	
打ちのめす	2	
(試合・戦争で) 打ち負かす	62	
(体の部分 de を) 打つ	62	
(心を) 打つ	216, 452	
美しい	36	
(キーを) 打つこと	216	
(繰返し) 打つこと	62	
(病気を) うつす	457	
腕	74, 413, 422	
促す	251	
うまくいく	42, 193, 222	
(事柄が) うまく運ぶ	265	
うまくやりこなす	117	
生まれた	400	
生まれる	283	
生む	352	
うめき声	317	
裏	245	
売上げ	467	
売り手	467	
瓜二つである	396	
売る	467	
(名声・確信を) 得る	15	
嬉しい	401	
売れる	467	
うわさ話	348	
運河	320	
運転	94	
運転する	94	
運転免許	402	

え

絵	86, 118	
映画	213, 326, 418, 434	
(出来事が大きな) 影響を残す	267	
英語	304, 454	
英仏海峡	448	
駅	7, 135, 267, 349	
エキゾチックな	404	
(〜に) 得させる	334	
エッセイ	194	
閲覧する	293	
絵はがき	188	
選び出す	418	
選ぶ	81	
(いくつかの可能性のうち〜することを) 選ぶ	81	
エレベーター	43, 378	
延期	377	
延期する	377	
演劇 (の)	215	
援助	21	
援助する	416	
演じる	253	
演奏	253, 446	
演奏会	104	
演奏する	203, 253	
円柱	433	
(空間的な) 延長	338	
(時間的な) 延長	338	
(時間・空間を) 延長する	338	
遠慮する	224	

お

(車の) 追い越し	129	
(車を) 追い越す	129	
(〜に) 追いこむ	364	
美味しい	99, 358, 420, 423	
置いていく	257	
お祝いを言う	210	
王	369, 435	
押収	413	
横断	459	
横断する	459	
応答	391	
終える	14, 145, 449	
(par で) 終える	449	

索引
Index

見出し	ページ
大いなる	440
大いに	170, 249, 317, 419, 429, 452
覆う	112
大きい	225, 226, 109
大きくなる	225
大きさ	225
(物が〜の) 大きさである	275
大きな	334
多くの	156, 463
大げさに言う	201
大声で話す	114
多すぎる	462
大勢	100
大時計	242
大目に見る	303
(〜の) おかげで	87
(危険を) 冒す	110
(倒れたあと) 起き上がる	373
起きる	259
置き忘れる	257
置く	276
(安定した状態に) 置く	322
(手にしている物を) 置く	134
(ある状態に) 置くこと	276
送る	18, 441
(B に A を) 送る	188
贈る	295
送ること	188
遅れた	444
遅れる	126, 130, 140, 242, 331
(倒れた人・物を) 起こす	373
起こすこと	373
(de を) 怠る	284
(行為・動作を) 行なう	207
(カフェなどでの) おごり	453
起こる	44, 309, 237
怒る	156
(〜が人に) 起こる	44
(事件や現象が) 起こる	335
抑える	105
(〜しそうになるのを) 抑える	399
お酒	314
幼い	373
幼友達	266, 451
教える	242
(教科を) 教える	182
(教訓などを人に) 教える	182
(〜に…することを) 教える	39
(〜に…ということを) 教える	39
(〜に) 教える	39
(〜について人に実用的な情報を) 教える	385
(〜を) 教える	279
押しつける	41
押しつぶす	162
押しつぶすこと	162
(人を) 押しのける	324
おしまいにする	449
惜しむ	370
押し破る	176
おしゃべり	190
(sur を) 押す	41
(移動させるように物を) 押す	324
汚染	244
遅い	327, 382
(時間の) 遅い	444
遅く	444
遅くに	202
恐るべき	362
恐れ	113, 410, 416
(〜する) 恐れがある	410
(危害や悪い結果をもたらすものとして) 恐れる	113
(自分が〜する・したのではないかと) 恐れる	113
(〜であることを) 恐れる	362
(〜ではないかと) 恐れる	113
(興奮していたのが) 落ち着く	73
落ち葉	70
落ちる	410
(〜が) 落ちる	60
(雷が) 落ちる	451
お手伝い	376
音	60, 206
脅し	271
脅す	271
(〜を…するぞと言って) 脅す	271
(場所を) 訪れる	469
(〜をうっかり) 落とす	451
(知らせ・出来事に意表をつかれて) 驚いている	441
驚かせる	197
(〜を) 驚かせる	441
驚き	197, 441
(強い) 驚き	413
(〜に) 驚く	197
同じ	390
同じような	419
帯状のもの	455
オフィス	257, 312
覚えている	351, 434
(〜したことを) 覚えている	434
(自分が〜したことを) 覚えている	434
(〜することを) 覚えている	351
(見て) 覚えていること	360
覚える	399
(〜することを) 覚える	39
溺れる	410
おめでとう	210
重い	321, 455
思い上がり	436
(今まで気づかなかった事柄に) 思い当たる	34
思い描く	237
思い起こさせる	351
思い切って〜する	298
思い込み	331
思い込む	327
(自分を A と) 思い込む	327
(人に) 思い出させる	351
(〜することを) 思い出させる	351
思い出す	351, 405, 426, 434
(〜することを) 思い出す	351
思い違いをする	461
思い出	434
(〜を) 思いとどまらせる	120
(夢想して〜に) 思いをはせる	404
思う	115, 412
(自分が〜したと) 思う	115
(自分が〜であると) 思う	115
(自分を〜であると) 思う	115
(〜だと) 思う	312
(見たり経験したりして〜であると) 思う	462
(見たり経験したりして人を〜と) 思う	462
(〜でないかと) 思う	156
(〜と) 思う	195
(〜について…と) 思う	312
(〜のことを) 思う	312
(〜を…であると) 思う	115
面白い	30, 249
面白がらせる	30
おもちゃ	350

(〜しようと) 思っている ……… 312	(〜を) 害する ……… 289	書き留める ……… 180
重荷 ……… 79	改善する ……… 27	書く ……… 19
(場所・会合・仕事などに) 赴く 382	改造 ……… 28	(文字・文章・考えなどを) 書く… 163
(人には〜するように) 思われる… 419	(AをBに) 改装する ……… 28	家具 ……… 133
(人には〜であるように) 思われる 419	(AをBに) 改造する ……… 28	画一化 ……… 464
(人には〜のように) 思われる … 419	解体する ……… 141	画一化する ……… 464
泳ぎ ……… 448	回転 ……… 412, 453	画一性 ……… 464
泳ぐ ……… 158	街頭 ……… 471	学位論文 ……… 213
降りる ……… 135	回答する ……… 366	学業 ……… 120, 175, 316
降りること ……… 135	開発する ……… 402	書く行為 ……… 163
折る ……… 74	回復 ……… 392	隠し場 ……… 71
(自分の〜を) 折る ……… 74	(病気や精神的苦痛からの) 回復 227	確信 ……… 48, 106
オレンジ ……… 345	回復する ……… 227, 436	(〜であることを) 確信している 106
(〜から) 降ろす ……… 135	(状況を) 回復する ……… 363	(〜であると) 確信している ……… 316
(車から人を) 降ろす ……… 134	(天候などが) 回復する ……… 27	(〜からさえぎって) 隠す ……… 71
義務を負わせる ……… 291	解放する ……… 125	(〜であることを) 隠す ……… 71
終り ……… 213, 449	解明 ……… 117	(見えない所に) 隠す ……… 71
終わる ……… 213, 444, 449	買物をする ……… 381	確定 ……… 139
(〜で) 終わる ……… 213	概要 ……… 34	格闘家 ……… 262
音楽的な ……… 231	改良 ……… 27	(contre, avec と) 格闘する ……… 262
恩恵に浴する ……… 63	改良する ……… 27	(価値を) 獲得する ……… 15
温度 ……… 60	買う ……… 13, 159	(権利・書類などの) 確認 ……… 105
	返す ……… 352	(事実や現状の) 確認 ……… 101
	(借りた金を) 返す ……… 375	(事実に目をとめて) 確認 ……… 101
か	(人に) 返す ……… 382	(〜であるよう) 確認する ……… 48
	(AをBに) 変えられる ……… 364	学部 ……… 312
ガーデニング ……… 97	(同じ役割を果たすためにAをBに)	学問 ……… 417
カーニヴァル ……… 124	替える ……… 379	(〜に) 隠れて…する ……… 71
カーブ ……… 453	変える ……… 239, 277, 390	隠れ場 ……… 71
ガールフレンド ……… 295	(別種のものに) 変える ……… 77	(場所に) 隠れる ……… 71
〜階 ……… 278	(様子・内容などを) 変える ……… 77	かくれんぼ ……… 71
開花 ……… 189	帰る ……… 106	かけ算 ……… 282
改革 ……… 8, 312	(〜へ) 帰る ……… 386	欠けている ……… 264
海岸 ……… 472	(もと居たところに) 帰る ……… 400	(〜が) 欠けている ……… 264
会議 ……… 443	帰ること ……… 400	(電話を) かけなおす ……… 351
解決策 ……… 296	顔 ……… 363	(言葉などを) かける ……… 18
解決する ……… 42, 126	香り ……… 404	(時間・日数などを) かける ……… 327
(事件などを) 解決する ……… 117, 368	画家 ……… 195	(数学で) 掛ける ……… 282
解決法 ……… 205	価格 ……… 88, 146	下降 ……… 135
外見 ……… 35	化学 ……… 244	傘 ……… 44, 96, 173
会合 ……… 267	(〜するのに…が) かかる ……… 276	火災保険 ……… 48
外国語 ……… 39	(病気に) かかる ……… 52	火事 ……… 364
外国人 ……… 318	(〜に) 関わる ……… 294	果実 ……… 107
会社 ……… 123, 168, 317	鍵 ……… 211, 257, 276, 322, 401, 415	歌手 ……… 351
会社員 ……… 172	(〜に…と) 書き送る ……… 163	(〜を) 課す ……… 93
回収 ……… 178	書き込む ……… 245	(BにAを) 課す ……… 239
外出 ……… 54, 427	(書類に必要事項を) 書き込む … 380	(BにAを) 貸す ……… 330
外出する ……… 51, 196, 207, 366, 427	書き付ける ……… 267	貸すこと ……… 330
開場 ……… 301		

索引 Index

風 …… 77, 301	カメラマン …… 198	監視 …… 442
課税 …… 239	～かもしれない …… 325	感じ …… 420
(金を)稼ぐ …… 221	～から …… 226	(～という)感じがする …… 420
数える …… 91	からかい …… 280	監視する …… 442
加速 …… 5	(馬鹿にして)からかう …… 280	感謝 …… 360, 376
(車などが)加速する …… 5	がらくた …… 220	患者 …… 242
ガソリン …… 146	(～に)駆り立てる …… 240	(人に)感謝する …… 376
形 …… 215	(BにAを)借りている …… 145	勘定 …… 91, 318
形作る …… 215	借りる …… 342, 382	感情 …… 420
片づけ …… 350	(BからAを)借りる …… 174	(～に)干渉する …… 270
片づける …… 116	借りること …… 174	(視覚・聴覚以外の感覚で)感じる …… 420
(deから)片づける …… 299	(重さを)軽くする …… 24	(自分が～と)感じる …… 420
片方 …… 313	(苦痛・負担などを)軽くする …… 24, 431	(人の)関心を引く …… 249
片道切符 …… 25	軽くすること …… 24	関心を持つ …… 294
(～という風に)語る …… 348	ガレージ …… 427	(～に)関心を寄せる …… 249
カタログ …… 85	枯れた …… 281	完成 …… 14
価値 …… 466	(植物が)枯れる …… 281	完成する …… 14
(人間の)価値 …… 466	川 …… 158, 258	観測する …… 292
(～の)価値がある …… 466	かわいい …… 371	感動 …… 170, 413
(通貨・商品などの)価値を下げる …… 142	川沿い …… 451	感動させる …… 170
勝つ …… 115, 221	代わりに …… 404	監督 …… 442
滑走路 …… 322	代わる …… 347, 379	監督する …… 442
合体 …… 241	変わる …… 430	カンニングする …… 441
(2つの出来事が)合致する …… 82	(様子・内容が)変わる …… 77	緩和する …… 234
活動休止 …… 364	間一髪 …… 200	
(髪の)カット …… 109	考え …… 239, 312	**き**
活用する …… 465	考え方 …… 471	
(～を好機として)活用する …… 336	(àを)考える …… 426	(パソコンなどの)キー …… 452
仮定 …… 440	(しっかり)考える …… 365	キーホルダー(鍵の束) …… 80
仮定する …… 440	(～しようと)考える …… 187	黄色い …… 252
過度 …… 201	(～することを)考える …… 312	議員 …… 433
悲しみ …… 319	(～であると)考える …… 440	(物が)消え去る …… 25
(組織などに)加入を認める …… 16	(～と)考える …… 100, 195	記憶 …… 434
金持ち …… 189	(～のことを)考える …… 312	記憶にとどめる …… 399
金持ちになる …… 181	(～のことをしっかり)考える …… 365	気温 …… 207
加筆 …… 23	(ぼんやり)考える …… 404	飢餓 …… 83
花粉 …… 227	感覚 …… 420	機会 …… 336
壁 …… 353	喚起 …… 351	着替えをする …… 77
我慢 …… 310	関係 …… 352	気がかり …… 428
我慢して～する …… 214	歓迎 …… 10	気がかりだ …… 113
我慢する …… 439	関係ある …… 367	規格 …… 464
我慢強く待つ …… 310	刊行 …… 302	規格化 …… 464
(～するのを)我慢できない …… 171	(書籍などが)刊行される …… 302	(～のような)気がする …… 420
(～であることが)我慢できない …… 439	観光バス …… 94	(～に話して)聞かせる …… 348
我慢できる …… 439	勧告 …… 358	(～に思い至って)気がつく …… 382
紙 …… 112	看護師 …… 357	気兼ねする …… 224
神 …… 115, 204	観察 …… 292	(～したために)気が楽になる …… 431
髪 …… 207	観察する …… 292	聴く …… 161

聞く	161, 183, 219, 353, 404		記入する	245, 380	競争	411
危惧する	113, 362		疑念	156	強調する	246
危険	56, 57, 244		記念日	472	共通の	381
（予想される）危険	410		キノコ	462	脅迫	271
棄権する	441		気の毒に思う	317	興味	249
危険である	40		気晴らし	153	興味深い	249
危険にさらす	56, 410		気晴らしをさせる	153	興味をそそる	249
（あえて失う）危険を冒す	410		気晴らしをする	153	興味を持つ	249
記号	393		気分が悪い	420	共有している	305
聞こえる	183		希望	193	協力	104
岸	472		（～であることを）希望的に思う	193	行列	124
記事	19, 454		気前のよい	279	許可	54, 314
技師	172		欺瞞	461	（入会・入学などの）許可	16
期日	449		機密文書	293	許可する	54, 314
技術	402		義務	145, 291	（～に…することを）許可する	54
起床	259		義務の	291	（～する）許可を得る	293
傷	64, 227		（支払う）義務がある	145	漁業	470
（人を）傷つける	64		（～を）義務づける	239	虚構	270
キスをする	168		（～するのが…の）義務である	36	居住	228
規制	368		決める	364	拒絶	366
偽善者	268		（～することに）決める	81	拒否	366
(de を) 競う	262		（～することに）決める	118	拒否する	315
（人と～を）競う	411		疑問	250	霧	94
規則	16, 314		客	423	切り傷	109
（一定の範囲内の）規則	368		（ニュースなどの）キャスター	19	キリスト教	182
ギター	253, 417		（家具などの）キャスター	412	切り取り	109
期待	129, 193		キャンセル	33	（困難などを）切り抜ける	117
期待する	92, 193		休暇	220	切り離す	137
（～であることを）期待する	193		休憩する	443	〈A de B〉B から A を)切り離す	137
帰宅する	386		吸収	46	技量	417
きちんと	205		（食物や知識を）吸収する	46	着る	276
（～ということに）気づいている	156		救出	125	切る	109, 207, 423
喫煙者	439		（負傷者などを de から）救出する	125	（自分の～を）切る	109
喫煙（する）	314		救助	47, 416	（スイッチを）切る	196
きつく	422		求人欄	249	きれいだ	143
気づく	34, 374		急速	5	きれいな	295
（観察して）気づく	292		宮殿	469	きれいにする	286
（～であることに）気づく	374		給与	53, 355	記録（記憶）する	180
きっと	99, 329, 346, 370		休養	297	議論	149
きっぱりした	19		給料	311	気をそそる	448
規定	368		教育	182	気をつけて！	410
機内	48		教員	107, 182	（言動や身なりに）気をつける	442
気に入る	419		競技	253	均一にする	464
（～することをとても）気に入る	17		行儀	447	均衡	191
（人の）気に入る	318		凝視	102	銀行	301
気にかける	244		狂人	309	銀行口座	245
(de のことを) 気にかける	428		（人に～することを）強制する	239	禁止	123, 248
記入	245		強制的な	291	禁止する	134

索引
Index

(〜に対して) 禁止する ………… 248
近所の人 (たち) ……………… 218, 376
禁じる ………………………………… 93
(〜に…することを) 禁じる … 123, 248
緊張 ………………………………… 446
筋肉 ………………………………… 372
勤務 ………………………………… 423

く

クイズ ……………………………… 144
偶然の一致 ………………………… 82
草 …………………………………… 324
くじ引き …………………………… 450
苦情 ………………………………… 357
ぐずぐずする ……………… 444, 455
薬 …………………………………… 73
具体化 ……………………………… 92
具体化する ………………………… 92
口にする ……………………… 197, 420
口調 ………………………………… 6
口を出す …………………………… 270
靴 …………………………………… 299
屈辱 ………………………………… 235
ぐったりさせる …………………… 2
くっつく …………………………… 447
国 (々) ………………… 139, 208, 404
苦悩 ………………………………… 429
区別 ………………………………… 152
(AとBを) 区別する …………… 152
組合 ………………………………… 81
組み合わせ ………………………… 84
組み合わせる ……………………… 84
(〜したことを) 悔やむ ………… 370
暮らし ………………………… 20, 123
暮らす …………………………… 81, 470
グラス ……………………………… 408
クラブ ……………………………… 245
(〜に) 比べて …………………… 53
比べる ……………………………… 88
(サッカーで：ボールを) クリアーする ……………………………… 125
クリーニング ……………………… 286
クリーム …………………………… 69
繰り返される ……………………… 390
繰り返し ……………………… 357, 390
繰り返して言う …………………… 390
(人に〜と) 繰り返して言う …… 390

繰り返す ……………………… 213, 384
クリスマス ………………………… 40
クリスマスパーティー …………… 355
来る ………………… 113, 193, 370, 468
(de から) 来る ……………… 345, 468
グループ …………………………… 215
来ること …………………………… 468
苦しみ ……………………………… 429
(de のために) 苦しむ …………… 429
(〜で) 苦しむ …………………… 429
(人が) 車に乗って走る ………… 412
車を運転する ……………………… 94
(判断などを) 狂わせる ………… 209
クレープ …………………………… 417
クレーム …………………………… 357
(日が) 暮れる …………………… 451
(日が) 暮れること ……………… 451
黒い ………………………………… 112
苦労する ……………………… 117, 341
(〜するのに) 苦労する ………… 178
黒猫 ………………………………… 71
(à, dans に) 加える …………… 241
詳しい ……………………………… 97
企て ………………………………… 448
(陰謀などを) 企てる ……………… 84
(王の) 君臨 ……………………… 369
君臨 (統治) する ………………… 369
訓練 ………………………………… 185
訓練する …………………………… 185
(自分を) 訓練する ……………… 185

け

経営 ………………………………… 148
経営する …………………………… 148
警戒心 ……………………………… 268
警戒する …………………………… 360
計画 …………………… 171, 277, 633
(〜を) 計画する ………………… 187
景観 ………………………………… 3
警官 ………………………………… 157
経験 ………………………………… 212
軽減 …………………………… 24, 431
傾向 ………………………………… 446
(〜する) 傾向がある …………… 446
警告 ………………………………… 57
警告する …………………………… 57
経済計画 ……………………… 92, 203

経済的に …………………………… 433
警察 …………………………… 43, 117
計算 ………………… 34, 72, 91, 209
計算する ………………………… 72, 91
(数量・価格を) 計算する ……… 72
掲示板 ……………………………… 242
芸術家 ……………………………… 309
継続 ………………………………… 103
形態 ………………………………… 215
携帯電話 ……………………… 38, 74
刑の宣告 …………………………… 93
警備 ………………………………… 223
契約 ………………………………… 291
けが ………………………………… 64
外科手術 …………………………… 233
けがをする …………………… 64, 109
激怒させる ………………………… 406
激励 ………………………………… 175
下車する …………………………… 135
(火や明かりを) 消す …………… 196
結果 …………………… 115, 398, 438, 444
(de の) 結果から生じる ………… 398
(その) 結果…ということになる … 398
欠勤 ………………………………… 394
結婚 …………………… 210, 226, 266, 472
結婚記念日 ………………………… 472
結婚式 ……………… 170, 213, 266, 332, 447
結婚する ……………………… 32, 304
(〜と) 結婚する ………………… 266
けっして …………………………… 149
決勝 ………………………………… 166
決勝戦 ……………………………… 33
決心 …………………………… 139, 342
(〜しようと) 決心する ………… 118
(〜することを) 決心する ……… 139
(人が) 欠席する ………………… 264
決断力 ……………………………… 118
決定 …………………………… 118, 131
決定する …………………………… 139
弦 …………………………………… 446
原因 …………………………… 75, 139
(BにとってAの) 原因となる …… 75
見学 ………………………………… 86
玄関 ………………………………… 322
元気づける ………………………… 175
研究 …………………………… 199, 458
健康 …………………… 113, 244, 289
言行の一致 ………………………… 9

289
deux cent quatre-vingt-neuf

検査	105
（荷物などを）検査する	105
現在	429, 466
現実	270
研修	336
減少	60, 122, 146
（徐々に）減少する	122
原子力エネルギー	379
建設	213
減速	349
現代の	100
建築家	164
検討する	100
検討に耐えうる	187
（〜している）現場を押さえる	441
（場所を）見物する	469
言明する	119
権力	325

こ

〜後（ご）	91, 339, 357
恋	429
子犬	219
合意	9
好意的な	431
公園	30, 272
講演	23
講演会	47
後悔	370
公害	289
公開する	329
（〜したことを）後悔する	370
合格する	210
（試験に）合格する	402
豪華な	213
交換	379
講義	86, 392, 404
（contre に対する）抗議	344
（〜に対して）抗議する	344
好奇心が強い	249
公共のスペース	314
後継者	231
（激しく・執拗に）攻撃する	12
貢献	104
（〜に）貢献する	104
広告	240
口座	91

交際	218
考察	365
考察する	100
講師	456
工事	458
公式声明	87
交渉	246, 285
向上	27
工場	172, 238, 244
交渉する	285
向上する	27, 337
（給与からの）控除	399
行進	265
更新	384
更新する	384
（縦列を作って）行進する	124
更新できる	384
洪水	57
功績	274
交戦	83
高速道路	192
後退	361
広大な	323
校長	304
交通	292
交通問題	365
校庭	62
行動	94, 197
強盗	271
行動する	20
講読する	243
校内	215
購入	13
購入する	15, 88, 293
幸福	222
考慮	100
（問題・情勢などを）考慮する	187
高齢者	358
（制限を）超える	129
（理解・想像を）超える	129
コーチする	185
コード	413
誤解する	419
小切手	245
告白	59
告発	11
（de について人を）告発する	11
ここ	45, 154

ここで	325
（〜に向けての）心構えをする	328
（〜する）心積もりでいる	91
（自分の）心の内を…に明かす	95
心の離反	137
試み	194, 448
（〜しようと）試みる	194, 448
小雨	359
固執	246
（dans に）固執する	315
古城	123
故障中である	378
午前	54
答える	51
（〜に）答える	391
（〜に…であると）答える	391
誇張	201
誇張する	201
国家元首	285
国境	123
滑稽さ	407
滑稽な	207, 407
小包	18, 126, 400
こと	390
（de にかかわる〜の）ことだ	20
（〜という）ことだ	302
言葉	64, 147, 200, 304, 342
言葉を交わす	304
断り（断ったこと）	441
断る	246, 366
〜後に	347
この間の	463
（人に）好まれる	318
好み	326
（むしろ〜するほうを）好む	326
（むしろ〜することのほうを）好む	326
拒む	366
（〜することを）拒む	366
湖畔	58
（液体などを）こぼす	387
（不平を）こぼす	317
（A を B に）細かくする	364
ごまかし	461
（〜するのを、〜であることを人が）困ったなと感じる	179
ゴミ	134
ゴミ箱	252
コミュニケ	87

索引
Index

コミュニケーション	87
小麦粉	241
雇用契約	177
雇用する	172
雇用主	394
こらえる	171
（〜しそうになるのを）こらえる	399
娯楽	153
コルシカ島	323
（〜時）頃に	44, 259, 427
（〜の）頃に	39
転がること	412
殺す	271, 463
転ぶ	64, 373
怖い	171
壊す	74, 176
壊すこと	74
懇願	333, 425
懇願する	333, 425
今月末（までに）	14
痕跡	267
（〜に）痕跡をとどめる	267
コンセント	327
混同	96
（AとBを）混同する	96
今度の	418
（肉体的な）困難	224
混入	241
コンビニ	43
コンピュータ	46, 68, 77
コンピュータウイルス	121

さ

サーカス	169, 184
サービス	423
〜歳	355, 470
〜歳（から）	16
再開	359, 392
（活動の）再開	386
再会	401, 405
再開する	401
再会する	342, 401
再建	363
（状況を）再建する	363
財産	1
再受験する	354
再上昇	378

才能	142, 175, 231
栽培	107
裁判	254
裁判官	106, 254
財布	34, 300
財務大臣	119
探す	80, 425
（花を）咲かせる	189
魚	437
（光・熱・値段などが）下がる	60
左岸	462
咲く	189
（時間・労力などを活動・人などに）割く	98
削除	109
叫び	114
叫び声をあげる	171
叫ぶ	114
避けられない	398
避ける	200
（〜するのを）避ける	200
（音・光・値段などを）下げる	60
酒を飲む	309
支え	41, 433, 439
支える	433
（時間・労力などを活動・人などに）捧げる	98
（〜に自分を）捧げる	98
（法律で）差し押さえ	413
指し示す	242, 279
（人に）指図する	85
差出人	400
（人に）差し出す	446
挫折する	158
（人が）〜させておく	257
（仕方なく・無理に）〜させられる	214
〜させる	207
（自由に）〜させる	257
撮影（する）	248
（映画を）撮影する	453
作家	281
サッカー	185
サッカーチーム	313
ザック	79
雑誌	302
査定する	195
砂糖	248
（〜であることを）悟る	90

（〜の）最中（さなか）	463
裁く	254
（〜がなくて・いなくて）寂しい	264
妨げる	171
（人が〜するのを）妨げる	171
寒い	112, 276
寒さ	343
サラダ	449
さらに	390, 439
去る	25, 243, 347
（地位などを）去る	1
（場所を）去る	347
〜される	207
〜されるがままになる	257
騒ぐ	16
さわる	452
参加	306
（活動に）参加する	177
（〜に）参加する	306
賛辞	274
サンタクロース	114
産地	345
山頂	50, 308
サンドイッチ	252
残念な	206, 370
残念ながら	158
残念に思う	370
散歩	339, 342
（〜を）散歩させる	339
散歩する	22, 339

し

死	281
詞	449
〜時（じ）	242, 386, 427, 449
試合	180, 185, 221, 252
（スポーツの）試合	381
飼育	165
（BにAを）強いる	239
（人に〜することを）強いる	291
支援する	433
塩味	264
〜し終える	14, 213
視覚	471
司会者	23
〜しかねない	410
弛緩	372

291
deux cent quatre-vingt-onze

時間	87, 98, 154, 328, 331, 466
～時間	155, 436, 458
時間割	107
指揮	85
持久力	440
しくじる	354
試験	38, 115, 193, 210, 309, 328, 402, 444
事件	117, 139, 279
試験に合格する	355
事故	139, 287, 357, 383
（計画・工事を）施行する	203
自己啓発	467
事故現場	137
自己紹介する	329
仕事をする	458
示唆	437
～しさえすればよい	58
自殺する	463
指示	242
支持	41
支持（者）	433
支持する	433
事実	207
事実に反した	209
死者	281
辞書	377
支障	171
辞職する	214
自信	95, 106
地震	395
地震が起きる	335
静かさ	73
静かな	73, 154
（痛みが）静まる	73
沈む	102
(dans に) 沈む	320
（液体に）沈める	320
（人・痛み・怒りなどを）鎮める	73
姿勢	447
私生活	346, 367
視線	367
事前（に）	99, 466
思想	312
持続する	315
舌	70
～したい	158, 375, 472, 420
(de を) したい気持ち	448
～したいと思う	430
（条件法：できれば）～したいと思っている	22
時代	370
～次第である	131
（人の命令や指示に）従う	290
（何としても）～したがる	447
支度する	328
（～の）下に	71
～したばかりだ	281, 468
試着する	325
（電話や放送の）視聴	161
しっかり	373
実現	8
実現する	8, 92, 433
実行	203
（計画・工事を）実行する	203
実在	204
実施	203
実践	152
～しつつある	446
～し続ける	103, 262, 315
（事実・情報を）知っている	417
（～であるのかを）知っている	417
（～ということを）知っている 417（～のやり方を）知っている	417
（場所を）知っている	97
（人を）知っている	97
実に	370
失敗	11, 120, 158
失敗する	354
（～に）失敗する	158
失敗に終わる	158
失望	120
質問	51, 90, 250, 346, 366
質問する	250
（～について）質問する	346
執拗さ	12, 315
～してくれますか	325
（結局）～してしまう	213
～して欲しい	472
（～に…することを）して欲しいと言う	126
（許可・権利）～してもよい	325
～してもらう	17
（自分に）～してもらう	207
（人から～）してもらう	293
辞典	330
自転車	459
始動	127
（エンジンが）始動する	127
指導	148
指導者	272
指導する	148
（～を）しないといけない	58
～しないようにする	200
～しなくてはならない	123, 277, 378, 418
～しなければならない	92, 145, 182, 208, 391
指南	374
～しに行く	25
～しに来る	136
死人	281
死ぬ	281
（事故で）死ぬ	463
（病気などがもとで）死ぬ	281
芝居	326
（会社などが）支配下に置く	105
（風潮などが）支配する	369
しばしば	88
～し始める	86
（不意に）～し始める	276
（また・再び）～し始める	359, 377
支払い	34
支払（金額）	311
（金を）支払う	311
（勘定を）支払う	368
（人の）死	213
自分で	388
（物を中に）しまう	386
閉まっている	211
（店などが）閉まる	211
しみ	178
シミュレーション	424
事務所	247, 427
（～で）締めくくる	213
（～の態度・様子を）示す	279
（～であることを）示す	242, 279
（～であるところを）示す	279
（～に）示す	242
（物が）示す	267
閉める	211
占める	294
（緩んでいるものを）締める	422
（～かと）自問する	126
社員	106

索引
Index

社会福祉	63	
市役所	242	
蛇口	219	
釈放する	372	
射殺する	2	
写真を撮る	207	
ジャズ	104	
遮断する	61	
借金	293	
しゃべる	86, 304	
邪魔	224	
(〜の) 邪魔になる	224	
邪魔をする	179	
シャンソン	78	
ジャンプ	415	
週	458	
〜中 (じゅう)	371, 387	
自由	83	
周囲	453	
周囲の人たち	184	
(個人の) 習慣	229	
(〜するように) 習慣づける	229	
(人に〜することを) 習慣づける	229	
習慣的な	229	
週給	311	
従業員	53, 147, 172, 427	
襲撃する	43	
(人生に) 充実を感じる	189	
住所	18	
修正	277	
修正する	28, 277	
修繕する	388	
渋滞	264	
重大さ	225	
住宅	228	
終着駅	449	
(〜に) 執着する	44, 447	
集中する	151, 224	
柔道	180	
自由な	98	
(物や時間などを) 自由にする	151	
収入	403	
住人	470	
(仕事などへの) 執念	12	
重病	440	
十分	43	
十分だ	436	
(〜にとっては) 十分である	436	

十分な	436	
(建物が) 収容する	4	
修理	174, 388	
(機械や自動車の) 修理	128	
修理技師	43	
修理工	128	
修理する	42, 388, 448	
(故障を応急で) 修理する	128	
縦列	124	
授業	438	
祝賀	371	
祝辞	210	
宿所	230	
縮小	364	
縮小する	364	
宿題	21, 145	
宿泊	230	
(自宅に) 宿泊させる	230	
(〜について) 人を祝福する	210	
祝福の言葉	210	
熟慮	365	
熟慮する	365	
熟慮検討する	365	
主治医	314	
手術	373	
首相	433	
(〜することを) 受諾する	6	
手段	256, 275	
主張	19	
(〜することを) 主張する	19	
(〜であると) 主張する	433	
(de の) 出身である	468	
出世	171	
出生	283	
出生率	122	
出席	47	
出席する	447	
(à に) 出席する	47	
出世する	136	
出発	307, 422	
出発する	42, 284, 291, 307	
出費	132	
取得	15, 293	
取得する	208, 293, 380, 385	
(家屋などを) 取得する	15	
主任	389	
首尾よく〜する	44	
巡回	453	

準決勝	62	
順調である	391	
順調に	163	
順番	453	
準備	328	
準備する	58, 328	
(〜するための) 準備をする	328	
使用	172, 465	
試用	194	
〜上	393	
(芝居の) 上演	393	
上演する	393	
消火	196	
(人の) 紹介	329	
(A を B に) 紹介する	329	
(食物や知識を) 消化する	46	
小学校	304	
定規	368	
状況	138	
消極的な	287	
証券取引	181	
正午	267	
上司	297	
生じさせる	335	
勝者	221	
上昇	53, 105	
(物の) 上昇	278	
生じる	44	
(事件や現象が) 生じる	335	
昇進	55, 366	
(数学で) 乗ずる	282	
小説	20, 86, 430	
招待	251	
招待状	251	
招待する	251, 445	
(〜を…の) 状態にしておく	447	
承諾	6	
消灯	196	
〜しようと思う	91	
〜しようとしている	25	
承認	54	
使用人	311	
消費	132, 240	
消費する	132	
商品	313	
情報	154, 243, 385, 387, 419	
消防士	416	
(〜について) 情報を集める	243	

293

deux cent quatre-vingt-treize

情報を得る ... 385	(sur に) 印をつける ... 267	(〜を) 信頼している ... 115
証明 ... 101, 256	城 ... 348	(〜を) 信頼する ... 212
照明 ... 159	白い ... 198, 437	
(正当性などを) 証明する ... 256	四六時中 ... 294	## す
将来 ... 139, 187, 426	白ワイン ... 437	
症例 ... 282	人員 ... 364	酢 ... 269
除去 ... 166, 178	新学期 ... 192	遂行 ... 8
(de から) 除去する ... 299	(夏休み後の) 新学期 ... 386	推察する ... 144
職 ... 172, 390	信仰 ... 115	(人の) 推薦 ... 358
食事 ... 213	人口が減る ... 446	(人・物・方法などを) 推薦する ... 358
食事療法 ... 229	進行する ... 337	推測 ... 440
食前酒 ... 408	申告 ... 119	スイッチを入れる ... 301
(社員) 食堂 ... 263	申告する ... 119	(電気器具に) スイッチを入れる ... 26
(〜に) 助言する ... 99	深刻な ... 279	推定 ... 195
(〜に…するように) 助言する ... 99	新婚旅行 ... 132	水道水 ... 31
処世術 ... 417	審査員 ... 254	ずいぶん ... 225
女性秘書 ... 385	新作 ... 329	推理小説 ... 22
初戦 ... 313	寝室 ... 87	吸う ... 43, 71
所属 ... 36	真実 ... 19, 197, 255, 362	数学 ... 21, 39
食器洗い機 ... 41	(〜を) 信じている ... 115	数日 ... 439
所定の手続き ... 385	(〜であるに違いないと) 信じる ... 115	スーツケース ... 198, 321, 382, 455
所得 ... 403	(存在や価値を) 信じる ... 115	スカート ... 207
処方箋 ... 297	(本当だと) 信じる ... 115	姿を現す ... 279
所有 ... 323	人生 ... 88, 98, 470	スキー ... 17, 383
女優 ... 346, 400, 438, 462	死んだ ... 281	(期間が) 過ぎ去る ... 309
所有している ... 58, 323	身体障害者 ... 98	好きだ ... 22, 224, 253
所有物 ... 323	(人が〜の) 身長がある ... 275	スキャンダル ... 171
書類 ... 163, 252, 334, 380	神殿 ... 433	すぐ ... 405
知らせ ... 75, 120, 197, 334	震動 ... 460	救い ... 414
(〜を…にあらかじめ) 知らせておく ... 57	信念 ... 115, 212	救う ... 416
(à に) 知らせる ... 32	心配 ... 113, 244, 428	(窮状を) 救う ... 128
(〜と) 知らせる ... 32	心配事 ... 179, 420	すぐに ... 60, 68, 179, 229
(A に B のことを) 知らせる ... 243	心配させる ... 244	スクラップ ... 74
(前もって) 知らせる ... 331	心配する ... 42, 244, 419, 428	(ラグビーの) スクラム ... 270
(〜ということを人に) 前もって知らせる ... 331	(自分が〜する・したのではないかと) 心配する ... 113	スクリーン ... 468
(〜であるかを) 知らない ... 236	(〜が) 心配だ ... 113	少し ... 153, 310, 314, 397
(〜のことを) 知らない ... 236	新聞 ... 243, 249	少し (は) ... 208
(〜を) 知らない ... 236	進歩 ... 337	少しずつ ... 167
(〜を) 知らないでいる ... 236	辛抱 (する) ... 208	過ごす ... 163, 251
調べる ... 385	進歩する ... 337	(洗濯物を) すすぐ ... 408
知り合う ... 381	新芽 ... 324	勧める ... 175
(devant に) しり込みする ... 361	信用 ... 95	(〜してみてはどうかと) 勧める ... 437
私立学校 ... 16	(〜を) 信用している ... 115	(人に〜するように) 勧める ... 251
視力 ... 471	(だまされたり、危ない目にあわないように) 信用しない ... 268	(人に〜するように強く) 勧める ... 358
知る ... 123, 362, 385, 417	(人の言うことを) 信用する ... 115	(〜に助言して) 勧める ... 99
知ること ... 97	信頼 ... 95, 212	スズラン ... 467
		(時計などが) 進んでいる ... 55
		(事業などが) スタートする ... 127

索引 Index

スタジオ	453	
すっかり	77, 300	
ずっと	131	
素敵な	17, 309	
すでに	183	
捨てる	1, 134, 252	
ストレス（がたまる）	100	
スパゲッティ	67	
素晴らしい	434, 462	
（〜することをとても）素晴らしいと思う	17	
スピード違反	93	
スピードを落とす	349	
（雨で）ずぶ濡れになる	408	
スペイン語	118	
〜すべき…がある	58	
すべて	255, 391, 452	
すべて（の）	133	
スポーツカー	5	
すみません	291, 417	
（〜に）住む	228	
（ゲームやスポーツを）する	253	
（行為・動作を）する	207	
（これから）〜する	25	
（人をある状態に）する	382	
（励まして）〜する気にさせる	175	
（人を）〜する気にさせる	240	
（〜に）…する気を失わせる	120	
〜することが重要である	20	
〜することができる	417	
（能力・可能：その場で）〜することができる	325	
〜することが必要である	20	
（しまいに）〜することになる	213	
〜することを好む	22	
〜するつもりはない	290	
〜する時に	259	
（自分が）〜するにまかせる	257	
〜するのがいい	207	
〜するのが好きだ	22	
（人が）〜するのを助ける	21	
〜するべきである	202	
〜するほうがいい	207, 326, 466	
〜する前に	168	
〜するもの	119	
座っている	45	
座る	45, 439	
（〜に）住んでいる	228

せ

（軍隊などが）制圧する	105	
成果	398	
性格	317	
生活	100, 204, 229, 470, 367	
生活習慣	239	
制御する	105	
税金	119	
（〜で）生計を立てる	470	
性向	446	
成功	104, 129, 156, 371, 402	
成功（する）	308, 430	
（首尾よく）成功する	402	
（〜するのに）成功する	402	
生産	335	
生産者	335	
生産する	335	
生産物	335	
政治	149	
政治情勢	279	
誠実な	115	
政治の	304	
静寂	73	
税制改革	344	
成長する	324	
（〜に）精通している	323	
〜製である	198	
（〜の）せいで	33, 220, 264	
晴天	193	
正当化	256	
生徒（たち）	16, 17, 113, 264	
（建物などの）整備	28	
製品	464	
政府	105, 175, 192, 271	
制服	464	
生物	198	
声明	51	
整理	42, 350	
生理	368	
整理する	350	
世界	83	
世界中	304	
席	79	
責任	125, 287, 447	
責任を負わせる	177	
（人にdeの）責任を負わせる	11	
〜せざるを得ない	291, 409

接近	353	
接近させる	353	
（管や線の）接続	68	
接待する	79	
絶対に	391	
設置	238, 322	
節度	275	
説得する	316	
説得（力）	316	
設備	247	
（家・部屋などに）設備を施す	28	
（夢に見るほど）切望する	404	
説明	205	
（論文などの）説明	329	
（〜を）説明する	279	
（〜に）説明する	205	
（人に〜だと）説明する	205	
（理由・根拠を）説明する	256	
世話をする	223, 294	
善意	106	
全員	432	
占拠	294	
選挙	91	
選挙人	245	
先月	213	
（〜であると）宣言する	119	
全国	103	
選手（たち）	252	
選出する	288	
前進	55, 337	
前進する	337	
潜水	320	
先生	205, 374, 414	
占星術	115	
戦争	463	
選択	81, 418	
選択する	418	
センチ	225	
（物が〜を）前提とする	440	
戦闘	83	
扇動	240	
先入観	331	
全部	209, 372	
前夫	381	
専門医	242	
専門家	250	
占有する	294	
占領	327

295

deux cent quatre-vingt-quinze

線を引く … 61	ソファ … 257, 423	タイトル … 437
	ソムリエ … 437	(迷いやためらいの後に)態度を決定
# そ	空 … 165	する … 118
	(考えや視線を)そらす … 137	台なしにする … 3, 220
騒音 … 224, 317	尊敬 … 195	第２次世界大戦 … 449
増加 … 282	存在 … 198, 204	大半の … 433
(大幅に)増加する … 282	存在する … 204	大ヒットする … 430
想起 … 351	損失 … 313	代表 … 81, 393
早急に … 234	損傷 … 138	代表する … 393
倉庫 … 134	損傷する … 138	ダイビング … 320
相互理解 … 183	尊大 … 436	台風 … 75, 408
掃除 … 286	そんな … 366	大変 … 110, 401
掃除機 … 448	そんなに … 265	逮捕 … 43
掃除する … 286	損をする … 313	タイヤ … 160
走者 … 110		太陽エネルギー … 379
操縦する … 94	# た	太陽王 … 288
総選挙 … 329		代理 … 334
想像する … 237	大学 … 39	大陸 … 459
想像力 … 237	大企業 … 294	大理石 … 198
相続 … 435	耐久力 … 395	対立 … 296
(AをBから)相続する … 231	大嫌いである … 140	(人が～に)対立する … 296
(qcを)相続する … 231	(～するのが)大嫌いである … 140	大量殺戮 … 463
相続人 … 231	(～のことが)大嫌いである … 140	体力 … 214
(～だ)そうだ … 302	代金 … 375	代理をする … 379
増大 … 53	待遇 … 456	たえず … 87
(数量を)増大させる … 282	退屈 … 179	(～であることが)耐えられない … 439
(量・給与などを)増大させる … 53	退屈させる … 179	(～のことが)耐えられない … 140
増大する … 225	退屈する … 179	耐えられる … 439
(量・値段などが)増大する … 53	(～を)体験する … 470	耐える … 439
装備 … 192	対抗 … 411	(à に)耐える … 395
(必要なものを)装備する … 192	滞在 … 338	(木などを)倒す … 2
総理大臣 … 51, 302	大災害 … 398	高い … 448
(～に)属している … 36	大使 … 288	互い(を) … 182
促進する … 5	大至急 … 126	高く上げる … 165
(～に)属する … 198	大事故 … 157	抱きしめる … 422
測定 … 275	大事だ … 189	たくさん … 324, 462
測定する … 275	退職 … 428	たくさんの … 132, 163, 304, 335, 380
速度を遅くする … 349	対処する … 187	巧みに … 123
(～を)損なう … 289	大臣 … 156, 306	～だけでいい … 436
そこに … 436	大好きだ … 149	凧 … 165
育てる … 36, 165	大好きである … 17, 97	山車 … 124
そっと … 257	(～するのが)大好きである … 17	確かめる … 196
そっぽを向く … 66	怠惰 … 284	助け … 21, 425
(～から)外に出る … 427	怠惰な … 284	助ける … 21, 47, 333, 410
備え付ける … 192, 247	大胆な … 56	(仕事などに)携わる … 294
(AをBに)備える … 192	体調 … 51	(à に手紙などを)出す … 18
(電話で切らずに)そのままお待ちください … 347	大抵の … 388	尋ねる … 250
	態度 … 235, 406	訪ねる … 336

索引 Index

戦う	62, 83	
（〜のために）戦う	262	
（〜を守るために）戦う	83	
たたく	62	
（àを）たたく	216	
正しい	16, 106, 316	
正しい選択だ	207	
立ち上がる	259	
立ち直る	373	
（苦労して）達する	308	
（絵画の）タッチ	452	
（〜へ）発つ	307	
立て替える	375	
立て直し	363	
立て直す	373	
建物	231	
建てる	111	
（場所にやっと）たどり着く	308	
棚	350	
他人	11, 224, 239	
楽しい	30	
楽しませる	30, 153	
楽しみ	30, 318	
（面白おかしく）楽しむ	30	
頼む	454	
（しつこく）頼む	246	
（〜するよう）頼む	425	
（〜に）頼む	126	
（人に〜するように）頼む	333	
食物	263	
（食物が）食べられる	263	
食べる	130, 263	
だまし絵	461	
だます	52	
（人を）だます	461	
ダム	61	
試す	194	
（遠慮・尻込みで）ためらう	232	
（〜するのを）ためらう	232	
だらしない	284	
足りない	264	
足りる	436	
タルト	109	
（階段の）段	265	
探検	121	
断言	19	
断言する	48, 255	
（〜することを）断言する	19	

（自分が〜であると）断言する	19	
単語	341	
誕生	283	
誕生する	283	
誕生日	154, 468	
男女の	262	
団体	83	
断定的な	19	
（〜に…することを）担当させる	79	
担任	113	
断念	383	
（計画などを）断念する	1	
（〜を、〜するのを）断念する	383	
暖炉	70	

ち

地域	192, 238, 335	
小さな	309, 470	
チーム	185, 221, 389	
（空港などの）チェックイン	180	
（空港などで荷物を）チェックインする	180	
（〜を）誓う	255	
近々	193	
近づく	349	
（deに）近づく	40	
（deにもっと）近づく	353	
（自分の意志でdeに）近づく	40	
近づくこと	40	
（AをBにもっと）近づける	353	
（deに）近づける	40	
地下鉄	135	
力	191, 214, 325	
（〜について）力をこめて言う	246	
遅刻	202	
遅刻しない	110	
遅刻する	201, 202	
知識	417	
知識がない	236	
地図	393	
地方	460	
（うまい）着想	462	
着陸する	322	
ちゃんと	112, 165	
治癒	227	
〜中（ちゅう）	110, 174, 404	
注意	374	

中央	462	
中国語	276	
中止	43, 76	
中止する	33, 76	
昼食	35	
中断	443	
中断された	443	
（活動などを）中断する	443	
躊躇	232	
注文	85, 126	
注文する	85	
昼夜	438	
超過する	129	
（身体の）調子	215	
（身体の）調子がいい	321	
（身体の）調子が悪い	321	
長時間	304	
聴取	161	
聴衆	216	
長所	274	
朝食	327	
調整する	368	
彫像	198	
長足の	337	
跳躍	415	
（avec と）調和させる	9	
直線で	5	
著書	437	
ちょっと	412	
著名な	281	
ちらっと見かける	34	
治療	456	
治療法	227	
賃貸し	261	
（住宅などを）賃貸しする	261	
賃借り	261	
賃借りする	261	

つ

追加	23	
1日（ついたち）	467	
（しっかり）付いている	447	
（時間を）費やす	294	
通過する	309	
通行	54, 309	
通行止め	61	
通行人	400	

（ある分野に）通じている	97	
（〜と）通じている	87	
通知	32, 57	
通訳する	454	
通路	309	
使い捨ての	252	
使い果たす	190	
使う	68, 172, 240	
（金を）使う	132	
（道具として〜を）使う	423	
（物や時間などを）使う	151	
（人に）仕える	423	
つかまえる	52, 413	
（落ちたり、転んだりしないように〜に）つかまる	447	
つかむ	413	
疲れ	398	
（ぐったりと）疲れさせる	190	
疲れた	379	
疲れている	214	
（人と）付き合う	218	
月極で	261	
突き止める	139	
次の	185, 267	
就く	156	
（食卓で人のために）つぐ	423	
机	353	
償い	388	
償う	388	
作る	215, 279, 417, 436	
（自分で自分に、自分のために〜を）作る	207	
付け加える	23	
（液体に）つける	320	
（身に）つける	276	
告げる	32	
（人に）都合がいい	107	
（日時などが）都合がいい	42	
伝える	87, 154	
（〜に）伝える	147	
（情報・命令などを）伝える	457	
続き	438	
続く	124	
続けて	101	
続ける	120, 175	
（中断せずに）続ける	103	
努める	423	
（〜しようと）努める	80	

（通路で）つながっている	87	
つなぎ留める	49	
（AをBに）つなぐ	68	
津波	416	
つまらない	264	
罪	59	
（〜に）積み込む	79	
（荷を）積むこと	79	
（〜に）詰め込む	79	
（〜する）つもり（である）	1, 312	
釣り合う	191	
釣り合わせる	191	
吊るす	443	
吊るすこと	443	
連れて行く	29, 272	
（〜から）連れて行く	169	
（〜に）連れて行く	94	
（〜へ人を）連れて来る	29	

て

手	343, 422, 446, 450	
〜で	442	
出会い	381	
出会う	381	
（偶然に）出会う	381	
〜である	198	
（出身・起源は）〜である	198	
提案	295, 342, 437	
（案や意見を人に）提案する	437	
（〜することを）提案する	342	
（人に〜することを）提案する	342	
（方策・行動などを人に）提案する	342	
低下	60, 349	
（価値や信用の）低下	142	
低カロリー	229	
抵抗	395	
（àに）抵抗する	395	
定刻に	312	
停止	43	
提示	242	
提出する	134	
停電	109	
データ	154	
デート	382	
テーブル	116, 322	
テーマ	456	
出かける		

〜	147, 168, 296, 307, 328, 351, 427	
手紙	163, 300, 441	
手紙に	391	
（〜に）手紙を書く	163	
敵	123	
出来事	44, 207, 267	
（物に）適している	107	
〜できる	44, 97	
できるだけ	24, 136	
できるだけ〜	368, 423	
できるだけ早く	48, 423	
出口	51, 427	
デコレーションケーキ	213	
手強い	362	
デスク	159	
手すり	447	
手助け	423	
でたらめな話	348	
手帳	267	
手伝い	91	
手伝う	21, 44, 51, 135, 376	
出て行く	179, 374	
出どころ	345	
手直しをする	28	
手に入れさせる	334	
手に入れる	293, 334	
手に取る	327	
では	347	
（〜の）手はずを整える	42	
（〜する）手はずを整える	42	
手袋	313, 343	
（〜するのに）手間取る	444	
デモの参加者	344	
デモをする	471	
（光などが）照らす	159	
（試験・選挙などへの場に）出る	329	
（日や月が）出る	259	
テレビ討論会	306	
テロリスト	271	
（人に〜を）手渡す	309	
（〜に）手をつける	276	
店員	271, 467	
点火	26	
（重大な）転換	453	
天気	27, 77	
天気がいい	207	
転居する	77	
天気予報	32, 332	

索引
Index

点検する	105	
点呼	37	
天候	207	
電光	159	
天才	309	
電子工学	337	
展示室	186	
展示する	329	
転職	308	
転職する	232	
電子レンジ	356	
（情報などの）伝達	457	
電報	130	
電話する	113	
（〜に）電話する	445	
電話番号	351, 399	
電話をかける	37	

と

問い合わせる	385
（情報・援助を得るため〜に）問い合わせる	18
（〜について）問い合わせる	243
問いただす	250
ドイツ	468
トイレ	286
同意	9
（ありがとうへの返答）どういたしまして	333
同化	46
（〜について）討議する	149
同形の	464
同行する	246
どうして	12, 126, 236
どうしても〜できない	21
同情する	317
統制	368
当選者	221
（不都合などを）受けて当然である	274
（〜して）当然である	274
（相手から「〜していいか？」と問われて）どうぞ	333
闘争	262
灯台	393
到達する	50
統治	369
統治する	369

到着	44, 243, 331, 466
到着時間	466
（〜に）到着する	44
（目的地に）到着する	50
とうとう	59
盗難	11
導入	238
（産業・工場などに）導入する	238
投票する	245
投票用紙	91
動物園	157
糖分	123
どうやって	279
動揺	170
動揺させる	170
到来	44, 468
同僚（たち）	251
(à と)同列に置く	46
道路	259, 450
（AをBのメンバーとして）登録する	245
（加入するため〜に）登録する	245
（〜から徐々に・どんどん）遠ざかっていく	167
遠ざかること	167
（BからAを）遠ざける	167
遠ざけること	167
通す	301
通り	21, 54, 417
通り過ぎる	309, 400
通る	309, 324
（〜で）通る	309
（人や人がやったことについて）とがめたてしない	202
（BのAを）とがめる	394
（〜することを）とがめる	394
時（とき）	309, 400
（つながっているものを）解き放つ	137
説き伏せる	106
（〜するように…を）説き伏せる	106
読書	260
読書する	260
（不明なものを）特定する	139
（人の）得になる	336
時計	55, 85, 267
どこか	417
どこか（で）	183
床につく	108

所	377
登山家	79, 308, 404
年上	237
都市計画	164
土砂降り	408
図書館員	352
年寄り	21
閉じる	211
都心	446
土地	107, 323
（〜の）途中で	441
とても	144, 171, 207, 249, 264, 279, 295, 309, 328, 382, 382, 396
届け出る	119, 134
（〜を）整える	42
（そのままの場所に）とどまる	397
（〜の）隣に	439
とにかく〜する	86
飛び降りる	415
（水泳の）飛び込み	320
飛び込む	320
（〜に）飛び込む	252
跳ぶ	415
（人や国を）富ませる	181
止まる	43
泊まる	108
とまる	322
留め置くこと	399
（動いている人・物を）止める	43
（自宅に）泊める	230
（チャンスを）とらえる	413
トラック	61, 162
捕らぬタヌキの皮算用（熊をしとめる前から皮を売る）	467
（人を）取り扱う	456
取り替え	379
（同じ役割を果たすためにAをBに）取り替える	379
（〜に）取りかかる	276
取り囲む	184
取り消し	33
（約束などを）取り消す	33
（〜から物を）取りだす	427
取り違える	461
（AをBと）取り違える	327
取り付け	322
（装置や家具などの）取り付け	247
取り除く	166, 178

299
deux cent quatre-vingt-dix-neuf

（障害を）取り除く	125
（邪魔な物を）取り払う	116
取り巻く	184
ドル	466
取ること	327
（時間・日数などを）取る	327
（食事を）取る	327
ドレス	325, 434
トレーニング	185
トレーニングする	185
泥	178
泥棒	157
度を越す	201
（天気が）どんよりしている	66

な

～内に	215
ナイフ	109, 423
なおざりにする	284
直す	42
（AのBを）治す	227
（病気が）治る	227
仲がよい	183
（～と）仲たがいする	206
なかなか	127
中庭	442
長引く	315
眺め	471
眺める	367
流れ	88
鳴き声	114
泣く	236, 319
殴り合う	62
（何度も）殴る	62
嘆く	317
投げ出す	258
（無造作に）投げる	252
（物を）投げる	258
投げること	252, 258
～なしですます	309
（自分で自分に、自分のために～を）為す	207
なぞなぞ	144
（AをBに）なぞらえる	88
なだめる	73
（～を）懐かしむ	370
名付ける	288

（～について…を）納得させる	106
（～することを人に）納得させる	316
（論理的に説得して）納得させる	106
何（なに）	312
何か	119, 265
～なので	415
ナポレオン	327
名前	163, 236, 242, 288, 351
（～という）名前である	37
なまり	223
涙	319
習い覚える	39
（人に～することを）慣らす	229
（きちんと）並べる	350
成りあがり者	308
成金	308
（～に）なる	143, 189
（価格・費用が～に）なる	403
（時間・期間が～に）なる	207
なれなれしい	200
（àに）慣れる	229
（～に）慣れる	229
何でも	243, 263
何と	376
何とか～しようとする	80
何日も	101
何にでも	249
南部	253, 335

に

～に	213
（～に）似合う	25
煮える	67
におい	420
においがする	420
握りしめる	422
握りしめること	422
肉	99
逃げ口上	157
（さっさと、あわてて）逃げだす	416
逃げ道	157
逃げる	219
（～から）逃げる	157
逃げること	219
偽の	209
（àに）似つかわしい	396
（互いに）似ている	396

（～に）似ている	396
似ていること	396
～になる	404
日本政府	92
日本庭園	154
荷物	24, 135, 278
入院（させること）	233
入院させる	233
入学する	208
入学手続き（をする）	312
乳癌	281
入試	355
入手	293
ニュース	161, 243, 417
（コンピューターでデータを）入力する	413
煮る	67
庭師	70
人間	198
人間的な	234
人間的なものにする	234
人間の	234
人間らしさ	234
ニンジン	140
忍耐	310
任命する	288

ぬ

（衣服・帽子などを）脱ぐ	178, 299
盗み	11
塗る	69

ね

願い	430
願う	193, 430
（～であることを）願う	430
（人を）寝かせる	108
（自分が～できることを）願っている	193
ネジ	422
値段が～である	111
（～の）値段である	466
熱	207
熱愛	17
根付かせる	238
熱中する	12

索引 / Index

粘り強くやる	246
値引き	364
値引きする	364
眠っている人	155
眠る	155
(計画などを)練りあげる	164
(丹念に)練り上げること	164
寝る	108, 260, 436
(計画などを)練る	84
〜年代の…	20

の

ノウハウ	417
能力	212, 325
(捕まえようとするのをすり抜けて)逃れる	157
残されている	397
残す	257
残り	397
残る	25, 397
(〜が)残る	397
望ましい	430
望む	430, 472
(〜することを)望む	430
(〜したいと強く)望む	136
(〜のこと・実現を強く)望む	136
(〜の所有を強く)望む	136
(〜を)望む	126
(〜を強く)望む	447
(〜であることを)望む	430
ノックする	216
(乗り物に)乗って行く	327
延ばす	338
(引っ張って)伸ばす	446
伸びる	324
述べる	19, 255
登る	278
登ること	278
(日や月が)昇ること	259
飲み物	65, 252
飲む	65, 327
乗り遅れる	264
(乗り物に)乗りそこなう	354

は

パーティー	251, 374, 381, 449

灰	364
ヴァイオリン	182, 446
排気	157
バイク	127, 382
配合	84
排出	125
排除	166
賠償金	357
排除する	166
陪審員	255
配送する	126
配置(する)	151
配置転換する	133
俳優	17, 312
入る	176, 186, 299, 309
入ること	186
配列	42
(植物などが)生える	324
生えること	324
馬鹿	456
破壊	141
破壊する	141
馬鹿げた	407
馬鹿にする	407
測る	275
バカロレア(資格)	158, 208, 354
ヴァカンス	163, 277, 309, 434
ヴァカンス(には)	25
白状する	214
(気持ち・状態などを恥ずかしながら)白状する	59
(感情を抑えきれずに)爆発させる	160
励まし	175
(人や活動を)励ます	175
派遣	188
箱	325
運び去る	173
運ぶ	321
(上に)運ぶ	278
橋	213
始まり	86
始まる	86
(〜で)始まる	86
初め	86
始める	86, 333
(〜で…を)始める	86
パジャマ	35
走る	52, 110

(車・列車が)走る	412
走る人	110
バス	51, 52
辱める	235
パスポート	384
破損する	3
肌	200
(義務などを)果たす	8
働きすぎ	398
働く	214, 377, 458
発音	341
発音される	341
発音する	341
(作用し効果を)発揮する	20
(感情・意志などを〜に)はっきり言う	119
罰金	93
バッグ	154, 279, 447
発見	121
(思いがけない)発見	462
発言	147, 304
発見する	121
(香り、熱を)発散する	125
(車などの)発進	127
発進する	127
罰する	274
発送する	148
発展	55
発展する	337
(本の)発売	302
発売される	302
(言語が)話されている	304
(お)話	17, 179, 207, 348, 452
話し合う	304
(〜と…について)話し合う	149
話しかける	304
(〜するつもりだと)話している	304
(〜の)話をする	149
話す	43, 304
(言語を)話す	304
(人と)話す	304
(人に)話す	304
(人に〜について)話す	304
話すこと	304
話せる	304
(光、匂いなどを)放つ	387
離れる	139
(場所を)離れる	347

パパラッチ ………………… 438	（服の）引き裾 …………… 455	日に日に ………………… 138
場面 ………………… 30, 453	引き出し ……………… 71, 450	否認する ………………… 287
速い ……………………… 309	弾く ……………………… 417	美貌 ……………………… 141
早く ………… 113, 265, 368, 423	引く ……………………… 450	暇 ………………………… 151
速める …………………… 5	（数を）引く …………… 299	暇をつぶす ……………… 462
（仕事などを）早める …… 5	（自動車が）ひく ……… 162	秘密 ………………… 95, 340
薔薇 ……………………… 189	（価値や信頼を）低める … 142	日焼け …………………… 69
払い戻す ………………… 375	被告人 …………………… 255	（肌を）日焼けさせる …… 69
（〜に）腹を立てる …… 206	膝 ………………………… 327	日焼けする ……………… 69
バランス ………………… 191	ビザ ……………………… 380	費用 ……………………… 111
バランスをとる ………… 191	肘掛け椅子 ……………… 45	病院 ……………………… 233
張り ……………………… 446	秘書 ………………… 177, 394	評価 ……………………… 195
張り合う ………………… 411	微笑 ……………………… 432	費用がかかる …………… 111
晴れ ……………………… 332	微笑する ………………… 432	（人物・品物を）評価する … 195
破裂 ……………………… 160	ビジョン ………………… 471	病気 ………… 71, 236, 317, 364, 424
（物が主語で）破裂する … 160	ピストル ………………… 463	病気（らしい） ………… 302
（顔などを）晴れやかにする … 189	左利き …………………… 447	病気だ …………………… 264
晩 …………………… 32, 251	左手 ……………………… 447	表現 ……………………… 393
反抗 ……………………… 406	筆記試験 ………………… 163	表現する ………………… 454
番号 ………………… 351, 399	ひっくり返る …………… 400	（本などの）表紙 ……… 112
反抗する ………………… 83	びっくりさせる ………… 441	表情 ……………………… 90
万事 ……………………… 89	日付 ………………… 267, 461	平等 ……………………… 262
万事順調だ ……………… 309	引越し …………………… 91	病人 ………………… 98, 357
伴奏 ……………………… 7	引越しする …… 118, 351, 376	表明 ……………………… 119
反対 ……………………… 296	引っ張る ………………… 450	開く ……………………… 301
反対する ………………… 344	必要 ………………… 291, 312	（花が）開く …………… 189
（人が〜に）反対する … 296	必要性 …………………… 246	開くこと ………………… 301
判断 ……………………… 254	（〜が）必要だ …… 153, 208	ビル …………… 3, 294, 395
判断する ………………… 254	（物が〜を）必要とする … 440	疲労 ……………………… 190
半年前 …………………… 15	必要な …………………… 334	広がる …………………… 337
販売 ……………………… 467	否定 ……………………… 287	広場 ……………………… 184
反復 ……………………… 390	否定する ………………… 287	（噂などを）広める …… 387
反乱 ……………………… 406	否定の …………………… 287	火をつける ……………… 26
（人や動物・場所や物の）番をする 223	人 （ひと） …… 240, 332, 410, 461	ぴんと張る ……………… 446
	一切れ …………………… 257	頻繁な …………………… 218
ひ	ひどく …………………… 289	（場所に）頻繁に通う … 218
	人質 ……………………… 271	頻繁に通うこと ………… 218
火 …………………… 40, 70, 416	人 （たち） ………… 156, 304	
日 ………………………… 60	一晩 ………………… 230, 304	**ふ**
ピアノ …………………… 98	一晩中 …………………… 149	
晶屓 ……………………… 326	人々 ……………………… 471	ファックス ……………… 423
比較 ……………………… 88	人目を引く ……………… 374	不安 ………………… 179, 244
（AとBを）比較する …… 88	一人で …………… 56, 296, 321, 470	不安にさせる …………… 244
引き受ける ……………… 391	非難 ……………… 11, 93, 394	（〜のことで）不安になる … 244
（責任を持って〜することを）引き受ける …………………… 79	非難する ………………… 93	フィアンセ ………… 329, 421
（責任を持って〜を）引き受ける … 79	（BのAを）非難する …… 394	フィルム ………………… 418
引き起こす ………… 75, 334	（〜することを）非難する … 394	封切る …………………… 468
	（de について人を）非難する … 11	夫婦 ……………………… 261

索引 Index

吹き出す	160	
複雑さ	89	
(状況などを)複雑にする	89	
服従	290	
服従する	290	
服装	276, 447	
ふくれること	66	
不幸な	382	
不在	101	
(通路や流れを)ふさぐ	61	
ふさわしい	107	
ぶしつけな	366	
侮辱	235	
侮辱する	235	
不信	268	
婦人	300	
不信感	66	
防ぐ	171	
(deの)不足	264	
(〜が)不足している	264	
双子	327	
二言三言	23	
(人に)再び会う	405	
再び上がる	378	
再び始まる	359, 392	
再び始める	359, 392	
負担	79	
不注意	153, 284	
部長	18, 106, 394, 427	
物価	53, 105	
(〜に)ぶつかる	252	
復帰	400	
復興	373	
不都合	171	
仏頂面をする	66	
沸騰	67	
沸騰する	67	
物理	71	
太い	226	
不当に	11	
太る	226	
船	34	
不平	317	
不平を言う	317	
(〜について)不平を言う	317	
不満だ	90	
(人に)不満を示す	66	
踏む	385	

(数量を)増やす	282	
富裕化	181	
不愉快な	206	
(ひどく)不愉快な	140	
ブラウス	264	
(うしろを)振り向く	400	
プリンセス	253	
プリンター	465	
(写真の)プリント	450	
降る	359	
(雨が)降る	451	
(試験などで)ふるい落とす	166	
フルーツサラダ	449	
震え	460	
震える	460	
振るまい	94	
(人が)振る舞う	94	
ブレーキ	217	
ブレーキをかける	200, 217	
プレゼントする	295	
(〜に)触れる	452	
フレンチドレッシング	269	
フロント	355	
文	213	
文学	182	
分割	305	
(〜に)分割する	305	
(液体の)噴出	252	
分析	31, 398	
分析する	31	
分析的な	31	
文書	163	
分配	305, 389	
(財産などを)分配する	389	
分筆	221	
分別	420	
文法	205	
分裂	160	

へ

ヘアスタイル	374	
平気で	273	
閉鎖	211	
閉店	211	
ペースを鈍らせる	349	
ペタンク	253	
別荘	36, 58, 364	

ペット	6	
ベッド	71, 423	
別の	205, 437, 451	
ベビーシッター	223	
(〜だけ)減らす	146	
変化	77	
(様子・内容が)変化する	77	
弁解	202, 205	
勉強	199	
勉強する	187, 199, 276, 458	
偏見	83	
変更	277	
弁護士	123	
弁護する	123, 256	
返済	375	
返済する	293	
返事	391, 431, 441	
返事をする	365, 391	
編集者	437	
(手紙・荷物などを)返送する	400	
返答	51, 82	
弁明する	256	

ほ

防衛	123	
(〜と闘って、〜から)防衛する	123	
邦画	468	
法規	292, 368	
放棄	1, 383	
放棄する	1	
(試合を)放棄する	1	
忘却	300	
冒険	56	
冒険好きの	56	
方向	148, 420	
報告書	352	
奉仕する	423	
宝石	71	
放送する	457	
報道機関	51	
豊富な	212	
訪問	469, 447	
法律	187	
放る	252	
ポーズ	322	
(駅・空港・登山の)ポーター	321	
(駅の)ホーム	401	

ホール	4
ボールペン	447
保管	223
保管所	134
北部	468
撲滅	83
ポケット	276
保険会社	357
(contre 〜に対する) 保険に入る	48
保護	223, 343
歩行者	200
(〜から) 保護する	343
(人を) 補佐する	47
欲しい	472
保証	48, 222
(〜について) 保証して…を安心させる	48
保証する	222
(〜であることを) 保証する	48
(人に〜であると) 保証する	222
ポスト	156
細長い跡	455
保存する	223
(パソコンに) 保存する	180
ポタージュ	356
ボタン	41, 264
没頭する	98
(火事・事件などが) 勃発する	160
(もつれを) ほどく	117
ほのめかす	437
(〜に向かって) ほほえむ	432
本当に	420, 448
本当のこと	298, 440
ボンボン (キャンディ)	13
翻訳	454
(AをBに) 翻訳する	454

ま

マーク	267
毎〜	223
(〜の) 前で	407
〜前に	422
(〜する) 前に	260, 365
(〜の) 前に	446
前に進む	55
任せる	95
曲がり角	453

曲がる	453
まき散らす	387
負ける	313
孫	348
孫息子	374
まず〜する	86
ますます	143
(AをBに) 混ぜる	269
(異なった物を) 混ぜる	270
混ぜること	269
まだ	355, 441
また会う	401
また来る	403
町	387, 417
街 (で)	467
間違える	325, 382, 461
間違っている	209, 419
(〜が) 待ち遠しい	444
待つ	115, 207, 300, 325
(〜するまで) 待つ	51
(人が) 待つ	51
(傾いていた物を) まっすぐにする	363
マッターホルン	308
まったく	396
まったく (〜ない)	179
マッチ	26
祭	418
〜まで	7, 386, 397
までに	14
学び知る	39
学ぶ	39, 118, 468
(〜することを) 学ぶ	39
(乗り物に) 間に合う	52
(現に存在している危険や不快な事態に引っかからず) 免れる	157
招く	251
マフラー	276
(人を〜の) ままにしておく	257
(雨風から) 守る	4
(〜から) 守る	343
(規則などを) 守る	292
(規則などを) 守ること	292
(決められず) 迷う	232
丸天井	433
まるまる	294
マンション	15, 261, 342, 385, 416
万年筆	311

み

(〜に) 見入る	102
見えなくなる	150
見えなくなること	150
(外見上〜に) 見える	302
(人には〜するように) 見える	419
(人には〜であるように) 見える	419
未解決の	443
見かけ	461
見かける	34
右	160
右手	259
見下すような	235
見事に	456
見込む	332
身支度をする	328
ミス	34, 382, 409
水切り遊び	258
見捨てる	1
(〜を) 見捨てる	451
店	300, 367
(〜のように) 見せかける	424
見せる	279
(人を) 見たことがある	97
(容器などを) 満たすこと	380
道	61, 309, 340
導く	272
道行く人	367, 467
見つけ出す	121
(なくした物・見失った人を) 見つけ出す	401
見つけようとする	80
見つける	462
見積もり	195
見積もる	72, 91
見てとる	471
(〜であることを) 見てとる	90
認める	9
(過ちや罪を) 認める	59
(事実である、正当であると) 認める	16
(正直に) 認める	59
(〜ということを) 認める	360
見とれる	102
皆	115, 179, 193, 207, 324, 407, 429, 441
(〜と) 見なされる	309
(AをBと) 見なす	100
(〜と) 見なす	100

索引
Index

(自分を〜と) みなす ……… 447
港 ……… 34, 470
見抜く ……… 144
身の回りの物 ……… 229
見放すこと ……… 1
見守る ……… 442
土産 ……… 434
ミュージシャン ……… 104
見る ……… 124, 184, 367, 434, 471
見ること ……… 471
みるみる ……… 227
未練 ……… 370
(感覚によって) 見分ける ……… 152
身を落ち着ける ……… 347
(〜に) 身を投げる ……… 252
(〜と闘って) 身を守る ……… 123

む

(客などを) 迎える ……… 355
(人を) 迎える ……… 10
無学 ……… 236
無学な ……… 236
昔 ……… 78
無関心 ……… 137
(à に) むきになる ……… 12
向きを変える ……… 453
(vers, sur, contre に) 向ける ……… 148
無罪 ……… 106
無罪を証明する ……… 256
無視 (する) ……… 287
(健康を) むしばむ ……… 141
難しい ……… 8, 144, 165, 203
結びつける ……… 49
夢想 ……… 404, 426
夢想する ……… 404
無駄 ……… 313
無駄だ ……… 80
無知 ……… 236
無利子 ……… 293
(〜することを人に) 無理強いする 214
無理につとめて〜する ……… 214

め

命じる ……… 85, 297
(〜に…するように) 命じる ……… 147
命題 ……… 342

名簿 ……… 245
命令 ……… 85, 290
(行政の) 命令 ……… 297
迷惑になる ……… 224
目立つ ……… 374
目つき ……… 367
目に入る ……… 452
目に見える ……… 471
目をそむける ……… 137
(庭・道などが〜に) 面している ……… 154
メンバー ……… 245, 389

も

もう ……… 399
儲ける ……… 221
申込 ……… 245
申し出 ……… 295, 391
(人に〜することを) 申し出る ……… 295
(方策・行動などを人に) 申し出る 342
猛暑 ……… 113, 439
もうすぐ ……… 243
もう少し ……… 397
毛布 ……… 112
燃える ……… 70
目的 ……… 256
潜る ……… 320
文字 ……… 163
もしもし ……… 198
もたらす ……… 334
(B に A を) もたらす ……… 75
(利益を) もたらす ……… 352
(sur に) もたれかかる ……… 41
持ち上げる ……… 165, 325
(物を) 持ち上げる ……… 259
持ち上げること ……… 165
持ち帰る ……… 352
もちこたえる ……… 447
もつ ……… 447
持って行く ……… 38, 173
持っている ……… 58, 321
(〜を手に) 持っている ……… 447
持ってくる ……… 38
もっと ……… 237, 240
(〜であるのは) もっともだと思う 90
もっともなことだ ……… 360
もてなし ……… 10, 355
(元の場所に) 戻す ……… 352
(元に) 戻すこと ……… 377

戻って来る ……… 403
もとの所へ置く ……… 377
(〜を) しきりに求める ……… 246
(〜に…することを) 求める ……… 126
(〜であることを) 求める ……… 472
(〜に) 求める ……… 126
(〜を) 求める ……… 126
戻る ……… 386, 400, 444
モノ ……… 388
物音 ……… 219
物語 ……… 260
(〜の) ものである ……… 36, 198
物笑いにする ……… 407
もめごと ……… 89
燃やす ……… 70
催し ……… 253
もらう ……… 355, 431
もり立てる ……… 175
(水やガスなどが〜) 漏れる ……… 219
門 ……… 415
モンサンミッシェル ……… 102
問題 ……… 126, 250, 346, 365, 368
(〜が) 問題だ ……… 20

や

役 ……… 253, 462
約〜 ……… 332
焼く ……… 70
(肌を) 焼くこと ……… 69
訳書 ……… 454
訳す ……… 14
約束 ……… 115, 177, 340
(〜することを) 約束する ……… 340
(〜すると) 約束する ……… 340
(人に) 約束する ……… 340
(〜してもらえるという) 約束を取り付ける ……… 293
役立つ ……… 465
(〜するのに) 役立つ ……… 423
(〜として) 役立つ ……… 423
(人に) 役立つ ……… 336
役目を負わせる ……… 79
焼けた ……… 420
火傷 (やけど) ……… 70
火傷する ……… 70
焼ける ……… 70
優しい ……… 22, 198

安い	358
休む	26
家賃	385
やって来る	202, 408
（思いきって）やってみる	448
やっと	402
雇い主	53
雇う	177
（スポーツで）破れる	166
山道	453
やむ	43
（していたことを）やめる	43
（自発的に〜するのを）やめる	43
（自分の意志で〜するのを）やめる	43
（〜するのを）やめる	76
（人が）やめる	76
（最後まで）やり終える	213
（〜の）やり方	77
やり直し	359
（不安などを）和らげる	431

ゆ

優位	55
（à に）有害な	289
勇気	440
（〜する）勇気がある	298
有効な	465
有罪	106
（人に）有罪を言い渡す	93
融資	293, 330
夕食	339, 403
夕食を食べる	466
夕飯	29, 58, 449
夕飯に来る	6
夕陽	102
優美さ	411
雄弁	216
幽霊	348
ユーロ	404, 466
ユーロスター	327
誘惑	448
誘惑する	448
歪める	209
雪が降る	25, 44, 359, 451
（財産などを）譲る	1
（de で）豊かにする	181
豊かになる	181

ユニフォーム	464
指	109
指環	295
夢	404, 426
（〜を）夢見る	404
（〜の）夢を見る	404
由来する	345
（〜に）由来する	398
（〜することを）許さない	366
（罪や過ちへの）許し	303
（〜することを）許す	303, 314
（〜を）許す	202, 303
ゆるみ	372
（緊張などを）ゆるめる	372
揺れる	460

よ

よい	279
〜用	382
用意	328
用意する	328
容疑者	59
要求	126
（当然の権利・必要なものとして人に） 要求する	357
擁護	123
擁護する	123
用紙	163
用事	294
（だまされたり、危ない目にあわない ように）用心する	268
様子	35
（〜の）様子だ	419
（〜である）ようだ	419
（〜な）ようだ	66
ヨーロッパ	304, 464
余暇	84
（à を）予期する	51
（〜することを）余儀なくされている	291
よく	155, 217, 319, 348, 353, 467
抑制する	217
欲望	136
予言する	32
横切る	259, 459
予告する	32, 331
（食卓で人のために）よそう	423

予想	332
予想する	187
（à を）予想する	51
予想できる	332
装う	424
予測	332
予測する	332
（〜することを）予測する	332
予測できる	332
（〜することを）予定する	332
夜中	319
世に出す	258
〜呼ばわりする	456
呼びかけ	37
（人を）呼び戻す	351
（人を）呼び戻すこと	351
（近くにいてほしくて人を）呼び求める	357
呼ぶ	43
（〜を）呼ぶ	37
予防	331
予防注射	358
（BにAを）読み聞かせる	260
読む	39, 260
予約	79
予約する	99, 466
（部屋や席を）予約する	399
（物・体の部位などに）寄りかからせる	41
（Bに比べてAを）より好む	326
夜遅くに	444
（〜に）よる	131
喜ばせる	371
喜び	114, 318, 334
（思いがけない）喜び	441
（心から）喜ぶ	371
喜んで	446
（光・熱・値段などが）弱まる	60
（音・光・値段などが）弱める	60

ら

来館者	248
来客	79
ライバル（の）	411
落胆	2, 120
落胆させる	120
（人を）楽にする	431

索引
Index

ラグビー ……………………………… 74
ラグビーチーム ……………………… 62
～らしい …………………………… 302
ラジオ ……………………………… 161
楽観的に …………………………… 187
卵黄 ………………………………… 241
乱闘 ………………………………… 270
ランプ ……………………………… 159

り

利益 ………………… 63, 249, 336, 352
理解 …………………………… 97, 183
理解（力） …………………………… 90
（～と）理解しあう ……………… 183
理解しやすい ………………………… 90
理解する ……………………………… 90
（～であることを）理解する ……… 90
（人に）理解を示す ………………… 90
力量 ………………………………… 156
離婚 …………………………… 382, 470
離婚する ……………………………… 39
リッター …………………………… 146
（事柄が人を）立腹させる ……… 406
利点 …………………………… 63, 274
（スキーの）リフト ……………… 378
理由 ………………………………… 75
利用 ………………………………… 465
了解 ………………………………… 183
利用する …………………………… 465
（～を好機として）利用する …… 336
（道具として～を）利用する …… 423
料理をする ………………………… 140
料理を出す ………………………… 423
理論 ………………………………… 152
隣人 ………………… 183, 206, 317

る

類似点 ……………………………… 396
ルール ……………………………… 368
留守である ………………………… 351

れ

礼儀作法 …………………… 107, 417
零点 ………………………………… 71
冷凍庫 ……………………………… 380

冷凍食品 …………………………… 380
礼拝 ………………………………… 17
礼を言う …………………………… 376
レース ……………………………… 441
歴史 ………………………………… 390
レスラー …………………………… 262
レスリング ………………………… 262
レセプション ……………………… 355
列席者一同 ………………………… 47
練習 ………………………………… 98
連続 …………………………… 435, 438
連絡 ………………………………… 87
連絡する …………………………… 80
連絡を取りあう …………………… 87

ろ

老人 ………………… 113, 239, 324, 416
労働条件 …………………………… 234
（才能などの）浪費 ……………… 220
（金・時間を）浪費する ………… 220
録音 ………………………………… 180
録音する …………………………… 180
録画する …………………………… 180
ロゼ（ワイン） ……………………… 99
論拠 ………………………………… 106
（テーマを）論じる ……………… 456

わ

若い ………………… 115, 175, 261, 370
沸かす ……………………………… 67
我が儘 ……………………………… 303
若者 …………………………… 463, 471
分かる ………………………… 213, 471
（～が）分かる …………………… 382
（～であると）分かる …………… 101
（見覚えや聞き覚えがあってそれだと）
　　分かる ……………………… 360
（de と）別れる …………………… 421
（人と）別れる …………………… 347
（互いに）分け合う ……………… 305
（人と）分け合う ………………… 305
分ける ……………………………… 421
分けること ………………………… 421
（～することを）忘れないでおく … 312
忘れ物 ……………………………… 48
忘れる ……………… 34, 145, 173, 284, 300, 351

（～することを）忘れる ………… 300
（～であることを）忘れる ……… 300
（ある分野を）話題にする ……… 304
渡しておく ………………………… 257
渡る ………………… 21, 158, 450
和平 ………………………………… 285
笑い ………………………………… 409
笑う ………………… 207, 399, 409
割引 ………………………………… 377
割る ………………………………… 74
ワンピース ………… 25, 325, 434
ワンルームマンション ………… 261

著者
久松 健一(ひさまつ けんいち)

浅草生まれ。現在、明治大学で教壇に立つ。『ケータイ〈万能〉フランス語文法』『(仏検)必須単語集』『フランス語会話・21世紀の学習術』や、英仏・英西・英伊を扱った「バイリンガル叢書」など語学書・参考書を執筆。『フランス語動詞宝典』『クラウン フランス語熟語辞典』といった辞書類の編纂、監修も行う。

フランス語の応用力をしっかり育てる!
解いて力がつく久松式ドリル 中級編

2018年4月13日　第1刷発行

著　者　久松　健一
発行者　浦　晋亮
発行所　IBCパブリッシング株式会社
　　　　〒162-0804 東京都新宿区中里町29番3号 菱秀神楽坂ビル9F
　　　　Tel. 03-3513-4511　Fax. 03-3513-4512
　　　　www.ibcpub.co.jp

印刷所　中央精版印刷株式会社
CDプレス　株式会社ケーエヌコーポレーションジャパン

© 久松健一 2018
Printed in Japan

落丁本・乱丁本は、小社宛にお送りください。送料小社負担にてお取り替えいたします。
本書の無断複写(コピー)は著作権法上での例外を除き禁じられています。

ISBN978-4-7946-0535-1